全国房地产经纪人执业资格考试教材解读与实战模拟

房地产基本制度与政策

执业资格考试命题研究中心　编

凤凰出版传媒集团　｜　凤凰联动·空间
江苏人民出版社　｜　IFENGSPACE

图书在版编目(CIP)数据

房地产基本制度与政策/执业资格考试命题研究中心　编.
—南京:江苏人民出版社,2011.4
(全国房地产经纪人执业资格考试教材解读与实战模拟)
ISBN 978－7－214－06879－8

Ⅰ.①房…　Ⅱ.①执…　Ⅲ.①房地产业—经济制度—中国—资格考试—自学参考资料②
房地产业—经济政策—中国—资格考试—自学参考资料　Ⅳ.①F299.233.1

中国版本图书馆 CIP 数据核字(2011)第 034981 号

房地产基本制度与政策　　　　　　　　　　执业资格考试命题研究中心　　编

责任编辑:刘　焱　郝树生
出版发行:江苏人民出版社(南京湖南路 1 号 A 楼　邮编:210009)
销售电话:022－87893668
网　　　址:http://www.ifengspace.cn
集团地址:凤凰出版传媒集团(南京湖南路 1 号 A 楼)
经　　销:全国新华书店
印　　刷:河北省昌黎县第一印刷厂
开　　本:787 mm×1 092 mm　1/16
印　　张:13.5
字　　数:326 千字
版　　次:2011 年 4 月第 1 版
印　　次:2011 年 4 月第 1 次印刷
书　　号:ISBN 978－7－214－06879－8
定　　价:33.00 元

编写委员会

内 容 提 要

　　本书是《全国房地产经纪人执业资格考试教材解读与实战模拟》系列丛书之一。本书根据历年考题的命题规律，经过详细分析，将问题按照知识点和考点加以归类，并对各考点的命题采分点做了总结，有针对性地设置习题，供广大考生有的放矢地复习、应考。

　　本书是从考生的角度汇编的学以致考的辅导材料，适合参加全国房地产经纪人执业资格考试的考生使用。

前　言

为帮助考生在繁忙的工作学习期间能更有效地正确领会 2011 年全国房地产经纪人执业资格考试大纲的精神，掌握考试教材的有关内容，有的放矢地复习、应考，同时也应广大考生的要求，我们组织有关专家根据最新修订的考试大纲，编写了《全国房地产经纪人执业资格考试教材解读与实战模拟》系列丛书。该系列丛书包括《房地产基本制度与政策》、《房地产经纪概论》、《房地产经纪实务》、《房地产经纪相关知识》四个分册。

本书的特点如下。

1. 化繁为简

在解决某些问题时，可能会有很多种方法可供考生选择，方法选择不当会造成解决问题的难易程度不同，本书会告诉考生应该在什么情况下选择什么方法。此外，教材中是按理论来讲解的，某些内容可能篇幅多，且不易掌握，本书将为考生介绍一些通俗易懂的方法，考生可依自己喜好有选择地进行掌握。

2. 重点突出

凡考试涉及的重点，在本书中都有不同程度的体现。

3. 引导学法

本书根据历年考试的出题规律有针对性地设置习题，为考生提供 2011 年考试的出题方向，把握学习的重点，并选择一些典型的例题进行详细的讲解，可以使考生在解答习题时有一个完整、清晰的解题思路。

4. 把握经典

本书根据考前专业辅导网站答疑提问频率的情况，对众多考生提出的有关领会辅导教材实质精神、把握考试命题规律的一些共性问题，有针对性、有重点地进行解答，并将问题按照知识点和考点加以归类，是从考生的角度进行学以致考的经典问题汇编，对广大考生具有很强的借鉴作用。

5. 体例独到

本书的编写体例适合所有参加 2011 年全国房地产经纪人执业资格考试的考生参考使用。

6. 通俗易懂

本书既能使考生全面、系统、彻底地解决在学习中存在的问题，又能让考生准确地把握考试的方向。作者旨在将多年积累的应试辅导经验传授给考生，对辅导教材中的每一部分都做了详尽的讲解，辅导教材中的问题都能在书中解决，完全适用于自学。

本书是在作者团队的通力合作下完成的，若能对广大考生顺利通过执业资格考试有所帮助，我们将感到莫大的欣慰。在此，我们祝所有参加房地产经纪人考试的考生通过努力学习取得优异成绩，成为合格的房地产经纪人。

为了配合考生的复习备考，我们配备了专家答疑团队，开通了答疑 QQ（1742747522）和答疑网站（www.wwbedu.com），以便随时答复考生所提问题。

由于时间和水平有限，书中难免有疏漏和不当之处，敬请广大读者批评指正。

编者
2011 年 3 月

目　　录

第三部分　实战模拟试卷

第一部分　命题规律与命题素材盘点

命题规律探究

一、依纲靠本

全国房地产经纪人执业资格考试大纲是确定当年考试内容的唯一根据，而考试教材是对考试大纲的具体化和细化，考试大纲中要求掌握、熟悉、了解的比例为 7：2：1，考试时也是按此比例命题的，而且同一题型的考题顺序基本是按教材的顺序进行排序。此外，考题中不会出现现行法律法规及规范与教材有冲突的内容。

二、重实务轻理论

全国房地产经纪人执业资格考试的命题趋势主要体现其实务性，考题不仅越来越全面细致，而且更注重题干的复杂性和干扰项的迷惑性，命题者倾向于通过对具体实施过程的具体工作的阐述，利用相关理论来对其分析，目的在于考核考生运用基本理论知识和基本技能综合分析问题的能力。

三、陷阱设置灵活

陷阱的设置主要体现在以下几方面：一是直接将教材中的知识点的关键字眼提出来设置其他干扰选项；二是在题干中设置隐含陷阱，教材中以肯定形式表述的内容命题者在题干中会以否定形式来提问，教材中从正面角度阐述的内容命题者在题干中会从反面角度来提问；三是题干和选项同时设置陷阱，命题者会同时选择两个以上的知识点来构造场景。

四、体现知识的关联性

命题者通过某一确切的工程项目，在不同的知识点间建立起内在的逻辑关系，巧妙地设置场景，科学地设置题目。每一问题的解决需要兼顾两个以上的限制条件，这种题型就属于较难的题目。

考试题型点拨

一、概念型选择题

概念型选择题主要依据基本概念来命题，此类题在题干中提出一个基本概念，对基本概念的原因、性质、原则、分类、范围、内容、特点、作用、结果、影响、因素等进行选择，经常出现的主要标志性词语有"内容是"、"标志是"、"性质是"、"特点是"、"准确的理解是"等。备选项则是对这一概念的阐释，多数会在备选项的表述上采用混淆、偷梁换柱、以偏概全、以末代本、因果倒置手法。由于此类题多考查考试教材上的隐性知识，所以在做题时多采用逻辑推理法，要注意一些隐性的限制词，结合相关的知识结论来判断选项是否符合题意，这往往是解题的关键。

二、因果型选择题

因果型选择题，即考查原因和结果的选择题。此类题的基本结构大致有两种表现形式：一是题干列出了某一结果，备选项中列出原因，在试题中常出现的标志性词语有"原因是"、"目的"、"是为了"等；另一种是题干列出了原因，备选项列出的是结果，在试题中常出现的标志性词语有"影响"、"结果"等。因果型选择题在解题时需注意如下几点：一是要正确理解有关概念的含义；二是要注意相互之间的内在联系，全面分析和把握影响的各种因素；三是在做题时要准确把握题干与备选项之间的逻辑关系，弄清二者之间谁是因、谁是果。

三、否定型选择题

否定型选择题即要求选出不符合的选项，也称为逆向选择题。该题型题干部分采用否定式的提示或限制，如"不是"、"无"、"没有"、"不正确"、"不包括"、"错误的"、"无关的"、"不属于"等提示语。解答的关键是对其本质、原因、影响、意义、评价等有一个完整的、准确的认识；其次，此类题较多地考查对概念的理解能力。在做此类题时，要全面理解和把握概念的内涵和外延，在分析问题时要注意对逆向思维和发散性思维的培养。此类题的主要做题方法有：排除法（通过排除符合题干的选项，选出符合题意的选项）；推理法（若不能确定某个选项时，可以先假设此选项正确，然后再根据所学知识进行推理，分析其结论是否符合逻辑关系）；直选法（根据自己对事实的认识和理解，直接确定不符合的选项）。

四、组合型选择题

组合型选择题是将同类选项按一定关系进行组合，并冠之以数字序号，然后分解组成备选项作为选项；也可以构成否定形式，可根据题意从选项中选出符合题干的应该否定的一个组合选项。解答组合型选择题的关键是要有准确、扎实的基础知识，同时由于该题型的逻辑性较强，所以还要求具备一定的分析能力。解答此类题的方法主要是筛选法，而筛选法又分为肯定筛选法和否定筛选法。肯定筛选法是先根据试题要求分析各个选项，确定一个正确的选项，这样就可以排除不包含此选项的组合，然后一一筛选，最后得出正确答案。否定筛选法又称排除法，即确定一个或两个不符合题意的选项，排除包含这些选项的组合，得出正确答案。解答此类选择题也可采取首尾两端法（从头或从尾判断），即先确定不符合题干要求的选项，如能确定最早或最后一个，即使其中个别时间未掌握，也可能选出正确答案，大大提高命中率。能否准确、牢固地掌握时间概念是答好此种题型的关键。

五、程度型选择题

这类型选择题的题干多有"最主要"、"最重要"、"主要"、"根本"等表示程度的副词或形容词，其各备选项几乎都符合题意，但只有一项最符合题意，其他选项虽有一定道理，但因不够全面，或处于次要地位，或不合题意而不能成为最佳选项。解答该类型题的方法主要是运用优选法，逐个比较、分析备选项，找出最佳答案。谨防以偏概全的错误。

六、比较型选择题

比较型选择题是把具有可比性的内容放在一起，让考生通过分析、比较，归纳出其相同点或不同点。此类题在题干中一般都有"相同点"、"不同点"、"共同"、"相似"等标志性词语，有些题也有反映程度性的词语，如"最大的不同点"、"最根本的不同"、"本质上的相似之处"等。比较型选择题主要考查同学们的分析、归纳和比较能力。比较型选择题都是对教材内容的重新整合，所以备选项中的表述基本上都是教材中没有的，因此在做此类题时要善于运用理论进行分析判断。经常用的基本理论是共性和个性关系的原理，要从同中找异，从异中求同。解答比较型选择题最常用的是排除法。

七、计算型选择题

对于计算型的选择题，一般情况下计算量不会很大，如果对解决该问题的计算方法很明白，就可轻而易举地作答，而且备选项还可以起到验算的作用。如果对解决该问题的计算方法不太明白，则可以采取以下方法：估算法（有些计算型选择题，表面上看起来似乎要计算，但只要认真审题，稍加分析，便可以目测心算，得到正确答案。估算法是通过推理、猜测得出答案的一种方法）；代入法（有些题目直接求解比较麻烦，若将选项中的答案代入由题设条件推出的方程，可比较简单地选出正确答案）；比例法（根据题目所给的已知条件和有关知识列出通式，找出待求量和已知量的函数关系，即可求出正确答案）；极端法（有些题目中涉及"变小"或"变大"问题，如果取其变化的极端值来考虑，将会使问题简化。例如，将"变小"变为零来处理，很快即可得出正确答案）。

八、简答型综合分析题

这种题型表面看来是综合分析题，实际上是简答题。这种题型要求考生凭记忆将该部分内容再现，重点是考查记忆能力而不是考分析问题和解决问题的能力。简答型的综合分析题一般情节简单、内容覆盖面较小，要求回答的问题也直截了当，因此难度较小。由于主要是考查考生掌握基本知识的能力，只需问什么答什么就够了，不必展开论述，否则会浪费宝贵的时间。

九、判断型综合分析题

这种题型本质上已属于综合分析题，因为需要考生作出分析，只不过在回答问题时省略掉了分析的过程和理由，只要求写出分析的结果即可。一个综合分析题往往包含相关联的多个问题，判断题往往是第一问，然后接着再在判断的基础上对考生提出其他更为复杂的问题。由于判断正确与否是整个综合题解是否成功的前提，因此，一旦判断失误，相关的问题就会跟着出错，甚至整道题全部答错。所以这种题型是关键题型，不能因为分值少而马虎大意。对于这种判断型综合分析题，一般来讲，只要答出分析结论即可，如果没有要求回答理由，或没有问为什么，考生一般不用回答理由或法律依据。

十、分析型综合分析题

这是资格考试中最常见的一种综合分析题型。与简答型综合分析题相比，这种综合分析题的题干没有直接提供解答的依据，需要考生自己通过分析背景材料来找出解决问题的突破口。与判断型综合分析题相比，这种题型不仅要求答出分析结果，同时要求写出分析过程和计算过程。这种题型的提问方式主要有三种：一是在判断题型的基础上加上"为什么"；二是在判断题型的基础上加上"请说明理由"；三是以"请分析"来引导问题。典型的分析型综合题的情节较为复杂，内容涉及面也较广，要求回答的问题一般在一个以上，问题具有一定的难度，涉及的内容也不再是单一的。答题时要针对问题作答，并要适当展开。

十一、计算型综合分析题

该类题型有一定的难度，既要求考生掌握计算方法，又要理解其适用条件，还要提高计算速度和准确性。计算型综合分析题的关键是要认真仔细。

必考知识盘点

命题涉及知识点	重要考点清单
房地产法律法规概述	房地产业概述及房地产业的作用
	房地产业的行业细分
	房地产法的概念与调整对象
	房地产法律体系
	房地产交易、转让、抵押与租赁
	房地产中介服务机构
房地产中介服务管理制度与政策	房地产中介服务的概念及特征
	房地产中介服务机构的设立
	房地产中介服务的内容
	房地产中介服务收费与管理
	房地产经纪人员职业资格考试
	房地产经纪人注册
	房地产经纪人员技术能力、权利与义务
	加强房地产经纪活动管理的重要性
	房地产经纪管理的主要措施
	建立房地产中介服务行业信用档案的意义
	房地产中介服务行业信用档案体系
	房地产中介服务人员的职业道德
	房地产中介服务行业组织监督
建设用地制度与政策	中国现行土地制度概述
	征收集体土地应遵守的原则
	征收集体土地的政策规定
	征收集体土地补偿的范围和标准
	建设用地审查报批程序、临时用地
	国有建设用地使用权出让的概念和特征
	国有建设用地使用权出让政策
	国有建设用地使用权出让合同及管理
	国有土地租赁和国有土地使用权作价出资或入股
	土地使用权划拨的概念
	划拨土地使用权的范围及划拨土地的管理
	闲置土地的认定及处置方式
	征收土地闲置费
	无偿收回土地使用权

命题涉及知识点	重要考点清单
房地产开发经营管理制度与政策	城市规划的基本概念
	城镇体系规划
	城市规划管理
	建筑工程勘察设计的监督管理
	注册建筑师制度及注册结构工程师制度
	城市房屋拆迁概述
	城市房屋拆迁补偿与安置
	城市房屋拆迁估价
	项目报建制度及施工许可制度
	建设工程质量管理
	建设工程质量保修办法
	建设工程竣工验收管理制度
	建筑施工企业的资质管理和建造师管理制度
	建设监理委托合同的形式与内容
	工程建设监理的主要工作任务和内容
	建设监理程序与管理
	房地产开发企业的概念、特征及分类
	房地产开发企业的设立条件及设立的程序
	房地产开发企业资质等级及资质管理
	确定房地产开发项目的原则
	房地产开发项目建设用地使用权的取得
	房地产开发项目资本金制度
	逾期开发的房地产开发项目的处理原则
	房地产开发项目的质量责任制度
	住宅质量保证和使用说明制度
	项目手册制度
	房地产开发项目转让
	商品房交付使用及房地产广告
房地产交易管理制度与政策	房地产交易的概念、原则以及基本制度
	房地产交易管理机构及其职责
	房地产转让的概念、条件及程序
	房地产转让合同
	以出让方式、划拨方式取得建设用地使用权的房地产转让
	已购公有住房和经济适用住房上市的有关规定
	商品房预售的概念、条件
	商品房预售许可

命题涉及知识点	重要考点清单
房地产交易管理制度与政策	商品房预售合同登记备案
	商品房现售
	商品房销售代理、销售禁止的行为
	商品房买卖合同
	最高人民法院关于审理商品房买卖合同纠纷案件使用法律若干问题的司法解释
	房屋租赁的概念、政策、条件
	房屋租赁合同的订立、变更、转让和终止
	房屋租赁登记备案
	房屋租金及房屋转租
	房地产抵押的概念及特征
	房地产作为抵押物的条件
	房地产抵押的一般规定及抵押的主要类型
	房地产抵押合同、抵押估价及抵押登记
	房地产抵押权的效力及抵押权的实现
房地产登记制度与政策	房地产登记的概念、类型、目的和意义
	房地产登记的任务和原则
	不动产登记的原则、载体及生效时间
	不动产登记机构的职责
	不动产预告登记、更正登记、异议登记
	房地产登记的种类与体制
	房屋登记的范围、机构及基本要求
	房屋登记的程序及时限
	房屋登记收费的性质
	房屋权属登记信息查询概述、范围及程序
	对房屋权属登记信息查询机构和查询人的要求
物业管理制度与政策	物业的含义
	物业管理的含义、目的和性质
	物业管理的基本内容与主要环节
	物业管理的前期准备阶段
	物业管理的后启动阶段
	物业管理的日常营业阶段
	物业管理的实施原则
	物业服务企业的性质及设立
	物业服务企业的权利、义务
	业主、业主大会及业主委员会的权利、职责与义务
	业主大会议事规则

命题涉及知识点	重要考点清单
物业管理制度与政策	物业管理的委托
	公开招标与邀请招标
	物业服务合同的属性、类型与内容
	物业服务合同的订立要点
	物业管理经费的来源
	物业服务收费原则、定价形式和计费方式
	物业服务计费方式及区别
	物业服务收费的费用构成
	住宅专项维修资金的概念、性质和用途
	住宅专项维修资金的交存、管理和使用
住房公积金制度与政策	住房公积金的性质和特点
	住房公积金制度的作用
	住房公积金管理的基本原则
	住房公积金的归集
	住房公积金的提取和使用
	住房公积金利率及税收政策
	住房公积金财务管理
	住房公积金会计核算的基本原则与内容
房地产税收制度与政策	税收的概念及特征
	房产税纳税人、课税对象及优惠政策
	房产税计税依据和税率
	房产税纳税地点和期限
	城镇土地使用税纳税人、课税对象和计税依据
	城镇土地使用税适用税额及优惠政策
	城镇土地使用税纳税地点和纳税期限
	耕地占用税纳税人及课税对象
	耕地占用税适用税额、计税依据及优惠政策
	土地增值税纳税人、征税范围及税率
	土地增值税计税依据、扣除项目及减免规定
	契税纳税人、课税对象、税率及计税依据
	契税纳税环节、期限及减免规定
	营业税、城市维护建设税和教育费附加
	企业所得税纳税人、税率、应税所得额和应纳税额
	印花税纳税人、税目及税率
	个人所得税纳税人、税目
	与房地产相关的个人所得税税率

续表

命题涉及知识点	重要考点清单
房地产税收制度与政策	与转让住房有关的征收个人所得税具体规定
	个人出售、购买住房税收优惠政策
	住房租赁税收优惠政策
有关违法行为及查处	违反房地产开发经营管理规定的表现形式及查处法律依据与处罚标准
	违反城市房屋拆迁管理规定的表现形式及查处法律依据与处罚标准
	违反商品房销售管理规定的查处法律依据与处罚标准
	违反房屋租赁管理的查处法律依据与处罚标准
	违反房地产中介服务管理规定的查处法律依据与处罚标准
	违反房地产权属登记管理规定的查处法律依据与处罚标准
	违反住房公积金管理规定的查处法律依据与处罚标准
	违反物业管理规定的查处法律依据与处罚标准

第二部分 教材解读与命题考点解析

第一章 房地产法律法规概述

命题考点一 房地产业

一、房地产业概述及作用（表1-1）

表1-1 房地产业概述及作用

项目		内 容
概述	含义	房地产业是从事房地产投资、开发、经营、服务和管理的行业，包括房地产开发经营、物业管理、房地产中介服务和其他房地产活动。在国民经济产业分类中房地产业属于第三产业，是为生产和生活服务的部门
	与建筑业的区别	建筑业是物质生产部门，属于第二产业；房地产业兼有生产（开发）、经营、服务和管理等多种性质，属于第三产业
作用		（1）可以为国民经济的发展提供重要的物质条件。房地产是国民经济发展的一个基本的生产要素，任何行业的发展都离不开房地产。 （2）房地产业关联度高，带动力强，可以带动建筑、建材、化工、轻工、电器等相关产业的发展，促进国民经济持续快速健康增长。 （3）可以改善人民的住房条件和生活环境。 （4）可以加快旧城改造和城市基础设施建设，改变落后的城市面貌。通过综合开发，避免分散建设的弊端，有利于城市规划的实施。 （5）有利于优化产业结构，改善投资硬环境，吸引外资，加快改革开放的步伐。 （6）可以扩大就业。特别是房地产经纪行业和物业管理行业，需要的从业人员较多。 （7）可以增加政府财政收入

二、房地产业的行业细分（表1-2）

表1-2 房地产业的行业细分

项目	内 容
房地产开发经营业	主要是取得待开发房地产特别是土地，然后进行基础设施建设、场地平整等土地开发或者房屋建设，再转让开发完成后的土地、房地产开发项目或者销售、出租建成后的房屋。 房地产开发经营业具有单件性、投资大、周期长、风险高、回报率高、附加值高、产业关联度高、带动力强等特点。房地产开发企业的收入具有不连续性
物业管理业	主要是对已建成并经竣工验收投入使用的各类房屋及配套的设施设备和相关场地进行维修、养护、管理，维护物业管理区域内的环境卫生和相关秩序，并提供相关服务

续表

项目	内　容
房地产咨询业	主要是为有关房地产活动的当事人提供法律法规、政策、信息、技术等方面的顾问服务，现实中的具体业务有接受当事人的委托进行房地产市场调查研究、房地产投资项目可行性研究、房地产开发项目策划等
房地产估价业	主要是分析、测算和判断房地产的价值并提出相关专业意见，为土地使用权出让、转让和房地产买卖、抵押、征收征用补偿、损害赔偿、课税等提供价值参考依据
房地产经纪业	主要是帮助房地产出售者、出租人寻找到房地产的购买者、承租人，或者帮助房地产的购买者、承租人寻找到其欲购买、承租的房地产，是房地产市场运行的润滑剂

命题考点二　房地产法的调整对象与法律体系

一、房地产法的概念与调整对象（表1-3）

表1-3　　　　　　　　　　　房地产法的概念与调整对象

项目	内　容
概念	房地产法是调整房地产活动的法律规范的总称。广义的房地产法包括调整房地产产权、开发、经营、使用、交易、服务、管理及其他与房地产有关的各种社会关系的法律、法规、规章。狭义的房地产法一般仅指《城市房地产管理法》
调整对象	（1）房地产开发关系，主要包括：获得土地使用权，在获得土地使用权的土地上建造房屋。 （2）房地产交易关系，主要包括：房地产开发商对特定房地产拥有的所有权关系，开发商或所有权人将房地产出售给他人时所形成的转让关系，房地产权利人将房地产出租给他人所形成的租赁关系以及抵押关系。 （3）物业管理关系，物业管理涉及面比较广泛，酒店、办公楼、住宅小区等都可以通过这种方式来进行管理。 （4）房地产行政管理关系，典型特征是其主体法律地位的不平等，是管理与被管理的关系

二、房地产法律体系（表1-4）

表1-4　　　　　　　　　　　　房地产法律体系

项目	内　容
宪法	《宪法》是国家的根本大法。对于房地产法，《宪法》也作出了原则性规定，如《宪法》第10条明确了土地的所有权权属关系："城市的土地属于国家所有。农村和城市郊区的土地，除由法律规定属于国家所有的以外，属于集体所有；宅基地和自留地、自留山，也属于集体所有。"该条也同时规定了关于土地的转让问题："任何组织或者个人不得侵占、买卖或者以其他形式非法转让土地。土地的使用权可以依照法律的规定转让"

续表

项目	内 容
全国人民代表大会及其常务委员会颁布的法律	专门法律：如《城市房地产管理法》和《土地管理法》。 相关法律：如《物权法》、《民法通则》、《城乡规划法》、《合同法》、《担保法》等。 这些法律效力仅次于宪法，是房地产法律体系中的最重要的法律规定，都是制定有关房地产法规、规章的依据和基础
国务院发布的房地产方面的行政法规	《城市房地产开发经营管理条例》、《物业管理条例》、《土地管理法实施条例》、《城市房屋拆迁管理条例》、《城镇国有土地使用权出让和转让暂行条例》以及《住房公积金管理条例》等，是我国房地产法律体系的重要组成部分。行政法规须经国务院常务会议讨论通过并以国务院总理令的形式发布
地方性法规	是指有立法权的地方人民代表大会及其常务委员会依据宪法、法律和行政法规的规定，制定的调整本行政区域内房地产法律关系的规范性文件，在本行政区域内有效
行政规章	房地产方面的部门规章主要是指国务院住房城乡建设行政主管部门制定的规章，如《城市商品房预售管理办法》、《城市房地产转让管理规定》、《城市房屋租赁管理办法》、《城市房地产抵押管理办法》、《城市房地产中介服务管理规定》、《商品房销售管理办法》、《房屋登记办法》、《房地产开发企业资质管理办法》、《房地产估价机构管理办法》、《注册房地产估价师管理办法》等，现行有效的房地产方面的部门规章有 20 多件
最高人民法院的司法解释	最高人民法院在审理房地产案件中，会对房地产领域的有关问题进行解释，或者对疑难问题进行研究并就此发布指导性文件，如最高人民法院《关于审理商品房买卖合同纠纷案件适用法律若干问题的解释》、最高人民法院《关于审理建设工程施工合同纠纷案件适用法律问题的解释》等，它们也是我国房地产法律体系的组成部分

命题考点三 城市房地产管理法

城市房地产管理法（表 1-5）

表 1-5 城市房地产管理法

项目	内 容
房地产交易	《城市房地产管理法》规定，房地产交易，包括房地产转让、房地产抵押和房屋租赁
房地产转让	是指房地产权利人通过买卖、赠与或者其他合法方式将其房地产转移给他人的行为。房地产转让，应当签订书面转让合同，合同中应当载明土地使用权取得的方式。房地产转让时，土地使用权出让合同载明的权利、义务随之转移
房地产抵押	是指抵押人以其合法的房地产以不转移占有的方式向抵押权人提供债务履行担保的行为。债务人不履行债务时，抵押权人有权依法以抵押的房地产拍卖所得的价款优先受偿
房屋租赁	是指房屋所有权人作为出租人将其房屋出租给承租人使用，由承租人向出租人支付租金的行为。房屋租赁，出租人和承租人应当签订书面租赁合同，约定租赁期限、租赁用途、租赁价格、修缮责任等条款，以及双方的其他权利和义务，并向房产管理部门登记备案

续表

项目		内　容
房地产中介服务机构	组成	房地产中介服务机构包括房地产咨询机构、房地产价格评估机构、房地产经纪机构等
	条件	(1) 有自己的名称和组织机构。 (2) 有固定的服务场所。 (3) 有必要的财产和经费。 (4) 有足够数量的专业人员。 (5) 法律、行政法规规定的其他条件
	开业	设立房地产中介服务机构，应当向工商行政管理部门申请设立登记，领取营业执照后，方可开业

第二章 房地产中介服务管理制度与政策

命题考点一 房地产中介服务的概念与特征

一、房地产中介服务的概念（表2-1）

表2-1 房地产中介服务的概念

项目	内　容
房地产中介服务	是指具有专业执业资格的人员在房地产投资、开发、销售、交易等各个环节中，为当事人提供居间服务的经营活动，是房地产咨询、房地产估价、房地产经纪等活动的总称
房地产咨询	是指为从事房地产活动的当事人提供法律、法规、政策、信息、技术等方面服务的经营活动
房地产估价	是指专业房地产估价人员根据特定的估价目的，遵循公认的估价原则，按照严谨的估价程序，运用科学的估价方法，在对影响房地产价值的因素进行综合分析的基础上，对房地产在特定时点的价值进行测算和判定的活动
房地产经纪	是指以收取佣金为目的，为促成他人房地产交易而从事居间、代理等经纪业务的经济活动

二、房地产中介服务的主要特征（表2-2）

表2-2 房地产中介服务的主要特征

项目	内　容
人员特定	从事房地产中介服务的人员必须是具有特定资格的专业人员，并不是所有的人都可以从事房地产中介服务活动或提供房地产中介服务
委托服务	房地产中介服务是受当事人委托进行的，并在当事人委托的范围内从事房地产中介服务活动，提供当事人所要求的服务
服务有偿	房地产中介服务是一种服务性的经营活动，委托人一般都应按照一定的标准向房地产中介服务机构支付相应的报酬、佣金

命题考点二 房地产中介服务机构的设立

一、设立房地产中介服务机构的条件（表2-3）

表2-3 设立房地产中介服务机构的条件

项目	内　容
条件	(1) 有自己的名称、组织机构。 (2) 有固定的服务场所。 (3) 有规定数量的财产和经费

续表

项目	内 容
条件	（4）有足够数量的专业人员。从事房地产咨询业务的，具有房地产及相关专业中等以上学历、初级以上专业技术职称人员须占总人数的50%以上；从事房地产估价业务的，须有规定数量的房地产估价师；从事房地产经纪业务的，须有规定数量的房地产经纪人。 （5）法律、法规规定的其他条件
登记及备案	设立房地产中介服务机构，应当向当地工商行政管理部门申请设立登记。房地产中介服务机构在领取营业执照后的1个月内，应当到登记机关所在地的县级以上房地产行政主管部门备案

二、房地产估价机构资质等级分类（表2-4）

表2-4 房地产估价机构资质等级分类

等级	内 容
一级资质	（1）机构名称有房地产估价或者房地产评估字样。 （2）从事房地产估价活动连续6年以上，取得二级房地产估价机构资质3年以上。 （3）有限责任公司的注册资本人民币200万元以上，合伙企业的出资额人民币120万元以上。 （4）有15名以上专职注册房地产估价师。 （5）在申请核定资质等级之日前3年平均每年完成估价标的物建筑面积50万㎡以上或土地面积25万㎡以上。 （6）法定代表人或者执行合伙人是注册后从事房地产估价工作3年以上的专职注册房地产估价师。 （7）有限责任公司的股东中有3名以上、合伙企业的合伙人中有2名以上专职注册房地产估价师，股东或合伙人中有一半以上是注册后从事房地产估价工作3年以上的专职注册房地产估价师。 （8）有限责任公司的股份或者合伙企业的出资额中专职注册房地产估价师的股份或出资额合计不低于60%。 （9）有固定的经营服务场所。 （10）估价质量管理、估价档案管理、财务管理等各项企业内部管理制度健全。 （11）随机抽查的1份房地产估价报告符合《房地产估价规范》的要求。 （12）在申请核定资质等级之日前3年无《房地产估价机构管理办法》禁止的行为
二级资质	（1）机构名称有房地产估价或者房地产评估字样。 （2）取得三级房地产估价机构资质后从事房地产估价活动连续4年以上。 （3）有限责任公司的注册资本人民币100万元以上，合伙企业的出资额人民币60万元以上。 （4）有8名以上的专职注册房地产估价师。 （5）在申请核定资质等级之日前3年平均每年完成估价标的物建筑面积30万㎡以上或土地面积15万㎡以上。 （6）法定代表人或者执行合伙人是注册后从事房地产估价工作3年以上的专职注册房地产估价师。 （7）有限责任公司的股东中有3名以上、合伙企业的合伙人中有2名以上专职注册房地产估价师，股东或合伙人中有一半以上是注册后从事房地产估价工作3年以上的专职注册房地产估价师

续表

等级	内 容
二级资质	(8) 有限责任公司的股份或者合伙企业的出资额中专职注册房地产估价师的股份或出资总额不低于 60%。 (9) 有固定的经营服务场所。 (10) 估价质量管理、估价档案管理、财务管理各项企业内部管理制度健全。 (11) 随机抽查的 1 份房地产估价报告符合《房地产估价规范》的要求。 (12) 在申请核定等级之日前 3 年内无《房地产估价机构管理办法》禁止的行为
三级资质	(1) 机构名称有房地产估价或者房地产评估字样。 (2) 有限责任公司的注册资本人民币 50 万元以上，合伙企业的出资额人民币 30 万元以上。 (3) 有 3 名以上的专职注册房地产估价师。 (4) 在暂定期内完成估价标的物建筑面积 8 万 m² 以上或土地面积 3 万 m² 以上。 (5) 法定代表人或者执行合伙人是注册后从事房地产估价工作 3 年以上的专职注册房地产估价师。 (6) 有限责任公司的股东中有 2 名以上、合伙企业的合伙人中有 2 名以上专职注册房地产估价师，股东或合伙人中有一半以上是注册后从事房地产估价工作 3 年以上的专职注册房地产估价师。 (7) 有限责任公司的股份或者合伙企业的出资额中专职注册房地产估价师的股份或者出资额的比例不低于 60%。 (8) 有固定的经营服务场所。 (9) 估价质量管理、估价档案管理、财务管理各项企业内部管理制度健全。 (10) 随机抽查的 1 份房地产估价报告符合《房地产估价规范》的要求。 (11) 在申请核定资质等级之日前 3 年内无《房地产估价机构管理办法》禁止的行为

三、房地产估价机构资质等级申报材料

申请核定房地产估价机构资质等级，应当如实向资质许可机关提交下列材料：

(1) 房地产估价机构资质等级申请表（一式两份，加盖申报机构公章）。

(2) 房地产估价机构原资质证书正本复印件、副本原件。

(3) 营业执照正、副本复印件（加盖申报机构公章）。

(4) 出资证明复印件（加盖申报机构公章）。

(5) 法定代表人或者执行合伙人的任职文件复印件（加盖申报机构公章）。

(6) 专职注册房地产估价师证明。

(7) 固定经营服务场所的证明。

(8) 经工商行政管理部门备案的公司章程或者合伙协议复印件（加盖申报机构公章）及有关估价质量管理、估价档案管理、财务管理等企业内部管理制度的文件、申报机构信用档案信息。

(9) 随机抽查的在申请核定资质等级之日前 3 年内申报机构所完成的 1 份房地产估价报告复印件（一式两份，加盖申报机构公章）。

新设立的中介服务机构申请房地产估价机构资质的，应当提供（1）、（3）项至（8）项材料。

对新设立中介服务机构的房地产估价机构资质等级应当核定为三级资质，设 1 年的暂

定期。

四、房地产估价分支机构的设立和管理（表2-5）

表2-5　　　　　　　　　　房地产估价分支机构的设立和管理

项目	内　　容
分支机构设立条件	（1）名称采用"房地产估价机构名称＋分支机构所在地行政区划名＋分公司（分所）"的形式。 （2）分支机构负责人应当是注册后从事房地产估价工作3年以上并无不良执业记录的专职注册房地产估价师。 （3）在分支机构所在地有3名以上专职注册房地产估价师。 （4）有固定的经营服务场所。 （5）估价质量管理、估价档案管理、财务管理等各项内部管理制度健全
分支机构管理	新设立的分支机构，应当自领取分支机构营业执照之日起30日内，到分支机构工商注册所在地的省、自治区人民政府建设行政主管部门，直辖市人民政府房地产行政主管部门备案。省、自治区人民政府建设行政主管部门，直辖市人民政府房地产行政主管部门应当在接受备案后10日内，告知分支机构工商注册所在地的市、县人民政府房地产行政主管部门，并报国务院建设行政主管部门备案。 分支机构备案，应当提交下列材料： （1）分支机构的营业执照复印件； （2）房地产估价机构资质证书正本复印件； （3）分支机构及设立该分支机构的房地产估价机构负责人的身份证明； （4）拟在分支机构执业的专职注册房地产估价师注册证书复印件。 分支机构变更名称、负责人、住所等事项或房地产估价机构撤销分支机构，应当在工商行政管理部门办理变更或者注销登记手续后30日内，报原备案机关备案

命题考点三　房地产中介服务的内容与收费

一、房地产中介服务的内容（表2-6）

表2-6　　　　　　　　　　　房地产中介服务的内容

项目		内　　容
房地产咨询	法规类咨询	为从事房地产活动的当事人提供法律、法规、政策咨询
	信息类咨询	如市场调查、市场信息分析等
	技术类咨询	如投资项目可行性研究论证、营销策划等
房地产价格评估		又称房地产估价，其业务范围越来越广泛，无论是房地产买卖、租赁、交换、抵押、课税、入股、保险、征收、征用、拆迁补偿、分割析产、司法诉讼，还是企业的合资、合作、租赁经营、股份制改组、破产清算、结业清算都需要房地产估价。房地产估价的对象包括：土地、在建工程、建筑物、构筑物等
房地产经纪		又可分为房地产居间、房地产代理和主要以代理为主兼有行纪色彩的房地产包销等

二、房地产中介服务收费（表 2-7）

表 2-7   房地产中介服务收费

项目	内　　容
房地产咨询收费	按照服务形式，房地产咨询收费分为口头咨询费和书面咨询费。国家指导性参考价格为普通咨询报告，每份收费 300～1 000 元；技术难度大、情况复杂、耗用人员和时间较多的咨询报告，可适当提高收费标准，但一般不超过咨询标的额的 0.5%
房地产估价收费	房地产估价采用差额定率分档累进计收，即按房地产价格总额大小划分费用率档次，分档计算各档次的收费，各档收费额累计之和为收费总额
房地产经纪收费	房屋租赁代理收费，无论成交的租赁期限长短，均按半月至一月成交租金额标准，由双方协商议定一次性计收。 房屋买卖代理收费，按成交价格总额的 0.5%～2.5% 计收。实行独家代理的，由双方协商，但最高不超过成交价格的 3%

命题考点四　房地产中介业务管理

房地产中介业务管理（表 2-8）

表 2-8   房地产中介业务管理

项目	内　　容
承办业务管理	房地产中介服务人员承办业务，应当由其所在房地产中介服务机构与委托人签订书面合同。中介服务人员不得以个人名义承揽业务，也不得以个人名义与委托人签订委托合同。 在承办业务时，中介服务人员若与委托人、相关当事人有利害关系时，中介服务人员应当实行回避制度并主动告知委托人及所在中介服务机构。委托人有权要求其回避
中介服务行为管理	房地产中介服务人员承办业务，由其所在中介机构统一受理并与委托人签订书面合同。房地产中介服务人员执行业务可以根据需要查阅委托人的有关资料和文件，查勘业务现场和设施，委托人应当提供必要的协作。对委托人提供的资料、文件，中介服务机构和中介服务人员有为委托人保密的义务，未经委托人同意不得转借相关资料、文件。由于房地产中介服务人员失误给当事人造成经济损失的，由其所在中介服务机构承担赔偿责任，所在机构可以对有关人员追索
财务管理	房地产中介服务实行有偿服务。房地产中介服务机构为企事业单位、社会团体和其他社会组织、公民及外国当事人提供有关房地产开发投资、经营管理、消费等方面中介服务的应向委托人收取中介服务费。中介服务费必须由中介服务机构统一收取，并给缴费人开发票

命题考点五　房地产经纪人员执业资格制度

一、房地产经纪人执业资格考试报名条件（表 2-9）

表 2-9   房地产经纪人执业资格考试报名条件

项目	内　　容
经纪人	凡中华人民共和国公民，遵守国家法律、法规，已取得房地产经纪人协理资格并具备以下条件之一者，可以申请参加房地产经纪人执业资格考试：

续表

项目	内 容
经纪人	(1) 取得大专学历，工作满6年，其中从事房地产经纪业务工作满3年； (2) 取得大学本科学历，工作满4年，其中从事房地产经纪业务工作满2年； (3) 取得双学士学位或研究生班毕业，工作满3年，其中从事房地产经纪业务工作满1年； (4) 取得硕士学位，工作满2年，从事房地产经纪业务工作满1年； (5) 取得博士学位，从事房地产经纪业务工作满1年
经纪人协理	凡中华人民共和国公民，遵守国家法律、法规，具有高中以上学历，愿意从事房地产经纪活动的人员，均可申请参加房地产经纪人协理从业资格考试

二、房地产经纪人注册（表2-10）

表2-10　　　　　　　　　　房地产经纪人注册

项目	内 容
注册条件	申请注册的人员必须同时具备以下条件： (1) 取得房地产经纪人执业资格证书； (2) 无犯罪记录； (3) 身体健康，能坚持在注册房地产经纪人岗位上工作； (4) 经所在经纪机构考核合格
注册程序	房地产经纪人执业资格注册，由本人提出申请，经聘用的房地产经纪机构考核，经省、自治区、直辖市房地产行政主管部门或其授权的省级房地产经纪行业组织初审合格后，送交中国房地产估价师与房地产经纪人学会注册登记，核发房地产经纪人注册证书。 房地产经纪人执业资格注册有效期一般为3年，有效期满前3个月，持证者应到原注册管理机构办理再次注册手续
注销注册	经注册的房地产经纪人有下列情况之一的，由原注册机构注销注册： (1) 不具有完全民事行为能力； (2) 受刑事处罚； (3) 脱离房地产经纪工作岗位连续2年（含2年）以上； (4) 同时在两个及以上房地产经纪机构进行房地产经纪活动； (5) 严重违反职业道德和经纪行业管理规定

三、房地产经纪人员技术能力、权利与义务（表2-11）

表2-11　　　　　　　房地产经纪人员技术能力、权利与义务

项目		内 容
房地产经纪人员的职业技术能力	房地产经纪人	(1) 具有一定的房地产经济理论和相关经理论水平，并具有丰富的房地产专业知识。 (2) 能够熟练掌握和运用与房地产经纪业务相关的法律、法规和行业管理的各项规定。 (3) 熟悉房地产市场的流通环节，具有熟练的实务操作的技术和技能。 (4) 具有丰富的房地产经纪实践经验和一定资历，熟悉市场行情变化，有较强的创新和开拓能力，能创立和提高企业的品牌。 (5) 有一定的外语水平
	房地产经纪人协理	(1) 了解房地产的法律、法规及有关行业管理的规定。 (2) 具有一定的房地产专业知识。 (3) 掌握一定的房地产流通的程序和实务操作技术及技能

续表

项目		内　容
权利	房地产经纪人	(1) 依法发起设立房地产经纪机构。 (2) 加入房地产经纪机构，在房地产经纪机构关键岗位任职。 (3) 指导房地产经纪人协理进行各种经纪业务。 (4) 经所在机构授权订立房地产经纪合同等重要文件。 (5) 要求委托人提供与交易有关的资料。 (6) 有权拒绝执行委托人发出的违法指令。 (7) 执行房地产经纪业务并获得合理佣金
	房地产经纪人协理	(1) 房地产经纪人协理有权加入房地产经纪机构。 (2) 协助房地产经纪人处理经纪有关事务并获得合理的报酬
义务		房地产经纪人、房地产经纪人协理应当履行以下义务： (1) 遵守法律、法规、行业管理规定和职业道德规范； (2) 不得同时受聘于两个或者两个以上房地产经纪机构执行业务； (3) 接受职业继续教育，不断提高业务水平； (4) 向委托人披露相关信息，充分保障委托人的权益，完成委托业务； (5) 为委托人保守商业秘密

命题考点六　房地产经纪管理的主要措施

房地产经纪管理的主要措施

(1) 全面推行房地产经纪机构备案公示制度。

(2) 严格实施房地产经纪人员职业资格制度。

(3) 规范房地产经纪行为。

(4) 加强房地产经纪合同管理。

(5) 建立存量房交易结算资金管理制度。

(6) 规范交易结算资金专用存款账户开设和资金划转。

(7) 加强交易结算资金专用存款账户管理。

(8) 建立健全办事公开制度。

(9) 建立和完善信用公示制度。

(10) 加强房地产经纪行业自律建设。

命题考点七　房地产中介服务行业信用档案的作用及其体系

一、建立房地产中介服务行业信用档案的作用

通过建立房地产中介服务行业信用档案为各级政府部门和社会公众监督房地产中介服务行业及执（从）业人员市场行为提供依据，为社会公众查询企业和个人信用信息提供服务，为社会公众对房地产中介服务领域违法违规行为提供投诉途径的信息管理系统，减少或避免商业欺诈、弄虚作假、损害消费者合法利益等行为的发生，使失信者在扩大经营范围、拓展

业务等方面受到限制。

二、房地产中介服务行业信用档案的构成与内容（表2-12）

表2-12　　　　　　　　房地产中介服务行业信用档案的构成与内容

项目	内容
构成	房地产中介服务行业信用档案由房地产估价机构信用档案、注册房地产估价师信用档案、注册房地产经纪人信用档案等房地产中介服务机构及其执（从）业人员信用档案构成
内容	房地产中介服务行业信用档案记录房地产中介服务机构和注册房地产估价师、注册房地产经纪人等执（从）业人员的信用信息。 房地产估价机构信用档案的主要内容包括：机构基本情况、机构良好行为记录、机构不良行为记录、估价项目汇总、估价项目基本情况、股东（合伙人）情况、注册房地产估价师基本情况、机构资质年审情况、投诉情况等。 注册房地产估价师信用的主要内容包括：个人基本情况、个人业绩汇总、估价项目、继续教育情况、科研能力表现、良好行为记录、不良行为记录、投诉情况等

三、房地产中介服务行业信用档案的管理（表2-13）

表2-13　　　　　　　　房地产中介服务行业信用档案的管理

项目		内容
管理的原则		"统一规划、分级建设、分步实施、信息共享"
组织实施		住房和城乡建设部组织建立一级房地产估价机构及执业人员信用档案系统。 中国房地产估价师与房地产经纪人学会为房地产中介服务行业信用档案的系统管理部门，在住房和城乡建设部领导下，负责一级房地产估价机构和房地产中介执业人员信用档案的日常管理工作
信息的采集		信用档案信息依法从多种途径采集，充分利用现有信息资源，从政府部门、房地产中介行业自律组织、房地产中介服务机构、执（从）业人员、其他中介机构及社会公众等多种途径获得，并与机构资质审批、年检制度及专业人员执（从）业资格注册工作有机结合
信息维护和更新		房地产中介服务行业信用档案是由政府组织建立的，由系统管理部门对信息进行维护和更新。对涉及企业商业秘密的信息要注意保密，实行授权查询；未经核实的信息不得在网上公示；不良记录在公示前，必须经过严格的审核批准程序
投诉处理		按照《关于建立房地产企业及执（从）业人员信用档案系统的通知》的规定，系统管理部门对收到的投诉信息，要进行登记、整理、分类，并根据被投诉对象和投诉内容，或转交有关行政部门进行核查、处理，或转给被投诉机构进行处理。房地产中介服务机构对系统管理部门转去的投诉在15天内反馈意见（包括处理结果或正在处理情况）。无正当理由未按时反馈的，将在网上公示投诉情况
信息查询	公示信息	可直接在中国住宅与房地产信息网、中国房地产估价师与房地产经纪人学会网上免费查询
	授权查询信息	如房地产估价机构信用档案中估价项目名称、委托人名称、委托人联系电话等内容，需按照房地产信用档案管理规定的条件和程序进行查询

命题考点八　房地产中介服务行业自律

房地产中介服务人员的职业道德与行业的组织监督（表 2-14）

表 2-14　　　　　　　房地产中介服务人员的职业道德与行业的组织监督

项目	内　容
房地产中介服务人员的职业道德	房地产中介属服务性质，房地产中介服务人员除应具备扎实的房地产专业知识，较全面的金融知识，通晓有关的法律、法规外，对其职业道德要求也很高。 　　我国房地产中介服务行业尚处在发育阶段，房地产中介服务人员更要从维护行业发展、维护行业信誉、维护自身利益的角度出发，在加强业务技能学习，树立现代市场营销观念的同时，不断提高个人职业道德修养，做到遵纪守法、诚实待客、严格守信、爱岗敬业，自觉维护职业形象，促进房地产中介服务市场的健康发展
房地产中介服务行业组织监督	中国房地产估价师与房地产经纪人学会的主要职责包括：开展房地产估价、房地产经纪理论和方法的研究，承担房地产经纪人执业资格注册工作，协助政府有关主管部门进行房地产估价师考试、注册工作，组织房地产估价、房地产经纪专业培训和房地产估价师、房地产经纪人继续教育，制订房地产估价、房地产经纪行业标准、职业道德规范，发展国际学术交流等。 　　中国房地产估价师与房地产经纪人学会在建立房地产估价师执业资格、房地产经纪人执业资格，建立和完善行业自律机制方面做了大量的工作。中国房地产估价师与房地产经纪人学会主要通过以下工作开展行业自律管理： 　　(1) 开展行业自律情况的调研工作，为政府制定有关政策提供意见和建议； 　　(2) 建立行业内部的自律规则，制止低价竞争和价格垄断行为，维护行业内部公平竞争； 　　(3) 制定行业规范和从业人员道德规范，实施房地产估价师继续教育工作； 　　(4) 参与房地产估价机构资质管理规定和标准的制定工作，实施跟踪管理

第三章 建设用地制度与政策

命题考点一 中国现行土地制度概述

中国现行土地制度概述

(1) 全部土地都为社会主义公有制。

(2) 土地的社会主义公有制分为全民所有制和劳动群众集体所有制两种。

(3) 土地的全民所有制具体采取的是国家所有制的形式，该种所有制的土地被称为国家所有土地，简称国有土地，其所有权由国家代表全体人民行使，具体又由国务院代表国家行使。

(4) 土地的劳动群众集体所有制具体采取的是农民集体所有制的形式，该种所有制的土地被称为农民集体所有的土地，简称集体土地。

(5) 城市市区的土地属于国家所有。

(6) 农村和城市郊区的土地，除法律规定属于国家所有的以外，属于农民集体所有。

(7) 国家实行国有土地有偿使用制度。除了国家核准的划拨土地以外，凡新增土地和原使用的土地改变用途或使用条件、进行市场交易等，均实行有偿有限期使用。

(8) 国家实行土地用途管制制度。

(9) 国家实行不动产登记制度。

此外，按照国家有关规定，取得国有建设用地使用权的途径主要有下列 4 种：

(1) 通过国家出让方式取得。

(2) 通过行政划拨方式取得。

(3) 通过房地产转让方式取得（如买卖、赠与或者其他合法方式）。

(4) 通过土地或房地产租赁方式取得。

命题考点二 集体土地征收

一、征收集体土地应遵守的原则（表 3-1）

表 3-1 征收集体土地应遵守的原则

原则	内 容
珍惜耕地，合理利用土地	中国耕地具有四个明显的特点： (1) 人均占有耕地少； (2) 耕地总体质量差； (3) 生产水平低； (4) 退化严重，后备资源不足。 因此，在征收土地时，必须坚持"一要吃饭、二要建设"的方针，必须坚持"十分珍惜、合理利用土地和切实保护耕地"的基本国策

续表

原则	内　容
保证国家建设用地	在征收土地时，应反对两个极端，一是以节约土地为理由，拒绝国家征收；二是大幅度提高征地费用，以限制非农业部门占用土地
妥善安置被征地单位和农民	妥善安置主要包括四个方面： （1）对征收的土地要适当补偿； （2）对因征地给农民造成的损失要适当补助； （3）对征地造成的剩余农民劳动力要适当安排； （4）要妥善安置征地范围内的拆迁户
有偿使用土地	有偿使用土地是土地使用制度改革的核心内容，是管好土地、促进节约用地和合理利用土地、提高土地效益的经济手段。有偿使用土地有多种形式，如土地使用权出让、土地租赁、土地使用权作价出资、入股等
依法征地	建设单位因城市建设征收土地，必须根据国家的有关规定和要求，持有国家主管部门或者县级以上人民政府批准的证书或文件，并按照征收土地的程序和法定的审批权限，依法办理了征收手续后，才能合法用地

二、征收集体土地的政策规定（表 3-2）

表 3-2　　　　　　　　　　　征收集体土地的政策规定

规定	内　容
征收土地的范围	国家进行经济、文化、国防建设以及兴办社会公共事业和列入固定资产投资计划用地的，经有批准权的人民政府批准后可以征收集体土地，被征地单位和个人应服从国家需要，不得阻挠
征收土地批准权限的规定	（1）征收土地实行两级审批制度，即国务院审批和省级人民政府审批。 （2）征收农用地的，应办理农用地转用手续。 （3）基本农田，基本农田以外的耕地超过 35 公顷的，其他土地超过 70 公顷的，由国务院审批。 （4）其他用地和已经批准农用地转用范围内的具体项目，由省级人民政府审批并报国务院备案
建设单位申请征地不得化整为零	分期建设的项目，应当分期征地，不得先征待用。铁路、公路和输油、输水等管线建设需要征收的土地，可以分段申请批准，办理征地手续
对被征地单位和农民进行安置、补偿和补助	征收土地由用地单位支付土地补偿费、安置补助费、地上附着物和青苗的补偿费等费用
临时用地必须办理报批手续	临时设施的用地应尽可能在征收的土地范围内安排，确需另行增加临时用地的，由建设单位向批准工程项目用地的机关提出临时用地的数量和期限的申请，经批准后，同土地所有权单位签订临时用地协议后方可用地。临时使用土地的期限，最多不得超过 2 年，并不得改变批准的用途，不得从事生产性、营业性或其他经营性的活动，不得修建永久性建筑
全民所有制企业、农村集体经济组织联营使用的集体土地	全民所有制企业、城镇集体所有制企业同农村集体经济组织共同投资兴办的联营企业所使用的集体土地，必须持县级以上人民政府按照国家基本建设程序批准的设计任务书或者其他批准文件，由联营企业向县级以上人民政府土地管理部门提出用地申请，按照国家建设用地的批准权限，经有批准权的人民政府批准

续表

规定	内　　　容
征收土地时必须进行征地公告	被征收土地所在的市、县人民政府，在收到征收土地方案后10日内，应以书面或其他形式进行公告。 （1）征收土地公告应包括下列内容： 1）征收批准机关、文号、时间和用途； 2）被征收土地的所有权人、位置、地类和面积； 3）征地补偿标准和农业人口安置途径； 4）办理征地补偿的期限、地点。 （2）征地补偿安置方案公告应包括下列内容： 1）被征收土地的位置、地类、面积、地上附着物和青苗的种类、数量，需要安置农业人口的数量； 2）土地补偿费的标准、数量、支付对象和方式； 3）安置补助费的标准、数量、支付对象和方式； 4）地上附着物和青苗的补偿标准和支付方式； 5）农业人口具体安置途径； 6）其他有关征地补偿安置的措施。 （3）未进行征地、补偿、安置公告的，被征地单位和个人，有权拒绝办理征地相关手续
合理使用征地补偿费	耕地占用税用于土地开发和农业发展；菜地基金、土地复垦费、土地荒芜费、防洪费用于菜田开发建设和土地的调整和治理；征地管理费用于土地管理部门的各种业务开支。各级人民政府和土地管理部门，严格监督征地费用的管理和使用，任何单位和个人均不得占用或挪作他用

三、征收集体土地补偿的范围和标准（表3-3）

表3-3　　　　　　　　　　征收集体土地补偿的范围和标准

范围	标　　　准
土地补偿费	（1）征收耕地的补偿费，为该耕地被征收前3年平均年产值的6至10倍； （2）征收其他土地的补偿费标准由省、自治区、直辖市参照征收耕地的补偿费标准规定
安置补助费	国家建设征收土地，用地单位除支付补偿费外，还应当支付安置补助费。安置补助费是为安置因征地造成的农村剩余劳动力的补助费。 安置补助费，按照需要安置的农业人口数计算。需要安置的农业人口数，按照被征收的耕地数量除以征地前被征地单位平均每人占有耕地的数量计算。每一个需要安置的农业人口的安置补助费标准，为该耕地被征收前3年平均年产值的4至6倍。但每公顷被征收耕地的安置补助费，最高不得超过被征收前3年平均年产值的15倍。 征收其他土地的安置补助费标准，由省、自治区、直辖市参照征收耕地的安置补助费标准规定。 在人均耕地特别少的地区，按前述标准支付的土地补偿费和安置补助费尚不能使需要安置的农民保持原有生活水平的，经省级人民政府批准，可以增加安置补助费。但土地补偿和安置补助费之和不得超过该土地被征收前3年平均年产值的30倍
地上附着物和青苗的补偿费等费用	被征收土地上的附着物和青苗的补偿标准，由省、自治区、直辖市规定。征收城市郊区的菜地，用地单位应当按照国家有关规定缴纳新菜地开发建设基金。城市郊区菜地，是指连续3年以上常年种菜的商品菜地或养殖鱼、虾的精养鱼塘

续表

范围	标　准
临时用地补偿	经批准的临时用地，同农村集体经济组织签订临时用地协议，并按该土地前 3 年平均年产值逐年给予补偿。但临时用地逐年累计的补偿费最高不得超过征收该土地标准计算的土地补偿费和安置补助费的总和
合理使用土地补偿费、安置补助费	土地补偿费归农村集体组织所有；地上附着物和青苗补偿费归地上附着物和青苗的所有者所有。由农村集体组织安置的人员，安置补助费由农村集体经济组织管理和使用；由其他单位安置的人员，安置补助费支付给安置单位；不需要统一安置的人员，补助费发放给个人

命题考点三　国有建设用地

一、建设用地审查报批程序（表 3-4）

表 3-4　　　　　　　　　　　　建设用地审查报批程序

项目	内　容
用地预审	建设项目可行性研究论证时，建设单位必须向土地行政主管部门提出建设用地预审申请。可行性研究报告报批时，必须附有土地行政主管部门出具的建设项目用地预审报告。 建设单位提出预审申请时，应当提交下列材料，由负责预审工作的人民政府土地行政主管部门直接受理： （1）申请预审的正式文件； （2）项目建议书批复文件； （3）建设项目可行性研究报告，其中应当包含土地利用的章节，内容包括规划选址情况、用地总规模和用地类型等； （4）单独选址的建设项目，拟占用地质灾害防治规划确定的地质灾害易发区内土地的，还应当提供地质灾害危险性评估报告
申请用地	建设单位持建设项目的有关批准文件，向市、县人民政府土地行政主管部门提出建设用地申请，由市、县人民政府土地行政主管部门审查。建设单位提出用地申请时，应当填写《建设用地申请表》，并附下列材料： （1）建设单位有关资质证明； （2）项目可行性研究报告批复或者其他有关批准文件； （3）土地行政主管部门出具的建设项目用地预审报告； （4）初步设计或者其他有关材料； （5）建设项目总平面布置图； （6）占用耕地的，必须提出补充耕地方案； （7）建设项目位于地质灾害地区的，应提供地质灾害危险性评估报告
上报审批	市、县人民政府土地行政主管部门对材料齐全、符合条件的建设用地申请，在收到申请之日起 30 日内拟定农用地转用方案、补充耕地方案、征收土地方案和供地方案，报市、县人民政府批准；需要上级人民政府批准的，应当报上级人民政府批准。各项方案经批准后，同级土地行政主管部门应当在收到批件后 5 日内将批复发出

续表

项目	内 容
组织实施	经批准的农用地转用方案、补充耕地方案、征收土地方案和供地方案，由土地所在地的市、县人民政府组织实施
颁发《建设用地批准书》	以有偿使用方式取得国有土地使用权的，由市、县人民政府土地行政主管部门与土地使用者签订土地有偿使用合同，并向建设单位颁发《建设用地批准书》

二、临时用地（表 3-5）

表 3-5　　　　　　　　　　　　　　　　临时用地

项目	内 容
临时用地报批	在城市规划区的临时用地应先经城市规划行政主管部门同意。建设项目施工和地质勘察需要临时使用国有土地或者农民集体所有的土地的，报县级以上人民政府土地行政主管部门批准
签订临时用地合同	临时用地经批准后，应当签订临时用地合同，并给土地的所有权人和原使用权人的损失予以补偿
临时用地的使用	临时使用土地者应当按照合同约定的用途使用土地，不能将临时用地改为永久性建设用地。不得建永久性的建筑物及其他设施。临时用地的期限一般不超过 2 年。临时用地确需超过 2 年的，必须经过批准，通过双方的合同约定，或 2 年后重新办理临时用地手续。 抢险救灾等急需使用土地的，可以先行使用土地。属于永久性建设用地的，建设单位应当在灾情结束后 6 个月内申请补办建设用地审批手续

命题考点四　国有建设用地使用权出让

一、国有建设用地使用权出让的概念和特征（表 3-6）

表 3-6　　　　　　　　　国有建设用地使用权出让的概念和特征

项目	内 容
概念	是指国家将国有土地使用权在一定年限内出让给土地使用者，由土地使用者向国家支付土地使用权出让金的行为
特征	（1）土地使用权出让也称批租或土地一级市场，由国家垄断，任何单位和个人不得出让土地使用权。 （2）经出让取得土地使用权的单位和个人，在土地使用期内没有所有权，只有使用权，在使用土地期限内对土地拥有使用、占有、收益、处分权；土地使用权可以进入市场，可以进行转让、出租、抵押等经营活动，但地下埋藏物和矿藏物归国家所有。 （3）土地使用者只有向国家支付了全部土地使用权出让金后才能领取土地使用权证书。 （4）集体土地不经征收不得出让。 （5）土地使用权出让是国家以土地所有者的身份与土地使用者之间关于权利义务的经济关系，具有平等、自愿、有偿、有限期的特点

二、国有建设用地使用权出让政策（表 3-7）

表 3-7　　　　　　　　　　　国有建设用地使用权出让政策

项目	内　容
出让方式	（1）招标方式。 （2）拍卖方式。 （3）挂牌方式。 （4）协议方式
出让年限	（1）居住用地 70 年。 （2）工业用地 50 年。 （3）教育、科技、文化卫生、体育用地 50 年。 （4）商业、旅游、娱乐用地 40 年。 （5）综合或其他用地 50 年
收回的情形	（1）土地使用权届满的收回。 （2）国家有权提前收回土地使用权。 （3）因土地使用者不履行土地使用权出让合同而收回土地使用权。 （4）司法机关决定收回土地使用权
终止的情形	（1）土地使用权因土地使用权出让合同规定的使用年限届满、提前收回而终止。 （2）土地使用权因土地灭失而终止。 （3）因土地使用者的抛弃而终止

三、国有建设用地使用权出让合同的主要内容（表 3-8）

表 3-8　　　　　　　　国有建设用地使用权出让合同的主要内容

项目	内　容
合同	当事人的名称和住所；土地界址、面积等；建筑物、构筑物及其附属设施占用的空间；土地用途；土地条件；土地使用期限；出让金等费用及其支付方式；开发投资强度；规划条件；配套；转让、出租、抵押条件；期限届满的处理；不可抗力的处理；违约责任；解决争议的方法
合同附件	宗地平面界址图；出让宗地竖向界限；市县政府规划管理部门确定的宗地规划条件等

四、国有建设用地使用权出让合同的履行与解除（表 3-9）

表 3-9　　　　　　　　国有建设用地使用权出让合同的履行与解除

项目	内　容
履行	以出让方式取得土地使用权进行房地产开发的，必须按照建设用地使用权出让合同约定的动工开发期限、土地用途、固定资产投资规模和强度开发土地。 （1）超过出让合同约定的动工开发日期满 1 年未动工开发的，可以征收相当于土地使用权出让金 20% 以下的土地闲置费；满 2 年未动工开发的，可以无偿收回土地使用权；但是，因不可抗力或者政府、政府有关部门的行为，或者动工开发必需的前期工作造成动工开发迟延的除外。 （2）用地单位改变土地利用条件及用途，必须取得出让方和市、县人民政府城市规划行政管理部门的同意，变更或重新签订出让合同并相应调整地价款

续表

项目	内　容
履行	（3）项目固定资产总投资、投资强度和开发投资总额应达到合同约定标准。未达到约定的标准，出让人可以按照实际差额部分占约定投资总额和投资强度指标的比例，要求用地单位支付相当于同比例国有建设用地使用权出让价款的违约金，并可要求用地单位继续履约
解除	（1）在签订出让合同后，土地使用者应缴纳定金并按约定期限支付地价款，土地使用者延期付款超过 60 日，经土地管理部门催交后仍不能支付国有建设用地使用权出让价款的，土地管理部门有权解除合同，并可以请求违约赔偿。 （2）土地管理部门未按出让合同约定的时间提供土地，出让人延期交付土地超过 60 日，经土地使用者催交后仍不能交付土地的，土地使用者有权解除合同，由土地管理部门双倍返还定金，退还已支付的地价款并可以请求违约赔偿

五、国有建设用地使用权出让管理（表 3-10）

表 3-10　　　　　　　　　国有建设用地使用权出让管理

项目	内　容
管理权限	国有土地使用权的出让由市、县人民政府负责，有计划、有步骤地进行。土地使用权出让的地块、用途、年限和其他条件，由市、县人民政府土地管理部门会同城市规划和建设管理部门、房地产管理部门共同拟订方案，按照国务院规定的批准权限批准后，由土地管理部门实施
出让金缴纳	土地使用者应当在签订土地使用权出让合同后 60 日内，支付全部土地使用权出让金。土地使用者在支付全部土地使用权出让金后，应当依照规定办理登记，领取土地使用证，取得土地使用权
出让后土地使用管理	土地使用者应当按照土地使用权出让合同的规定和城市规划的要求，开发、利用、经营土地。土地使用者需要改变土地使用权出让合同规定的土地用途的，应当征得出让方同意并经土地管理部门和城市规划部门批准，依照土地出让管理有关规定重新签订土地使用权出让合同，调整土地使用权出让金，并办理登记

六、国有土地租赁和国有土地使用权作价出资或入股（表 3-11）

表 3-11　　　　　　　国有土地租赁和国有土地使用权作价出资或入股

项目	内　容
概念	指国家将国有土地租给使用者使用，由使用者与县级以上人民政府土地行政管理部门签订一定年期的土地租赁合同，并支付租金的行为
租赁的方式	国有土地租赁可以采用招标、拍卖或者双方协议的方式，有条件的必须采取招标、拍卖方式
租赁的期限	对短期使用或用于修建临时建筑物的土地，应实行短期租赁，短期租赁年限一般不超过 5 年。 对需要进行地上建筑物、构筑物建设后长期使用的土地，应实行长期租赁，具体租赁期限由租赁合同约定，但最长租赁期限不得超过法律规定的同类用途土地出让最高年限

续表

项目	内　　容
租赁合同	租赁期限 6 个月以上的国有土地租赁，应当由市、县土地行政主管部门与土地使用者签订租赁合同。土地租赁合同可以转让
土地使用权的转租、转让或抵押	国有土地租赁，承租人取得承租土地使用权。承租人在按规定支付土地租金并完成开发建设后，经土地行政主管部门同意或根据租赁合同约定，可将承租土地使用权转租、转让或抵押。承租土地使用权转租、转让或抵押，必须依法登记
使用权的收回	(1) 国家因社会公共利益的需要，依照法律程序可以提前收回，但应对承租人给予合理补偿。 (2) 承租人未按合同约定开发建设、未经土地行政主管部门同意转让、转租或不按合同约定按时交纳土地租金的，土地行政主管部门可以解除合同，依法收回承租土地使用权。 (3) 承租土地使用权期满，承租人可申请续期。未申请续期或者虽申请续期但未获批准的，承租土地使用权由国家依法无偿收回
作价出资或入股	国有土地使用权作价出资或入股，是指国家以一定年期的国有土地使用权作价，作为出资投入改组后的新设企业，该土地使用权由新设企业持有，可以依照土地管理法律、法规关于出让土地使用权的规定转让、出租、抵押

命题考点五　国有建设用地使用权划拨

一、土地使用权划拨的含义及范围 （表 3-12）

表 3-12　　　　　　　　　土地使用权划拨的含义及范围

项目	内　　容
含义	(1) 划拨土地使用权包括土地使用者缴纳拆迁安置、补偿费用（如城市的存量土地或集体土地）和无偿取得（如国有的荒山、沙漠、滩涂等）两种形式。 (2) 除法律、法规另有规定外，划拨土地没有使用期限的限制，但未经许可不得进行转让、出租、抵押等经营活动。 (3) 取得划拨土地使用权，必须经有批准权的人民政府核准并按法定的程序办理手续。 (4) 在国家没有法律规定之前，在城市范围内的土地和城市范围以外的国有土地，除出让土地以外的土地，均按划拨土地进行管理
范围	(1) 国家机关用地和军事用地。 (2) 城市基础设施和公益事业用地。 (3) 国家重点扶持的能源、交通、水利等项目用地。 (4) 法律、行政法规规定的其他用地

二、划拨土地的管理

《城市房地产管理法》和《城镇国有土地使用权出让和转让暂行条例》对划拨土地使用权的管理有以下规定：

(1) 划拨土地使用权可以转让。

(2) 划拨土地使用权可以出租。

（3）划拨土地使用权可以抵押。

（4）对未经批准擅自转让、出租、抵押划拨土地使用权的单位和个人，县级以上人民政府土地管理部门应当没收其非法收入，并根据情节处以罚款。

（5）国有企业改革中的划拨土地。对国有企业改革中涉及的划拨土地使用权，可分别采取国有土地出让、租赁、作价出资（入股）和保留划拨土地使用权等方式予以处置。下列情况应采取土地出让或出租方式处置：

1）国有企业改造或改组为有限责任或股份有限公司以及组建企业集团的。

2）国有企业改组为股份合作制的。

3）国有企业租赁经营的。

4）非国有企业兼并国有企业的。

下列情况经批准可保留划拨土地使用权：

1）继续作为城市基础设施用地，公益事业用地和国有重点扶持的能源、交通、水利等项目用地，原土地用途不发生改变，但改造或改组为公司制企业除外。

2）国有企业兼并国有企业、非国有企业及国有企业合并后的企业是国有工业企业的。

3）在国有企业兼并、合并中，一方属于濒临破产企业的。

4）国有企业改造或改组为国有独资公司的。

其中第2）、3）、4）项保留划拨土地方式的期限不超过5年。

（6）凡上缴土地收益的土地，仍按划拨土地进行管理。

（7）划拨土地使用权的收回。国家无偿收回划拨土地使用权有多种原因，主要有以下七种：

1）土地使用者因迁移、解散、撤销、破产或其他原因而停止使用土地的。

2）国家根据城市建设发展的需要和城市规划的要求收回土地使用权的。

3）各级司法部门没收其所有财产而收回土地使用权的。

4）土地使用者自动放弃土地使用权的。

5）未经原批准机关同意，连续2年未使用的。

6）不按批准用途使用土地的。

7）铁路、公路、机场、矿场等核准报废的土地。

国家无偿收回划拨土地使用权时，对其地上建筑物、其他附着物，根据实际情况应给原土地使用者适当补偿。

命题考点六　闲置土地的处理

一、闲置土地的认定（表3-13）

表3-13　　　　　　　　　　　　　　闲置土地的认定

项目	内　容
概念	是指土地使用者依法取得土地使用权后，未经原批准用地的人民政府同意，超过规定的期限未动工开发建设的建设用地

续表

项目	内　　容
认定为闲置土地的情形	（1）国有土地有偿使用合同或者建设用地批准书未规定动工开发建设日期，自国有土地有偿使用合同生效或者土地行政主管部门建设用地批准书颁发之日起满1年未动工开发建设的。 （2）已动工开发建设但开发建设的面积占应动工开发建设总面积不足1/3或者已投资额占总投资额不足25％且未经批准中止开发建设连续满1年的。 （3）法律、行政法规规定的其他情形

二、闲置土地的处置方式

（1）延长开发建设时间，但最长不得超过1年。

（2）改变土地用途，办理有关手续后继续开发建设。

（3）安排临时使用，待原项目开发建设条件具备后，重新批准开发，土地增值的，由政府收取增值地价。

（4）政府为土地使用者置换其他等价闲置土地或者现有建设用地进行开发建设。

（5）政府采取招标、拍卖等方式确定新的土地使用者，对原建设项目继续开发建设，并对原土地使用者给予补偿。

（6）土地使用者与政府签订土地使用权交还协议等文书，将土地使用权交还给政府。原土地使用者需要使用土地时，政府应当依照土地使用权交还协议等文书的约定供应与其交还土地等价的土地。

三、征收土地闲置费

已经办理审批手续的非农业建设占用耕地，1年以上未动工建设的，应当按照省、自治区、直辖市的规定缴纳闲置费。

在城市规划区范围内，以出让等有偿使用方式取得土地使用权进行房地产开发的闲置土地，超过出让合同约定的动工开发日期满1年未动工开发的，可以征收相当于土地使用权出让金20％以下的土地闲置费。

四、无偿收回土地使用权

已经办理审批手续的非农业建设占用耕地，连续2年未使用的，经原批准机关批准，由县级以上人民政府无偿收回土地使用者的土地使用权。

在城市规划区范围内，以出让等有偿使用方式取得土地使用权进行房地产开发的闲置土地，满2年未动工开发时，可以无偿收回土地使用权；但是，因不可抗力或者政府、政府有关部门的行为或者动工开发必需的前期工作造成动工开发迟延的除外。

依照规定收回国有土地使用权的，由市、县人民政府土地行政主管部门报经原批准用地的人民政府批准后予以公告，下达《收回国有土地使用权决定书》，终止土地有偿使用合同或者撤销建设用地批准书，注销土地登记和土地证书。

第四章 房地产开发经营管理制度与政策

命题考点一 城乡规划的基本概念与城镇体系规划

一、城乡规划的基本概念（表4-1）

表4-1　　　　　　　　　　　　　　城乡规划的基本概念

项目	内　容
概念	城乡规划是以促进经济社会全面协调可持续发展为根本任务、促进土地科学使用为基础、促进人居环境根本改善为目的，涵盖城乡居民点的空间布局规划
性质	它是各级政府统筹安排城乡发展建设空间布局、保护生态和自然环境、合理利用自然资源、维护社会公正与公平的重要依据。具有重要公共政策的属性
表现形式	城乡规划是按照法定程序编制和批准的，以图纸和文本为表现形式
组成	城乡规划包括城镇体系规划、城市规划、镇规划、乡规划和村庄规划。城市规划、镇规划分为总体规划和详细规划。详细规划分为控制性详细规划和修建性详细规划
规划区	是指城市、镇和村庄的建成区以及因城乡建设和发展需要，必须实行规划控制的区域。规划区的具体范围由有关人民政府在组织编制的城市总体规划、镇总体规划、乡规划和村庄规划中，根据城乡经济社会发展水平和统筹城乡发展的需要划定

二、城镇体系规划（表4-2）

表4-2　　　　　　　　　　　　　　城镇体系规划

项目	内　容
组成	城镇体系规划分为全国城镇体系规划、省域城镇体系规划、市域（镇域）城镇体系规划以及县域城镇体系规划
作用	城镇体系规划是政府综合协调辖区内城镇发展和空间资源配置的依据和手段。它将为政府进行区域性的规划协调提供科学的、行之有效的依据，包括：确定区域城镇发展战略，合理布局区域基础设施和大型公共服务设施，明确需要保护和控制的区域，找出引导区域城镇发展的各项政策和措施

命题考点二 城市规划管理

一、城市规划管理的基本概念与内容（表4-3）

表4-3　　　　　　　　　　　　城市规划管理的基本概念与内容

项目	内　容
基本概念	是指城市人民政府按照法定程序编制和审批城市规划，并依据国家和各级政府颁布的城市规划管理的有关法规和具体规定，对批准的城市规划，采用法制的、行政的、经济的管理办法，对城市规划区内的各项建设进行统一的安排和控制，使城市的各项建设用地和建设工程活动有计划、有秩序地协调发展，保证城市规划的顺利实施

续表

项目		内　容
基本内容	性质	城市规划管理是一项政府行政职能，它包括城市规划编制审批管理和实施监察管理两部分。城乡规划的编制和管理经费纳入本级财政预算
	详细规划	详细规划分为控制性详细规划和修建性详细规划
	总体规划	城市总体规划的内容应当包括：城市、镇的发展布局，功能分区，用地布局，综合交通体系，禁止、限制和适宜建设的地域范围，各类专项规划等。城市总体规划的规划期限一般为20年

二、城镇规划的编制与审批（表 4-4）

表 4-4　　　　　　　　　　　　城镇规划的编制与审批

项目	内　容
编制	城市总体规划、镇总体规划以及乡规划和村庄规划的编制，应当依据国民经济和社会发展规划，并与土地利用总体规划相衔接。编制城乡规划必须遵守国家有关标准，具备国家规定的勘察、测绘、气象、地震、水文、环境等基础资料
报送	（1）直辖市的城市总体规划由直辖市人民政府报国务院审批。 （2）省、自治区人民政府所在地的城市以及国务院确定的城市的总体规划，由省、自治区人民政府审查同意后，报国务院审批。 （3）其他城市的总体规划，由城市人民政府报省、自治区人民政府审批。 （4）县人民政府组织编制县人民政府所在地镇的总体规划，报上一级人民政府审批。 （5）其他镇的总体规划由镇人民政府组织编制，报上一级人民政府审批
审批程序	（1）城市、县人民政府组织编制的总体规划，城乡规划报送审批前，组织编制机关应当依法将城乡规划草案予以公告，并采取论证会、听证会或者其他方式征求专家和公众的意见。公告的时间不得少于 30 日。组织编制机关应当充分考虑专家和公众的意见，并在报送审批的材料中附具意见采纳情况及理由。 （2）省域城镇体系规划、城市总体规划、镇总体规划批准前，审批机关应当组织专家和有关部门进行审查。省、自治区人民政府组织编制的省域城镇体系规划，城市、县人民政府组织编制的总体规划，在报上一级人民政府审批前，应当先经本级人民代表大会常务委员会审议，常务委员会组成人员的审议意见交由本级人民政府研究处理。在报上一级人民政府审批前，应当先经本级人民代表大会常务委员会审议，常务委员会组成人员的审议意见交由本级人民政府研究处理。 （3）镇人民政府组织编制的镇总体规划，在报上一级人民政府审批前，应当先经镇人民代表大会审议，代表的审议意见交由本级人民政府研究处理
控制性详细规划	（1）城市人民政府城乡规划主管部门根据城市总体规划的要求，组织编制城市的控制性详细规划，经本级人民政府批准后，报本级人民代表大会常务委员会和上一级人民政府备案。 （2）镇人民政府根据镇总体规划的要求，组织编制镇的控制性详细规划，报上一级人民政府审批

续表

项目	内 容
控制性详细规划	（3）县人民政府所在地镇的控制性详细规划，由县人民政府城乡规划主管部门根据镇总体规划的要求组织编制，经县人民政府批准后，报本级人民代表大会常务委员会和上一级人民政府备案。 （4）城市、县人民政府城乡规划主管部门和镇人民政府可以组织编制重要地块的修建性详细规划。修建性详细规划应当符合控制性详细规划。 （5）首都的总体规划、详细规划应当统筹考虑中央国家机关用地布局和空间安排的需要
编制要求	城乡规划组织编制机关应当委托具有相应资质等级的单位承担城乡规划的具体编制工作

三、城市规划修改（表 4-5）

表 4-5　　　　　　　　　　　　城市规划修改

项目	内 容
修改要求	省域城镇体系规划、一城市总体规划、镇总体规划的组织编制机关，应当组织有关部门和专家定期对规划实施情况进行评估，并采取论证会、听证会或者其他方式征求公众意见。组织编制机关应当向本级人民代表大会常务委员会、镇人民代表大会和原审批机关提出评估报告并附具征求意见的情况
修改省域城镇体系规划、城市总体规划、镇总体规划的情形	有下列情形之一的，组织编制机关方可按照规定的权限和程序修改省域城镇体系规划、城市总体规划、镇总体规划： （1）上级人民政府制定的城乡规划发生变更，提出修改规划要求的； （2）行政区划调整确需修改规划的； （3）因国务院批准重大建设工程确需修改规划的； （4）经评估确需修改规划的； （5）城乡规划的审批机关认为应当修改规划的其他情形
修改程序	修改省域城镇体系规划、城市总体规划、镇总体规划前，组织编制机关应当对原规划的实施情况进行总结，并向原审批机关报告；修改涉及城市总体规划、镇总体规划强制性内容的，应当先向原审批机关提出专题报告，经同意后，方可编制修改方案。修改后的省域城镇体系规划、城市总体规划、镇总体规划，应当依照规划的审批程序报批
控制性详细规划的修改	修改控制性详细规划的，组织编制机关应当对修改的必要性进行论证，征求规划地段内利害关系人的意见，并向原审批机关提出专题报告，经原审批机关同意后，方可编制修改方案。修改后的控制性详细规划，应当依照规划的审批程序报批。控制性详细规划修改涉及城市总体规划、镇总体规划的强制性内容的，应当先修改总体规划
近期建设规划的修改	城市、县、镇人民政府修改近期建设规划的，应当将修改后的近期建设规划报总体规划审批机关备案

四、城市规划的实施（表 4-6）

表 4-6　　　　　　　　　　　　城市规划的实施

项目	内 容
建设项目选址意见书	《城乡规划法》规定："按照国家规定需要有关部门批准或者核准的建设项目，以划拨方式提供国有土地使用权的，建设单位在报送有关部门批准或者核准前，应当向城乡规划主管部门申请核发选址意见书"

项目	内 容
建设用地规划许可证	未确定规划条件的地块，不得出让国有土地使用权。以出让方式取得国有土地使用权的建设项目，在签订国有土地使用权出让合同后，建设单位应当持建设项目的批准、核准、备案文件和国有土地使用权出让合同，向城市、县人民政府城乡规划主管部门领取建设用地规划许可证。 　　城市、县人民政府城乡规划主管部门不得在建设用地规划许可证中，擅自改变作为国有土地使用权出让合同组成部分的规划条件
建设工程规划许可证	建设工程规划许可管理的主要内容包括： 　　（1）建筑管理； 　　（2）道路管理； 　　（3）管线管理； 　　（4）审定设计方案； 　　（5）核发建设工程规划许可证； 　　（6）放线、验线制度； 　　（7）建设工程的竣工验收； 　　（8）竣工资料的报送
补偿	在选址意见书、建设用地规划许可证、建设工程规划许可证或者乡村建设规划许可证发放后，因依法修改城乡规划给被许可人合法权益造成损失的，应当依法给予补偿

五、临时性建设规划管理

在城市、镇规划区内进行临时建设的，应当经城市、县人民政府城乡规划主管部门批准。临时建设影响近期建设规划或控制性详细规划的实施以及交通、市容、安全等的，不得批准。临时建设应当在批准的使用期限内自行拆除。临时建设和临时用地规划管理的具体办法，由省、自治区、直辖市人民政府制定。

六、城市规划实施的监督检查（表4-7）

表4-7　　　　　　　　　　　城市规划实施的监督检查

项目	内 容
监管体制	县级以上人民政府及其城乡规划主管部门负责对城乡规划编制、审批、实施、修改的监督检查。地方各级人民政府应当向本级人民代表大会常务委员会或者乡、镇人民代表大会报告城乡规划的实施情况，并接受监督。县级以上人民政府城乡规划主管部门对城乡规划的实施情况进行监督检查，有权采取以下措施： 　　（1）要求有关单位和人员提供与监督事项有关的文件、资料，并进行复制； 　　（2）要求有关单位和人员就监督事项涉及的问题作出解释和说明，并根据需要进入现场进行勘测； 　　（3）责令有关单位和人员停止违反有关城乡规划的法律、法规的行为。 　　城乡规划主管部门在查处违反《城乡规划法》规定的行为时，发现国家机关工作人员依法应当给予行政处分的，应当向其任免机关或者监察机关提出处分建议。 　　依照《城乡规划法》规定，应当给予行政处罚，而有关城乡规划主管部门不给予行政处罚的，上级人民政府城乡规划主管部门有权责令其作出行政处罚决定或者建议有关人民政府责令其给予行政处罚。城乡规划主管部门违反《城乡规划法》规定，作出行政许可的，上级人民政府城乡规划主管部门有权责令其撤销或者直接撤销该行政许可。因撤销行政许可给当事人合法权益造成损失的，应当依法给予赔偿

续表

项目	内　　容
法律责任	对依法应当编制城乡规划而未组织编制，或者未按法定程序编制、审批、修改城乡规划的，由上级人民政府责令改正，通报批评；对有关人民政府负责人和其他直接责任人员依法给予处分。城乡规划组织编制机关委托不具有相应资质等级的单位编制城乡规划的，由上级人民政府责令改正，通报批评；对有关人民政府负责人和其他直接责任人员依法给予处分。 　　未取得建设工程规划许可证或者未按照建设工程规划许可证的规定进行建设的，由县级以上地方人民政府城乡规划主管部门责令停止建设；尚可采取改正措施消除对规划实施的影响的，限期改正，处建设工程造价百分之五以上百分之十以下的罚款；无法采取改正措施消除影响的，限期拆除，不能拆除的，没收实物或者违法收入，可以并处建设工程造价百分之十以下的罚款。城乡规划主管部门作出责令停止建设或者限期拆除的决定后，当事人不停止建设或者逾期不拆除的，建设工程所在地县级以上地方人民政府可以责成有关部门采取查封施工现场、强制拆除等措施。建设单位未在建设工程竣工验收后6个月内向城乡规划主管部门报送有关竣工验收资料的，由所在地城市、县人民政府城乡规划主管部门责令限期补报；逾期不补报的，处1万元以上5万元以下的罚款

命题考点三　建设工程勘察设计的监督管理

建设工程勘察设计的监督管理（表 4-8）

表 4-8　　　　　　　　　　建设工程勘察设计的监督管理

项目	内　　容
分级监管	国务院住房和城乡建设行政主管部门对全国的建设工程勘察、设计活动实施统一监督管理。国务院铁路、交通、水利等有关部门按照国务院规定的职责分工，负责对全国的有关专业建设工程勘察、设计活动的监督管理。县级以上地方人民政府建设行政主管部门对本行政区域内的建设工程勘察、设计活动实施监督管理。县级以上地方人民政府交通、水利等有关部门在各自的职责范围内，负责对本行政区域内的有关专业建设工程勘察、设计活动的监督管理
限制性规定	建设工程勘察、设计单位在建设工程勘察、设计资质证书规定的业务范围内跨部门、跨地区承揽勘察、设计业务的，有关地方人民政府及其所属部门不得设置障碍，不得违反国家规定收取任何费用。 　　施工图设计文件中涉及公共利益、公众安全、工程建设强制性标准的内容应当经有资格的施工图设计文件审查机构进行审查。施工图设计文件未经审查合格的，不得使用

命题考点四　注册建筑师、注册结构工程师制度

注册建筑师、注册结构工程师制度（表 4-9）

表 4-9　　　　　　　　　　注册建筑师、注册结构工程师制度

项目	内　　容
注册建筑师 制度	(1) 注册建筑师是指依法取得注册建筑师证书并从事房屋建筑设计及相关业务的人员。注册建筑师制度包括严格的资格审查与考试制度、注册制度和相应的管理制度。 　　(2) 注册建筑师实行全国统一考试制度和注册管理办法。 　　(3) 注册建筑师的执业范围，包括建筑设计、建筑设计技术咨询、建筑物调查与鉴定以及对本人主持设计的项目进行施工指导和监督等

项目	内　容
注册结构工程师制度	（1）注册结构工程师分为一级注册结构工程师与二级注册结构工程师。 （2）注册结构工程师考试实行全国统一大纲、统一命题、统一组织的办法，原则上每年举行1次。取得注册结构工程师资格证书者，要从事结构工程业务的，须申请注册。 （3）注册结构工程师每一个注册期为3年，有效期届满需要继续注册的，应当在期满前30日内申请延期注册。 （4）注册结构工程师的执业范围包括： 1）结构工程设计； 2）结构工程设计技术咨询； 3）建筑物、构筑物、工程设施等调查和鉴定； 4）对本人主持设计的项目进行施工指导和监督； 5）住房和城乡建设部和国务院有关部门规定的其他业务。 一级注册结构工程师的执业范围不受工程规模及工程复杂程度限制。 （5）注册结构工程师有权以注册结构工程师的名义执行注册结构工程师业务。非注册结构工程师不得以注册结构工程师的名义执行注册结构工程师业务。 （6）因结构设计质量造成的经济损失，由勘察设计单位承担赔偿责任；勘察设计单位有权向签字的注册结构工程师追偿

命题考点五　城市房屋拆迁概述

一、城市房屋拆迁的管理体制（表 4-10）

表 4-10　　　　　　　　　　城市房屋拆迁的管理体制

各级部门	内　容
国家级	是指国务院建设行政主管部门，其管理职责是负责全国城市房屋拆迁工作的监督管理。根据国务院批准的住房和城乡建设部"三定"方案的规定，"拟定房屋拆迁的规章制度并监督执行"是住房和城乡建设部的具体职责之一
地方级	是指县级以上地方人民政府负责管理房屋拆迁工作的部门，其管理职责是对本行政区域内的城市房屋拆迁工作实施监督管理。根据《城市房屋拆迁管理条例》的规定，房屋拆迁管理部门的监督管理职责包括房屋拆迁许可证的审批、延期拆迁的审批、拆迁委托合同的备案管理、暂停办理有关手续通知书的发放、延长暂停期限的审批、拆迁裁决、受理强制拆迁的申请、建设项目转让的管理、拆迁补偿安置资金使用的监督、拆迁产权不明确房屋的补偿安置方案的审核、对拆迁违法行为的查处以及对接受委托的单位的资格认定等内容
县级以上地方人民政府有关部门	如工商、公安、规划、司法、文化、环境保护等，在拆迁管理中的职责是依照《城市房屋拆迁管理条例》的规定，互相配合，保证房屋拆迁管理工作的顺利进行。 县级以上人民政府土地行政主管部门（包括国务院土地行政主管部门）应当依照有关法律、行政法规的规定，负责与城市房屋拆迁有关的土地管理工作

二、拆迁工作程序（表4-11）

表4-11   拆迁工作程序

项目		内　　容
房屋拆迁申请的提出		《城市房屋拆迁管理条例》规定申请领取房屋拆迁许可证的，应当向房屋所在地的市、县人民政府房屋拆迁管理部门提交下列资料： （1）建设项目批准文件； （2）建设用地规划许可证； （3）国有土地使用权批准文件； （4）拆迁计划和拆迁方案； （5）办理存款业务的金融机构出具的拆迁补偿安置资金证明
拆迁审批和《房屋拆迁许可证》的取得		房屋拆迁管理部门收到拆迁申请和规定提交的文件后，应对申请内容进行审查，并对拆迁范围进行现场勘察。 经审查符合条件的，由房屋拆迁管理部门发给拆迁申请人《房屋拆迁许可证》。《房屋拆迁许可证》是房屋拆迁的法律凭证。获得许可证后，拆迁申请人就成为拆迁人，其拆迁行为受法律保护。 房屋拆迁管理部门在发放《房屋拆迁许可证》时，应当依照《城市房屋拆迁管理条例》的规定向被拆迁人发出房屋拆迁公告
拆迁协议		《城市房屋拆迁管理条例》规定，拆迁人与被拆迁人必须在规定的期限内，就有关问题签订书面协议。拆迁补偿安置协议是约定拆迁当事人之间民事权利与义务关系的合同，适用《民法通则》和《合同法》。 拆迁补偿安置协议的主要内容包括补偿方式和补偿金额、安置房面积和安置地点、搬迁期限、搬迁过渡方式和过渡期限等事项。除上述主要内容外，协议一般还应包括违约责任、解决争议的办法等条款。 协议签订后是否公证，由双方当事人自主选择。但《城市房屋拆迁管理条例》规定，房屋拆迁管理部门代管的房屋需要拆迁的，拆迁补偿安置协议必须经公证机关公证，并办理证据保全
拆迁的实施	自行拆迁	是指拆迁人自己实施拆迁工作，包括对被拆迁人进行拆迁动员，组织签订和实施补偿安置协议，组织拆除房屋及附属物等
	委托拆迁	就是拆迁人自己不承担拆迁工作，而是把拆迁工作委托给具有拆迁资格的单位去承担。拆迁人委托拆迁的，应当同被委托的拆迁单位订立拆迁委托合同，并出具委托书。接受拆迁委托单位必须取得拆迁资格。房屋拆迁管理部门不得作为拆迁人，也不得接受拆迁委托
	拆迁期限	拆迁人必须在《房屋拆迁许可证》规定的拆迁范围和拆迁期限内进行拆迁，不得超越批准的拆迁范围和规定的拆迁期限
拆迁补偿安置资金的监管		《城市房屋拆迁管理条例》规定，申请领取房屋拆迁许可证，应当向房屋所在地的市、县人民政府房屋拆迁管理部门提交办理存款业务的金融机构出具的拆迁补偿安置资金证明，并规定了"拆迁人实施房屋拆迁的补偿安置资金应当全部用于房屋拆迁的补偿安置，不得挪作他用"，"县级以上地方人民政府房屋拆迁管理部门应当加强对拆迁补偿安置资金使用的监督"

命题考点六　城市房屋拆迁补偿与安置

一、城市房屋拆迁补偿（表 4-12）

表 4-12　　　　　　　　　　城市房屋拆迁补偿

项目		内　容
补偿对象		拆迁人应当对被拆除房屋所有人即被拆迁人给予补偿
补偿方式	货币补偿	是指拆迁人将被拆除房屋的价值，以货币结算方式补偿给被拆除房屋的所有人。货币补偿的金额，按照被拆除房屋的区位、用途、建筑面积等因素，以房地产市场评估价格确定
	房屋产权调换	是指拆迁人用自己建造或购买的产权房屋与被拆迁房屋进行调换产权，并按拆迁房屋的市场评估价与调换房屋的市场评估价进行结算、结清产权调换差价的行为。 但拆除非公益事业房屋的附属物，不作产权调换，由拆迁人给予货币补偿
补偿标准		《城市房屋拆迁管理条例》规定的拆迁货币补偿的基本原则是——等价有偿，采取的办法是根据被拆迁房屋的区位、用途、建筑面积等因素，用房地产市场评估的办法确定。 补偿标准以"物"（房屋）为主，更能充分体现等价有偿这一民事法律关系基本原则。《城市房屋拆迁管理条例》把补偿安置与户口分离，淡化人口因素，以房屋价值作为补偿安置的标准，既符合法理要求，也便于操作。 《城市房屋拆迁管理条例》规定以原房屋的房地产市场评估价确定其价值，符合市场经济的客观要求，从法律制度上体现了保护被拆迁人的财产权
产权调换房屋差价的结算		产权调换注重的也是房屋的价值。尽管以实物形式体现，实质上是按等价交换的原则，由拆迁人按被拆除房屋的评估价对被拆迁人进行补偿，再由被拆迁人按市场价购买拆迁人提供的产权调换房屋，被拆迁房屋的评估价与产权调换房屋的市场价进行差价结算，多退少补。无论实行货币补偿还是产权调换，有一个基本原则必须明确，即等价原则，所以，从价值量来衡量，产权调换与货币补偿是等价的

二、拆迁安置及安置房屋的质量要求（表 4-13）

表 4-13　　　　　　　　拆迁安置及安置房屋的质量要求

项目	内　容
拆迁安置	对于拆除租赁房屋，《城市房屋拆迁管理条例》规定了解除租赁协议的处理方式。即由拆迁人对房屋所有人进行补偿，由所有人对承租人进行安置。拆迁补偿前，已经解除了租赁协议或出租人对承租人进行了安置的，实质上相当于非租赁房屋的补偿、安置，根据《城市房屋拆迁管理条例》的规定，对所有人进行补偿、安置；当出租人与承租人对解除租赁关系达不成协议时，为了保障承租人的利益不受损害，《城市房屋拆迁管理条例》规定应当实行产权调换，被拆迁人与原房屋承租人就新调换房屋重新签订租赁协议
安置房屋的质量要求	拆迁安置房屋的质量和安全性能，直接关系到被拆除房屋使用人的切身利益。《城市房屋拆迁管理条例》明确了安置用房的质量安全标准。明确要求相关的管理部门要按各自的职责，确保安置房符合城市规划，符合有关勘察设计、建筑施工、建筑材料与构（配）件等的国家、行业标准或规范，并经竣工验收

三、特殊情况的拆迁补偿、安置（表 4-14）

表 4-14　　　　　　　　　　　　特殊情况的拆迁补偿、安置

项目	内　容
产权不明确房屋的补偿、安置	产权不明确的房屋是指无权属证明、产权人下落不明、暂时无法确定产权的合法所有人或因产权关系正在诉讼的房屋。 　　由于房屋产权的不确定性，补偿安置的主体也就不能确定。但是，拆迁实施中不能因为其主体不明确，就降低或不对此类房屋进行补偿。《城市房屋拆迁管理条例》规定："由拆迁人提出补偿方案，报房屋拆迁管理部门审核同意后实施拆迁"。产权不明确的房屋在被拆迁前，拆迁人还应当就该房屋的有关事项向公证机关办理证据保全。拆迁人应当就被拆迁房屋向公证机关提交证据保全申请，并按公证机关规定的程序和要求办理公证，对公证机关出具的法律文书要立案归档以备查用
抵押房屋的补偿、安置	设有抵押权的房屋被拆迁时，应当按以下程序进行补偿和安置：一是要认定抵押的有效性。按照《担保法》的规定，当事人以房地产进行抵押的，应当办理抵押登记，抵押合同自登记之日起生效。因此，未进行抵押登记的，视为无效抵押，拆迁时不应按已设定抵押的房屋进行补偿、安置。二是应当及时通知抵押权人，一般是接受抵押的银行。三是能解除抵押合同的，补偿款付给被拆迁人，付款前必须经抵押权人认可；不能解除抵押关系的，按照法律规定的清偿顺序进行清偿，不足清偿抵押权人的，抵押权人按照《担保法》及有关法律规定，向抵押人进行追偿
公益事业房屋及其附属物的补偿	公益事业多为非营利的社会福利事业。用于公益事业房屋的认定，一是要根据其服务对象，是为大多数老百姓服务还是为特定人群服务的，是共享性的还是排他性的。二是考虑此类房屋是否有经营、是否有收益。公益事业房屋的数量、位置应当由城市规划行政主管部门根据城市总体发展要求，进行总体安排。拆除此类房屋时，应当根据城市规划行政主管部门的要求进行重新建设或者进行补偿。 　　对拆除公益事业用房的货币补偿，通过评估确定其价格，公益事业用房由于缺乏足够的交易案例，也没有收益，因此，通常用成本法评估
临时建筑的补偿及违法建筑	临时建筑是指必须限期拆除、结构简易、临时性的建筑物、构筑物和其他设施，临时建筑都应当有规定的使用期限。超过批准期限的临时建筑在拆迁时，依法不予补偿。未超过批准期限的临时建筑，是合法建筑。拆除未到期限的临时建筑，会给临时建筑所有人带来一定的经济损失，因此，也应当按残存价值参考剩余期限给予适当补偿。 　　违法建筑是指在城市规划区内，未取得建设工程规划许可证或者违反建设工程规划许可证的规定而建设的建筑物和构筑物。违法建筑的认定是规划行政主管部门的职权范围，判断某一建筑是否属于违法建筑，必须由房屋所在地城市规划行政主管部门出具证明。作为拆迁人或者拆迁主管部门都没有权力认定。在拆迁过程中，拆迁人对严重影响城市规划的违法建筑，不予补偿；对影响城市规划，但可采取改正措施的违法建筑，所有人依法履行相关义务后，按合法建筑给予补偿

命题考点七　城市房屋拆迁估价

城市房屋拆迁估价概述（表 4-15）

表 4-15　　　　　　　　　　　　城市房屋拆迁估价概述

项目	内　容
概念	是指为确定被拆迁房屋货币补偿金额，根据被拆迁房屋的区位、用途、建筑面积等因素，对其房地产市场价格进行的评估

项目	内　容
方法	拆迁估价一般应当采用市场比较法。不具备采用市场比较法条件的，可以采用其他估价方法，并在估价报告中充分说明原因
原则	拆迁估价应当坚持独立、客观、公正、合法的原则。任何组织或者个人不得非法干预拆迁估价活动和估价结果。拆迁估价由具有房地产价格评估资格的估价机构承担，估价报告必须由专职注册房地产估价师签字
拆迁估价过程	拆迁估价人员应当对被拆迁房屋进行实地察勘，做好实地察勘记录，拍摄反映被拆迁房屋外观和内部状况的影像资料。实地察勘记录由实地察勘的估价人员、拆迁人、被拆迁人签字认可。 　因被拆迁人的原因不能对被拆迁房屋进行实地察勘、拍摄影像资料或者被拆迁人不同意在实地察勘记录上签字的，应当由除拆迁人和估价机构以外的无利害关系的第三人见证，并在估价报告中做出相应说明
估价机构的确定	市、县房地产管理部门向社会公示一批资质等级高、综合实力强、社会信誉好的估价机构，供拆迁当事人选择。 　房屋拆迁许可证确定的同一拆迁范围内的被拆迁房屋，原则上由一家估价机构评估。需要由两家或者两家以上估价机构评估的，估价机构之间应当就拆迁估价的依据、原则、程序、方法、参数选取等进行协调并执行共同的标准。 　拆迁估价机构确定后，一般由拆迁人委托。委托人应当与估价机构签订书面拆迁估价委托合同。 　受托估价机构不得转让、变相转让受托的估价业务。估价机构和估价人员与拆迁当事人有利害关系或者是拆迁当事人的，应当回避
估价报告	拆迁估价目的统一表述为"为确定被拆迁房屋货币补偿金额而评估其房地产市场价格"。 　拆迁估价时点一般为房屋拆迁许可证颁发之日。拆迁规模大、分期分段实施的，以当期（段）房屋拆迁实施之日为估价时点。拆迁估价的价值标准为公开市场价值，不考虑房屋租赁、抵押、查封等因素的影响。 　估价机构应当将分户的初步估价结果向被拆迁人公示 7 日，并进行现场说明，听取有关意见。公示期满后，估价机构应当向委托人提供委托范围内被拆迁房屋的整体估价报告和分户估价报告。委托人应当向被拆迁人转交分户估价报告
争议的处置	（1）拆迁人或被拆迁人对估价报告有疑问的，可以向估价机构咨询。 　（2）省、自治区建设行政主管部门和设区城市的市房地产管理部门或者其授权的房地产估价行业自律性组织，成立由资深专职注册房地产估价师及房地产、城市规划、法律等方面专家组成的估价专家委员会，对拆迁估价进行技术指导，受理拆迁估价技术鉴定，指派 3 人以上（含 3 人）单数成员组成鉴定组，处理拆迁估价技术鉴定。 　（3）拆迁当事人对估价结果有异议的，自收到估价报告之日起 5 日内，可以向原估价机构书面申请复核估价，也可以另行委托估价机构评估。 　（4）拆迁当事人向原估价机构申请复核估价的，该估价机构应当自收到书面复核估价申请之日起 5 日内给予答复。估价结果改变的，应当重新出具估价报告；估价结果没有改变的，出具书面通知。 　（5）拆迁当事人另行委托估价机构评估的，受托估价机构应当在 10 日内出具估价报告。 　（6）拆迁当事人对原估价机构的复核结果有异议或者另行委托估价的结果与原估价结果有差异且协商达不成一致意见的，自收到复核结果或者另行委托估价机构出具的估价报告之日起 5 日内，可以向被拆迁房屋所在地的房地产价格评估专家委员会申请技术鉴定。估价专家委员会应当自收到申请之日起 10 日内，对申请鉴定的估价报告的估价依据、估价技术路线、估价方法选用、参数选取、估价结果确定方式等估价技术问题出具书面鉴定意见。估价报告不存在技术问题的，应维持估价报告；估价报告存在技术问题的，估价机构应当改正错误，重新出具估价报告

命题考点八　建设工程施工与质量管理

一、项目报建制度（表 4-16）

表 4-16　　　　　　　　　　　　　项目报建制度

项目	内　容
范围	凡在我国境内投资兴建的房地产开发项目，包括外国独资、合资、合作的开发项目都必须实行报建制度，接受当地建设行政主管部门或其授权机构的监督管理
报建的程序	开发项目立项批准列入年度投资计划后，须向当地建设行政主管部门或其授权机构进行报建，交验有关批准文件，领取《工程建设项目报建表》，认真填写后报送，并按要求进行招标准备
报建内容	主要包括：工程名称、建设地点、投资规模、资金来源、当年投资额、工程规模、开工、竣工日期、发包方式、工程筹建情况共 9 项

二、施工许可制度（表 4-17）

表 4-17　　　　　　　　　　　　　施工许可制度

项目	内　容
建筑工程施工许可管理的范围	（1）在中华人民共和国境内从事各类房屋建筑及其附属设施的建造、装修装饰和与其配套的线路、管道、设备的安装，以及城镇市政基础设施工程的施工，建设单位在开工前应当向工程所在地的县级以上人民政府建设行政主管部门（以下简称发证机关）申请领取施工许可证。 （2）工程投资额在 30 万元以下或者建筑面积在 300 m² 以下的建筑工程，可以不申请办理施工许可证。 （3）按照国务院规定的权限和程序批准开工报告的建筑工程，不再领取施工许可证。 （4）必须申请领取施工许可证的建筑工程未取得施工许可证的，一律不得开工
申领建筑工程施工许可证的条件	建设单位申请领取建筑工程施工许可证，应当具备下列条件，并提交相应的证明文件： （1）已经办理该建筑工程用地批准手续； （2）在城市规划区的建筑工程，已经取得建设工程规划许可证； （3）施工场地已经基本具备施工条件，需要拆迁的，其拆迁进度符合施工要求； （4）已经确定施工企业； （5）有满足施工需要的施工图纸及技术资料，施工图设计文件已按规定进行了审查； （6）有保证工程质量和安全的具体措施； （7）按照规定应该委托监理的工程已委托监理； （8）建设资金已经落实。建设工期不足 1 年的，到位资金原则上不得少于工程合同价的 50%，建设工期超过 1 年的，到位资金原则上不少于工程合同价的 30%； （9）法律、行政法规规定的其他条件
建筑工程施工许可证的管理	申请办理建筑工程施工许可证，应当按照下列程序进行： （1）建设单位向发证机关领取《建筑工程施工许可证申请表》。 （2）建设单位持加盖单位及法定代表人印鉴的《建筑工程施工许可证申请表》，并附上述申领建筑工程施工许可证应提交的九个方面的证明文件，向发证机关提出申请

项目	内　容
建筑工程施工许可证的管理	（3）发证机关在收到建设单位报送的《建筑工程施工许可证申请表》和所附证明文件后，对于符合条件的，应当自收到申请之日起15日内颁发施工许可证；对于证明文件不齐全或者失效的，应当限期要求建设单位补正，审批时间可以自证明文件补正齐全后作相应顺延；对于不符合条件的，应当自收到申请之日起15日内书面通知建设单位，并说明理由。 （4）建设单位申请领取施工许可证的工程名称、地点、规模，应当与依法签订的施工承包合同一致。 （5）施工许可证不得伪造和涂改。 （6）建设单位应当自领取施工许可证之日起3个月内开工。 （7）对未取得施工许可证或者为规避办理施工许可证将工程项目分解后擅自施工的，由有管辖权的发证机关责令改正；对不符合开工条件的，责令停止施工，并对建设单位和施工单位分别处以罚款

三、建设工程质量管理（表4-18）

表4-18   建设工程质量管理

项目	内　容
建设工程质量管理的原则	（1）县级以上人民政府建设行政主管部门和其他有关部门负责对建设工程质量实行监督管理。 （2）从事建设工程活动，必须严格执行基本建设程序，坚持先勘察、后设计、再施工的原则。 （3）县级以上人民政府及其有关部门不得超越权限审批建设项目或者擅自简化基本建设程序。 （4）国家鼓励采用先进的科学技术和管理方法，提高建设工程质量
建设单位的质量责任和义务	（1）建设单位应当将工程发包给具有相应资质等级的单位。建设单位不得将建设工程肢解发包。 （2）建设单位应当依法对工程建设项目勘察、设计、施工以及与工程建设有关的重要设备、材料等的采购进行招标。 （3）建设工程发包单位不得迫使承包方以低于成本的价格竞标，不得任意压缩合理工期。建设单位不得明示或者暗示设计单位或者施工单位违反工程建设强制性标准，降低建设工程质量。 （4）建设单位应当将施工图设计文件提交有资格的施工图设计文件审查机构审查。施工图设计文件未经审查批准的，不得使用
施工单位的质量责任和义务	（1）施工单位应当依法取得相应等级的资质证书，并在其资质等级许可的范围内承揽工程。 （2）施工单位对建设工程的施工质量负责。 （3）总承包单位依法将建设工程分包给其他单位的，分包单位应当按照分包合同的约定对其分包工程的质量向总承包单位负责，总承包单位与分包单位对分包工程的质量承担连带责任。 （4）施工单位必须按照工程设计图纸和施工技术标准施工，不得擅自修改工程设计，不得偷工减料。 （5）施工单位必须按照工程设计要求、施工技术标准和合同约定，对建筑材料、建筑构（配）件、设备和商品混凝土进行检验，检验应当有书面记录和专人签字；未经检验或者检验不合格的，不得使用

续表

项 目	内　　容
施工单位的质量 责任和义务	（6）施工单位必须建立、健全施工质量的检验制度，严格工序管理，作好隐蔽工程的质量检查和记录。 （7）施工人员对涉及结构安全的试块、试件以及有关材料，应当在建设单位或者工程监理单位监督下现场取样，并送具有相应资质等级的单位检测。 （8）施工单位对施工中出现质量问题的建设工程或者竣工验收不合格的建设工程，应当负责返修。 （9）施工单位应当建立、健全教育培训制度，加强对职工的教育培训；未经教育培训或者考核不合格的人员，不得上岗作业

四、建设工程质量监督管理制度（表4-19）

表 4-19　　　　　　　　　　建设工程质量监督管理制度

项 目	内　　容
建设工程质量 监督管理机构	（1）国务院建设行政主管部门对全国的建设工程质量实施统一监督管理。国务院铁路、交通、水利等有关部门按照国务院规定的职责分工，负责对全国的有关专业建设工程质量的监督管理。县级以上地方人民政府建设行政主管部门对本行政区域内的建设工程质量实施监督管理。县级以上地方人民政府交通、水利等有关部门在各自的职责范围内，负责对本行政区域内的专业建设工程质量的监督管理。 （2）国务院建设行政主管部门和国务院铁路、交通、水利等有关部门应当加强对有关建设工程质量的法律、法规和强制性标准执行情况的监督检查。 （3）国务院发展改革部门按照国务院规定的职责，组织稽查特派员，对国家出资的重大建设项目实施监督检查。国务院国有资产监督管理机构按照国务院规定的职责，对国家重大技术改造项目实施监督检查
建设工程质量 监督管理的实施	（1）建设工程质量监督管理，可以由建设行政主管部门或者其他有关部门委托的建设工程质量监督机构具体实施。 （2）县级以上地方人民政府建设行政主管部门和其他有关部门应当加强对有关建设工程质量的法律、法规和强制性标准执行情况的监督检查。 （3）有关单位和个人对县级以上人民政府建设行政主管部门和其他有关部门进行的监督检查应当支持与配合，不得拒绝或者阻碍建设工程质量监督检查人员依法履行公务。 （4）建设工程发生质量事故，有关单位应当在24小时内向当地建设行政主管部门和其他有关部门报告。 《建设工程质量管理条例》还规定，供水、供电、供气、公安消防等部门或者单位，不得明示或者暗示建设单位、施工单位购买其指定的生产供应单位的建筑材料、建筑构（配）件和设备

五、建设工程质量保修办法（表4-20）

表 4-20　　　　　　　　　　建设工程质量保修办法

项 目	内　　容
房屋建筑工程 质量保修期限	在正常使用下，房屋建筑工程的最低保修期限为： （1）地基基础和主体结构工程，为设计文件规定的该工程的合理使用年限； （2）屋面防水工程、有防水要求的卫生间、房间和外墙面的防渗漏，为5年

项目	内　容
房屋建筑工程质量保修期限	（3）供热与供冷系统，为 2 个采暖期、供冷期； （4）电气系统、给排水管道、设备安装为 2 年； （5）装修工程为 2 年。 其他项目的保修期限由建设单位和施工单位约定。 房屋建筑工程保修期从工程竣工验收合格之日起计算
房屋建筑工程质量保修责任	（1）房屋建筑工程在保修期限内出现质量缺陷，建设单位或者房屋建筑所有人应当向施工单位发出保修通知。 （2）发生涉及结构安全的质量缺陷，建设单位或者房屋建筑所有人应当立即向当地建设行政主管部门报告，采取安全防范措施；由原设计单位或者具有相应资质等级的设计单位提出保修方案，施工单位实施保修，原工程质量监督机构负责监督。 （3）保修完后，由建设单位或者房屋建筑所有人组织验收。 （4）施工单位不按工程质量保修书约定保修的，建设单位可以另行委托其他单位保修，由原施工单位承担相应责任。 （5）保修费用由质量缺陷的责任方承担。 （6）在保修期内，因房屋建筑工程质量缺陷造成房屋所有人、使用人或者第三方人身、财产损害的，房屋所有人、使用人或者第三方可以向建设单位提出赔偿要求。建设单位在赔偿后可以向造成房屋建筑工程质量缺陷的责任方追偿。因保修不及时造成新的人身、财产损害，由造成拖延的责任方承担赔偿责任

六、建设工程的竣工验收管理制度（表 4-21）

表 4-21　　　　　　　　　　建设工程的竣工验收管理制度

项目	内　容
监督管理机构	国务院建设行政主管部门负责全国工程竣工验收的监督管理工作。县级以上地方人民政府建设行政主管部门负责本行政区域内工程竣工验收的监督管理工作
竣工验收的条件	建设工程符合下列要求方可进行竣工验收： （1）完成工程设计和合同约定的各项内容。 （2）施工单位在工程完后对工程质量进行了检查，确认工程质量符合有关法律、法规和工程建设强制性标准，符合设计文件及合同要求，并提出工程竣工报告。工程竣工报告应经项目经理和施工单位有关负责人审核签字。 （3）对于委托监理的工程项目，监理单位对工程进行了质量评估，具有完整的监理资料，并提出工程质量评估报告。工程质量评估报告应经总监理工程师和监理单位有关负责人审核签字。 （4）勘察、设计单位对勘察、设计文件及施工过程中由设计单位签署的设计变更通知书进行了检查，并提出质量检查报告。质量检查报告应经项目勘察、设计负责人和勘察、设计单位有关负责人审核签字。 （5）有完整的技术档案和施工管理资料。 （6）有工程使用的主要建筑材料、建筑构（配）件和设备的进场试验报告。 （7）建设单位已按合同约定支付工程款。 （8）有施工单位签署的工程质量保修书。 （9）城乡规划行政主管部门对工程是否符合规划设计要求进行检查，并出具认可文件

续表

项目	内　容
竣工验收的条件	（10）有公安消防、环保等部门出具的认可文件或者准许使用文件。 （11）建设行政主管部门及其委托的工程质量监督机构等有关部门责令整改的问题全部整改完毕
竣工验收的程序	（1）工程完工后，施工单位向建设单位提交工程竣工报告，申请工程竣工验收。 （2）建设单位收到工程竣工报告后，对符合竣工验收要求的工程，组织勘察、设计、施工、监理等单位和其他有关方面的专家组成验收组，制定验收方案。 （3）建设单位应当在工程竣工验收7个工作日前将验收的时间地点及验收组名单书面通知负责监督该工程的工程质量监督机构。 （4）建设单位组织工程竣工验收： 1）建设、勘察、设计、施工、监理单位分别汇报工程合同履约情况和在工程建设各个环节执行法律、法规和工程建设强制性标准的情况； 2）审阅建设、勘察、设计、施工、监理单位的工程档案资料； 3）实地查验工程质量； 4）对工程勘察、设计、施工、设备安装质量和各管理环节等方面作出全面评价，形成经验收组人员签署的工程竣工验收意见。 工程竣工验收合格后，建设单位应当及时提出工程竣工验收报告。 负责监督该工程的工程质量监督机构应当对工程竣工验收的组织形式、验收程序、执行验收标准等情况进行现场监督，发现有违反建设工程质量管理规定行为的，责令改正，并将对工程竣工验收的监督情况作为工程质量监督报告的重要内容

七、建筑施工企业的资质管理和建造师管理制度（表4-22）

表4-22　　　　　　　　　建筑施工企业的资质管理和建造师管理制度

项目		内　容
建筑业企业的资质管理	施工总承包	获得施工总承包资质的企业，可以对工程实行施工总承包或者对主体工程实行施工承包。承担施工总承包的企业可以对所承接的工程全部自行施工，也可以将专业工程或者劳务作业分包给具有相应专业承包资质或者劳务分包资质的其他建筑业企业
	专业承包	获得专业承包资质的企业，可以承接施工总承包企业分包的专业工程或者建设单位按照规定发包的专业工程。专业承包企业可以对所承接的工程全部自行施工，也可以将劳务作业分包给具有相应劳务分包资质的劳务分包企业
	劳务分包	获得劳务分包资质的企业，可以承接施工总承包企业或者专业承包企业分包的劳务作业
注册建造师制度	一级建造师资格的取得	取得一级建造师资格证书并受聘于一个建设工程勘察、设计、施工、监理、招标代理、造价咨询等单位的人员，应当通过聘用单位向单位工商注册所在地的省、自治区、直辖市人民政府建设主管部门提出注册申请。省、自治区、直辖市人民政府建设主管部门受理后提出初审意见，并将初审意见和全部申报材料报国务院建设主管部门审批；涉及铁路、公路、港口与航道、水利水电、通信与广电、民航专业的，国务院建设主管部门应当将全部申报材料送同级有关部门审核
	二级建造师资格的取得	取得二级建造师资格证书的人员申请注册，由省、自治区、直辖市人民政府建设主管部门负责受理和审批，具体审批程序由省、自治区、直辖市人民政府建设主管部门依法确定。对批准注册的，核发由国务院建设主管部门统一样式的《中华人民共和国二级建造师注册证书》和执业印章，并在核发证书后30日内送国务院建设主管部门备案

续表

项目		内　　容
注册建造师制度	禁止的行为	注册建造师不得有下列行为： （1）不履行注册建造师义务； （2）在执业过程中，索贿、受贿或者谋取合同约定费用外的其他利益； （3）在执业过程中实施商业贿赂； （4）签署有虚假记载等不合格的文件； （5）允许他人以自己的名义从事执业活动； （6）同时在两个或者两个以上单位受聘或者执业； （7）涂改、倒卖、出租、出借或以其他形式非法转让资格证书、注册证书和执业印章； （8）超出执业范围和聘用单位业务范围内从事执业活动； （9）法律、法规、规章禁止的其他行为

命题考点九　建设工程监理

一、建设监理委托合同的形式

建设监理委托合同主要有 4 种形式：

第 1 种形式是根据法律要求制订，由适宜的监理机构签订正式合同并执行。

第 2 种形式是信件式合同，较简单，通常是由监理单位制订，由委托方签署一份备案，退给监理单位执行。

第 3 种形式是由委托方发出的执行任务的委托通知单。这种方法通过一份通知单，把监理单位在争取委托合同时提出的建议中所规定的工作内容委托给他们，成为监理单位所接受的协议。

第 4 种形式就是标准合同。

二、工程建设监理的主要工作任务和内容（表 4-23）

表 4-23　　　　　　　工程建设监理的主要工作任务和内容

项目	内　　容
工程进度控制	是指项目实施阶段（包括设计准备、设计、施工、使用前准备各阶段）的进度控制。其控制的目的是：通过采用控制措施，确保项目交付使用时间目标的实施
工程质量控制	实际上是指监理工程师组织参加施工的承包商，按合同标准进行建设，并对形成质量的诸因素进行检测、核验，对差异提出调整、纠正措施的监督管理过程，这是监理工程师的一项重要职责
工程投资控制	不是指投资越省越好，而且指在工程项目投资范围内得到合理控制。项目投资控制的目标是使该项目的实际投资小于或等于该项目的设计投资（业主所确定的投资目标值）。 　　总之，要在计划投资范围内，通过控制的手段，以实现项目的功能、建筑的造型和质量的优化
合同管理	建设项目监理的合同管理贯穿于合同的签订、履行、变更和终止等活动的全过程，目的是保证合同得到全面实际的履行

项目	内 容
信息管理	建设项目的监理工作是围绕着动态目标控制展开的，而信息则是目标控制的基础。信息管理就是由电子计算机为辅助手段对有关信息的收集、储存、处理等。信息管理的内容是：信息流程结构图（反应各参加单位间的信息关系）；信息目录表（包括信息名称、信息提供者、提供时间、信息接受者、信息的形式）；会议制度（包括会议的名称、主持人、参加人、会议举行的时间）；信息的编码系统；信息的收集、整理及保存制度
协调	是建设监理能否成功的关键。协调的范围可分为内部的协调和外部的协调。内部的协调主要是工程项目系统内部人员、组织关系、各种需求关系的协调。外部的协调包括与业主有合同关系的承建单位、设计单位的协调和与业主没有合同关系的政府有关部门、社会团体及人员的协调

三、建设工程的监理（表 4-24）

表 4-24　　　　　　　　　　　　　　建设工程的监理

项目	内 容
监理范围	（1）国家重点建设工程。 （2）大、中型公用事业工程。 （3）成片开发建设的住宅小区工程。 （4）利用外国政府或者国际组织贷款、援助资金的工程。 （5）国家规定必须实行监理的其他工程
监理单位的 质量责任和义务	（1）工程监理单位应当依法取得相应等级的资质证书，并在其资质等级许可的范围内承担工程监理业务。禁止工程监理单位超越本单位资质等级许可的范围或者以其他工程监理单位的名义承担工程监理业务。禁止工程监理单位允许其他单位或者个人以本单位的名义承担工程监理业务。工程监理单位不得转让工程监理业务。 （2）工程监理单位与被监理工程的施工承包单位以及建筑材料、建筑构（配）件和设备供应单位有隶属关系或者其他利害关系的，不得承担该项建设工程的监理业务。 （3）工程监理单位应当依照法律、法规以及有关技术标准、设计文件和建设工程承包合同，代表建设单位对施工质量实施监理，并对施工质量承担监理责任。 （4）工程监理应当选派具备相应资格的总监理工程师和监理工程师进驻施工现场。未经监理工程师签字，建筑材料、建筑构（配）件和设备不得在工程上使用或者安装，施工单位不得进行下一道工序的施工，未经总监理工程师签字，建设单位不拨付工程款，不进行竣工验收。 （5）监理工程师应当按照工程监理规范的要求，采取旁站、巡视和平行检验等形式，对建设工程实施管理

四、建设工程监理程序与管理（表 4-25）

表 4-25　　　　　　　　　　　　　建设工程监理程序与管理

项目	内 容
建设监理程序	工程建设监理一般按下列程序进行： （1）编制工程建设监理规划； （2）按工程建设进度、分专业编制工程建设监理细则； （3）按照建设监理细则进行建设监理

项目	内　容
建设监理程序	(4) 参与工程竣工验收，签署建设监理意见； (5) 建设监理业务完成后，向项目法人提交工程建设监理档案资料
监理企业资质 审查与管理	监理企业的资质根据其人员素质、专业技能、管理水平、资金数量及实际业绩分为甲、乙、丙三级。 　　设立监理企业或申请承担监理业务的企业到工商行政管理部门登记注册并取得企业法人营业执照后，方可到建设行政主管部门办理资质申请手续，经资质审查合格取得《工程监理企业资质证书》后才可从事监理活动
监理工程师的 考试、注册与管理	《监理工程师资格考试和注册试行办法》规定监理工程师应先经资格考试，取得《监理工程师资格证书》，再经监理工程师注册机关注册，取得《监理工程师岗位证书》，并被监理单位聘用，方可从事工程建设监理业务。未取得两证或两证不全者不得从事监理业务；已注册的监理工程师不得以个人名义从事监理业务。 　　对国外及港、澳、台地区的工程建设监理人员来内地执业的注册管理办法有专门规定
涉外监理的管理规定	凡外资在中国境内独资的建设项目，在委托外国监理单位承担监理时，应聘请中国监理进行合作监理。中外合资的建设项目，不应委托外国监理单位承担监理，但可向外国监理单位进行技术、经济咨询。外国贷款项目原则上由中国监理单位负责监理。外国赠款、捐款建设的工程项目，一般由中国监理单位承担监理

命题考点十　房地产开发企业

一、房地产开发企业的设立条件及程序（表 4-26）

表 4-26　　　　　　　　房地产开发企业的设立条件及程序

项目	内　容
条件	设立房地产开发企业应符合下列条件： (1) 有符合公司法人登记的名称和组织机构； (2) 有适应房地产开发经营需要的固定的办公用房； (3) 注册资本 100 万元以上； (4) 有 4 名以上持有资格证书的房地产专业、建筑工程专业的专职技术人员，2 名以上持有资格证书的专职会计人员； (5) 法律、法规规定的其他条件。 　　省、自治区、直辖市人民政府可以根据本地方的实际情况，提高设立房地产开发企业的注册资本和企业技术人员的条件
程序	新设立的房地产开发企业，应当自领取营业执照之日起 30 日内，持下列文件到登记机关所在地的房地产开发主管部门备案： (1) 营业执照复印件； (2) 企业章程； (3) 验资证明； (4) 企业法定代表人的身份证明； (5) 专业技术人员的资格证书和聘用合同

续表

项目	内　容
程序	（6）房地产开发主管部门认为需要出示的其他文件。 　　房地产开发主管部门应当在收到备案申请后 30 日内向符合条件的企业核发《暂定资质证书》，暂定资质的条件不低于四级资质的条件。《暂定资质证书》有效期 1 年。在有效期满前 1 个月内房地产开发企业应当向房地产开发主管部门申请核定相应的资质等级。房地产开发主管部门可以视企业经营情况，延长《暂定资质证书》有效期，但延长期不得超过 2 年。自领取《暂定资质证书》之日起 1 年内无开发项目的，《暂定资质证书》有效期不得延长

二、房地产开发企业资质等级条件（表 4-27）

表 4-27　　　　　　　　　　房地产开发企业资质等级条件

资质等级	注册资本/万元	从事房地产开发经营时间/年	近3年房屋建筑面积累计竣工/万 m²	连续几年建筑工程质量合格率达到100%	上一年房屋建筑施工面积/万 m²	专业管理人员/人		
							其中:	
							中级以上职称管理人员	持有资格证书的专职会计人员
一级资质	≥5 000	≥5	≥30	5	≥15	≥40	≥20	≥4
二级资质	≥2 000	≥3	≥15	3	≥10	≥20	≥10	≥3
三级资质	≥800	≥2	≥5	2		≥10	≥5	≥2
四级资质	≥100	≥1		已竣工的建筑工程		≥5		≥2

三、房地产开发企业承担业务的范围（表 4-28）

表 4-28　　　　　　　　　房地产开发企业承担业务的范围

资质等级	内　容
一级资质的	一级资质的房地产开发企业承担房地产项目建设规模不受限制，可以在全国范围承揽房地产开发项目
二级及二级以下资质的	二级及二级以下资质的房地产开发企业只能承担建设面积 25 万 m² 以下的开发建设项目，承担业务的具体范围由省、自治区、直辖市人民政府建设主管部门确定，不得超越资质范围承担开发项目

四、房地产开发企业资质管理（表 4-29）

表 4-29　　　　　　　　房地产开发企业资质管理

项目	内　容
管理机构	国务院建设行政主管部门负责全国房地产开发企业的资质管理工作；县级以上地方人民政府房地产开发主管部门负责本行政区域内房地产开发企业的资质管理工作
分级审批	一级资质由省、自治区、直辖市建设行政主管部门初审，报国务院建设行政主管部门审批。二级及二级以下资质的审批办法由省、自治区、直辖市人民政府建设行政主管部门制定

续表

项目	内　容
动态检查制度	对于不符合原定资质条件或者有不良经营行为的企业，由原资质审批部门予以降级或注销资质证书。企业涂改、出租、出借、转让、出卖资质证书的，由原资质审批部门公告资质证书作废，收回证书，并可处以 1 万元以上 3 万元以下的罚款

命题考点十一　房地产开发项目管理

一、确定房地产开发项目的原则

（1）确定房地产开发项目，应当符合土地利用总体规划、年度建设用地计划和城市规划、房地产开发年度计划的要求；按照国家有关规定需要经计划主管部门批准的，还应当报计划主管部门批准，并纳入年度固定资产投资计划。

（2）房地产开发项目，应当坚持旧区改建和新区建设相结合的原则，注重开发基础设施薄弱、交通拥挤、环境污染严重以及危旧房集中的区域，保护和改善城市生态环境，保护历史文化遗产。

（3）房地产开发项目的开发建设应当统筹安排配套基础设施，并根据先地下、后地上的原则实施。

二、房地产开发项目建设用地使用权的取得（表 4-30）

表 4-30　　　　　　　　　房地产开发项目建设用地使用权的取得

项目	内　容
取得方式	《城市房地产开发经营管理条例》规定，房地产开发用地应当以出让的方式取得。但法律和国务院规定可以采用划拨方式的除外
建设条件书面意见的内容	《城市房地产开发经营管理条例》规定，土地使用权出让或划拨前，县级以上地方人民政府城市规划行政主管部门和房地产开发主管部门应当对下列事项提出书面意见，作为土地使用权出让或划拨的依据之一： （1）房地产开发项目的性质、规模和开发期限； （2）城市规划设计的条件； （3）基础设施和公共设施的建设要求； （4）基础设施建成后的产权界定； （5）项目拆迁补偿、安置要求

三、房地产开发项目资本金制度（表 4-31）

表 4-31　　　　　　　　　房地产开发项目资本金制度

项目	内　容
概念	投资项目资本金是指在投资项目总投资中，由投资者认购的出资额，对投资项目来说是非债务性资金，项目法人不承担这部分资金的任何利息和债务；投资者可按其出资的比例依法享有所有者权益，也可转让其出资，但不得以任何方式抽回

续表

项目	内 容
出资方式	项目投资资本金可以用货币出资，也可以用实物、工业产权、非专利技术、土地使用权，必须经过有资格的评估机构依照法律、法规评估作价，不得高估或低估作价出资。以工业产权、非专利技术作价出资的比例不得超过投资项目资本金总额的 20%，国家对采用高新技术成果有特别规定的除外
房地产开发项目资本金	《城市房地产开发经营管理条例》规定："房地产开发项目应当建立资本金制度，资本金占项目总投资的比例不得低于 20%"。2004 年，《国务院关于调整部分行业固定资产投资项目资本金比例的通知》（国发［2004］13 号）印发以来，房地产开发项目（不含经济适用住房项目）资本金占项目总投资的比例提高到不得低于 35%。2009 年 5 月 25 日，国务院常务会议决定调整固定资产投资项目资本金比例，调整后，保障性住房和普通商品住房项目的最低资本金比例为 20%，其他房地产开发项目的最低资本金比例为 30%。 房地产开发项目实行资本金制度，并规定房地产开发企业承揽项目必须有一定比例的资本金，可以有效地防止部分不规范的企业的不规范行为，减少楼盘"烂尾"等现象的发生

四、逾期开发的房地产开发项目的处理原则（表 4-32）

表 4-32 逾期开发的房地产开发项目的处理原则

项目	内 容
原则	出让合同约定的动工开发期限满 1 年未动工开发的，可以征收相当于土地使用权出让金 20% 以下的土地闲置费；满 2 年未动工开发的，可以无偿收回土地使用权。这样规定的目的是为了防止利用土地进行非法炒作，激励土地尽快投入使用，促进土地的合理利用
例外	《城市房地产开发经营管理条例》还规定了以下三种情况造成的违约和土地闲置，不征收土地闲置费： （1）因不可抗拒力造成开工延期； （2）因政府或者政府有关部门的行为而不能如期开工的或中断建设 1 年以上的； （3）因动工开发必须的前期工作出现不可预见的情况而延期动工开发的

五、对质量不合格的房地产开发项目处理时应当注意以下几个问题

（1）购房人在商品房交付使用之后发现质量问题，这里的交付使用之后，是指办理了交付使用手续之后，可以是房屋所有权证办理之前，也可以是房屋所有权证办理完备之后。主体结构质量问题与使用时间关系不大，主要是设计和施工原因造成的，因而，只要在合理的使用年限内，只要属于主体结构的问题，都可以申请质量部门认定，房屋主体结构不合格的，均可申请退房。

（2）确属主体结构质量不合格的，而不是一般性的质量问题。房屋质量有很多种，一般性的质量问题主要通过质量保修解决，而不是退房。

（3）必须向工程质量监督部门申请重新核验，以质量监督部门核验的结论为依据。这里的质量监督部门是指专门进行质量验收的质量监督站，其他单位的核验结果不能作为退房的依据。

（4）对给购房人造成损失应当有合理的界定，只应包含直接损失，不应含精神损失等间接性损失。

六、住宅质量保证和使用说明制度（表 4-33）

表 4-33 住宅质量保证和使用说明制度

项目		内　容
《住宅质量保证书》	内容	《住宅质量保证书》应当列明工程质量监督部门核验的质量等级、保修范围、保修期和保修单位等内容
	保修项目和保修期	（1）地基基础和主体结构在合理使用寿命年限内承担保修。 （2）屋面防水 3 年（竣工多年后房屋售出的，房屋建筑工程的最低保修期限已不足 3 年的，适用此款）。 （3）墙面、厨房和卫生间地面、地下室、管道渗漏 1 年。 （4）墙面、顶棚抹灰层脱落 1 年。 （5）地面空鼓开裂、大面积起砂 1 年。 （6）门窗翘裂、五金件损坏 1 年。 （7）管道堵塞 2 个月。 （8）供热、供冷系统和设备 1 个采暖期或供冷期。 （9）卫生洁具 1 年。 （10）灯具、电器开关 6 个月。 其他部位、部件的保修期限，由房地产开发企业与用户自行约定。 保修期自商品住宅交付之日起计算
《住宅使用说明书》的内容		（1）开发单位、设计单位、施工单位，委托监理的应注明监理单位。 （2）结构类型。 （3）装修、装饰注意事项。 （4）上水、下水、电、燃气、热力、通信、消防等设施配置的说明。 （5）有关设备、设施安装预留位置的说明和安装注意事项。 （6）门、窗类型，使用注意事项。 （7）配电负荷。 （8）承重墙、保温墙、防水层、阳台等部位注意事项的说明。 （9）其他需说明的问题。 住宅中配置的设备、设施，生产厂家另有使用说明书的，应附于《住宅使用说明书》中

命题考点十二　房地产经营管理

一、房地产开发项目转让（表 4-34）

表 4-34 房地产开发项目转让

项目		内　容
转让条件	以出让方式取得的土地使用权	《城市房地产管理法》规定了以出让方式取得的土地使用权，转让房地产开发项目时的条件： （1）要按照出让合同约定已经支付全部土地使用权出让金，并取得土地使用权证书，这是出让合同成立的必要条件，也只有出让合同成立，才允许转让。 （2）要按照出让合同约定进行投资开发，完成一定开发规模后才允许转让。这里又分为两种情形：

续表

项目		内　容
转让条件	以出让方式取得的土地使用权	1）属于房屋建设的，开发单位除土地使用权出让金外，实际投入房屋建设工程的资金额应占全部开发投资总额的 25% 以上； 2）属于成片开发土地的，应形成工业或其他建设的用地条件，方可转让
	以划拨方式取得的土地使用权	《城市房地产管理法》规定了以划拨方式取得的土地使用权，转让房地产开发项目时的条件。对于以划拨方式取得土地使用权的房地产项目，要转让的前提是必须经有批准权的人民政府审批。经审查除不允许转让外，对准予转让的有两种处理方式： （1）由受让方补办土地使用权出让手续，并依照国家有关规定缴纳土地使用权出让金； （2）可以不办理土地使用权出让手续而转让房地产，但转让方应将转让房地产所获收益中的土地收益上缴国家或作其他处理
转让的程序		《城市房地产开发经营管理条例》规定，转让房地产开发项目，转让人和受让人应当自土地使用权变更登记手续办理完毕之日起 30 日内，持房地产开发项目转让合同到房地产开发主管部门备案

二、商品房的交付使用（表 4-35）

表 4-35　　　　　　　　　　商品房的交付使用

项目	内　容
按期交付	房地产开发企业按期交付符合交付使用条件的商品房。未能按期交付的，房地产开发企业应当承担违约责任。超过合同约定的期限，开发商仍不能交付商品房的，购房人还有权解除合同。因不可抗力或者当事人在合同中约定的其他原因，需延期交付的，房地产开发企业应当及时告知买受人
《住宅质量保证书》和《住宅使用说明书》	商品房交付使用时，房地产开发企业应当根据规定，向买受人提供《住宅质量保证书》、《住宅使用说明书》，并在合同中就保修范围、保修期限、保修责任等内容作出约定。保修期从交付之日起计算
测绘	房地产开发企业应当在商品房交付使用前按项目委托具有房产测绘资格的单位实施测绘，测绘成果报房地产行政主管部门审核后用于房屋权属登记
协助义务	房地产开发企业协助购买人办理土地使用权变更和房屋所有权登记手续房地产开发企业应当在商品房交付使用之日起 60 日内，将需要由其提供的办理房屋权属登记的资料报送房屋所在地房地产行政主管部门

三、房地产广告（表 4-36）

表 4-36　　　　　　　　　　房地产广告

项目	内　容
禁止发布房地产广告的情形	凡下列情况的房地产，不得发布广告： （1）在未经依法取得国有土地使用权的土地上开发建设的； （2）在未经国家征用的集体所有的土地上建设的； （3）司法机关和行政机关依法规定、决定查封或者以其他形式限制房地产权利的

项目	内　容
禁止发布 房地产广告的情形	（4）预售房地产，但未取得该项目预售许可证的； （5）权属有争议的； （6）违反国家有关规定建设的； （7）不符合工程质量标准，经验收不合格的； （8）法律、行政法规规定禁止的其他情形
发布房地产广告 应当提供的文件	发布房地产广告，应当具有或者提供下列相应真实、合法、有效的证明文件，主要包括： （1）房地产开发企业、房地产权利人、房地产中介服务机构的营业执照或者其他主体资格证明； （2）建设主管部门颁发的房地产开发企业资质证书； （3）土地主管部门颁发的项目土地使用权证明； （4）工程竣工验收合格证明； （5）发布房地产项目预售、出售广告，应当具有地方政府主管部门颁布的预售许可证明； （6）中介机构发布所代理的房地产项目广告，应当提供业主委托证明； （7）工商行政管理机关规定的其他证明
房地产广告的内容	（1）开发企业名称。 （2）中介服务机构代理销售的，载明该机构名称。 （3）预售许可证书号。 广告中仅介绍房地产项目名称的，可以不必载明上述事项
房地产广告的要求	（1）房地产广告中涉及所有权或者使用权的，所有或者使用的基本单位应当是有实际意义的完整的生产、生活空间。 （2）房地产广告中对价格有表示的，应当清楚表示为实际的销售价格，明示价格的有效期限。 （3）房地产中表现项目位置，应以从该项目到达某一具体参照物的现有交通干道的实际距离表示，不得以所需时间来表示距离。 房地产广告中的项目位置示意图，应当准确、清楚，比例恰当。 （4）房地产广告中涉及的交通、商业、文化教育设施及其他市政条件等，如在规划或者建设中，应当在广告中注明。 （5）房地产广告中涉及面积的，应当表明是建筑面积或者使用面积。 （6）房地产广告涉及内部结构、装修装饰的，应当真实、准确。预售、预租商品房广告，不得涉及装修装饰内容。 （7）房地产广告中不得利用其他项目的形象、环境作为本项目的效果。 （8）房地产广告中使用建筑设计效果图或者模型照片的，应当在广告中注明。 （9）房地产广告中不得出现融资或者变相融资的内容，不得含有升值或者投资回报的承诺。 （10）房地产广告中涉及贷款服务的，应当载明提供贷款的银行名称及贷款额度、年期。 （11）办理户口只能由政府有关部门依照规定进行。 （12）房地产广告中涉及物业管理内容的，应当符合国家有关规定；涉及尚未实现的物业管理内容，应当在广告中注明。 （13）房地产广告中涉及资产评估的，应当表明评估单位、估价师和评估时间；使用其他数据、统计资料、文摘、引用语的，应当真实、准确，表明出处

第五章　房地产交易管理制度与政策

命题考点一　房地产交易管理

一、房地产交易的原则及基本制度（表5-1）

表5-1　　房地产交易的原则及基本制度

项目		内　容
原则		自愿、公平、诚实信用
基本制度	成交价格申报制度	《城市房地产管理法》规定："国家实行房地产成交价格申报制度。房地产权利人转让房地产，应当向县级以上地方人民政府规定的部门如实申报成交价，不得瞒报或者做不实的申报"
	价格评估制度	《城市房地产管理法》规定"国家实行房地产价格评估制度。房地产价格评估，应当遵循公正、公平、公开的原则，按照国家规定的技术标准和评估程序，以基准地价、标定地价和各类房屋的重置价格为基础，参照当地的市场价格进行评估"
	价格评估人员资格认证制度	《城市房地产管理法》规定："国家实行房地产价格评估人员资格认证制度。"《城市房地产中介服务管理规定》进一步明确："国家实行房地产价格评估人员资格认证制度。房地产价格评估人员分为房地产估价师和房地产估价员"

二、房地产交易管理机构及其职责（表5-2）

表5-2　　房地产交易管理机构及其职责

项目	内　容
管理机构	主要是指由国家设立的从事房地产交易管理的职能部门及其授权的机构，包括国务院建设行政主管部门即住房和城乡建设部，省级建设行政主管部门即各省、自治区建设厅和直辖市房地产管理局，各市、县房地产管理部门以及房地产管理部门授权的房地产交易管理机构（房地产交易管理所、房地产市场管理处、房地产市场产权监理处、房地产交易中心等）
职责	市、县房地产交易管理机构的主要职责： （1）执行国家有关房地产交易管理的法律法规、部门规章，并制定具体实施办法； （2）整顿和规范房地产交易秩序，对房地产交易、经营活动进行指导和监理，查处违法行为，维护当事人的合法权益； （3）办理房地产交易登记、鉴证及权属转移初审手续； （4）协助财政、税务部门征收与房地产交易有关的税款； （5）为房地产交易提供洽谈协议，交流信息，展示行情等各种服务； （6）建立定期市场信息发布制度，为政府宏观决策和正确引导市场发展服务

命题考点二　房地产转让管理

一、房地产转让的概念及其条件（表 5-3）

表 5-3　　　　　　　　　　房地产转让的概念及其禁止性规定

项目	内　容
概念	《城市房地产管理法》规定："房地产转让是指房地产权利人通过买卖、赠与或者其他合法方式将其房地产转移给他人的行为"
禁止转让的情形	《城市房地产管理法》及《城市房地产转让管理规定》都明确规定了房地产转让应当符合的条件，采取排除法规定了下列房地产不得转让： （1）达不到下列条件的房地产不得转让：以出让方式取得土地使用权用于投资开发的，按照土地使用权出让合同约定进行投资开发，属于房屋建设工程的，应完成开发投资总额的25％以上；属于成片开发的，形成工业用地或者其他建设用地条件。同时规定应按照出让合同约定已经支付全部土地使用权出让金，并取得土地使用权证书。作出此项规定的目的，就是严格限制炒卖地皮牟取暴利，并切实保障建设项目的实施。 （2）司法机关和行政机关依法裁定、决定查封或以其他形式限制房地产权利的。 （3）依法收回土地使用权的。 （4）共有房地产，未经其他共有人书面同意的。 （5）权属有争议的。 （6）未依法登记领取权属证书的。 （7）法律和行政法规规定禁止转让的其他情形。 《城市房地产管理法》规定："商品房预售的，商品房预购人将购买的未竣工的预售商品房现行转让的问题，由国务院规定。"为抑制投机性购房，2005 年 5 月 9 日，国务院决定，禁止商品房预购人将购买的未竣工的预售商品房再行转让

二、房地产转让的程序与转让合同的内容（表 5-4）

表 5-4　　　　　　　　　　房地产转让的程序与转让合同

项目	内　容
转让程序	房地产转让应当按照一定的程序，经房地产管理部门办理有关手续后，方可交易过户。《城市房地产转让管理规定》对房地产转让的程序做了如下规定： （1）房地产转让当事人签订书面转让合同； （2）房地产转让当事人在房地产转让合同签订后 90 日内持房地产权属证书、当事人的合法证明、转让合同等有关文件向房地产所在地的房地产管理部门提出申请，并申报成交价格； （3）房地产管理部门对提供的有关文件进行审查，并在 7 日内作出是否受理申请的书面答复，7 日内未做书面答复的，视为同意受理； （4）房地产管理部门核实申报的成交价格，并根据需要对转让的房地产进行现场查勘和评估； （5）房地产转让当事人按照规定缴纳有关税费； （6）房地产管理部门办理房屋权属登记手续，核发房地产权属证书。 此外，凡房地产转让的，必须按照规定的程序先到房地产管理部门办理交易手续和申请转移登记，然后凭变更后的房屋所有权证书向同级人民政府土地管理部门申请土地使用权变更登记

续表

项目		内　　容
转让合同	概念	是指房地产转让当事人之间签订的用于明确双方权利、义务关系的书面协议
	内容	合同的内容由当事人协商拟定，一般应包括： （1）双方当事人的姓名或者名称、住所及联系方式； （2）房地产权属证书的名称和编号； （3）房地产坐落位置、面积、四至界限； （4）土地宗地号、土地使用权取得的方式及年限； （5）房地产的用途或使用性质； （6）成交价格及支付方式； （7）房地产交付使用的时间； （8）违约责任； （9）双方约定的其他事项

三、以出让方式取得建设用地使用权的房地产转让

以出让方式取得建设用地使用权，在土地使用期限届满前可以在不同土地使用者之间自由转让，但无论转让几次，原建设用地使用权出让合同约定的使用年限不变。以房地产转让方式取得出让土地使用权的权利人，其实际使用年限不是出让合同约定的年限，而是出让合同约定的年限减去该宗土地使用权已使用年限后的剩余年限。以出让方式取得土地使用权的，转让房地产后，受让人拟改变原土地使用权出让合同约定的土地用途的，必须取得原土地出让方和市、县人民政府城市规划行政主管部门的同意，签订土地使用权出让合同变更协议或者重新签订土地使用权出让合同，相应调整土地使用权出让金。

四、以划拨方式取得建设用地使用权的房地产转让

以划拨方式取得土地使用权的，转让房地产时，应按国务院的规定报有批准权的人民政府审批，按照《国务院关于发展房地产业若干问题的通知》（国发〔1992〕61号）的规定，以划拨方式取得土地使用权的房地产转让时，须经当地房地产市场管理部门审查批准。《城市房地产管理法》规定，对划拨土地使用权的转让管理规定了两种不同的处理方式，一种是需办理出让手续，变划拨土地使用权为出让土地使用权，由受让方缴纳土地出让金；另一种是不改变原有土地的划拨性质，由转让方上缴土地收益或做其他处理。

《城市房地产转让管理规定》规定以下几种情况可以不办理出让手续：

（1）经城市规划行政主管部门批准，转让的土地用于《城市房地产管理法》规定的项目，即：

1）国家机关用地和军事用地。

2）城市基础设施用地和公益事业用地。

3）国家重点扶持的能源、交通、水利等项目用地。

4）法律、行政法规规定的其他用地。

（2）私有住宅转让后仍用于居住的。

（3）按照国务院住房制度改革有关规定出售公有住宅的。

（4）同一宗土地上部分房屋转让而土地使用权不可分割转让的。

（5）转让的房地产暂时难以确定土地使用权出让年限、土地用途和其他条件的。

（6）根据城市规划土地使用权不宜出让的。

（7）县级以上地方人民政府规定暂时无法或不需要采取土地使用权出让方式的其他情形。

命题考点三　商品房预售

一、商品房预售（表 5-5）

表 5-5　　　　　　　　　　　　　　　商品房预售

项目	内　容
条件	《城市房地产管理法》规定，商品房预售应当符合下列条件： （1）已交付全部土地使用权出让金，取得土地使用权证书； （2）持有建设工程规划许可证； （3）按提供预售的商品房计算，投入开发建设的资金达到工程建设总投资的 25% 以上，并已经确定施工进度和竣工交付日期； （4）向县级以上人民政府房产管理部门办理预售登记，取得《商品房预售许可证》
商品房预售许可	《城市商品房预售管理办法》规定，房地产开发企业申请办理《商品房预售许可证》，应当向市、县人民政府房地产管理部门提交下列证件及资料： （1）商品房预售许可申请表。 （2）开发企业的《营业执照》和资质等级证书。 （3）土地使用权证书；建设工程规划许可证和施工许可证。 （4）投入资金开发建设达到工程建设总投资 25% 以上的证明。 （5）工程施工合同及关于施工进度的说明。 （6）商品房预售方案。预售方案应当说明商品房的位置、装修标准、竣工交付日期、预售总面积、交付使用后的物业管理等内容，并应当附商品房预售总平面图、分层平面图。 （7）其他有关资料

二、商品房预售合同登记备案

房地产开发企业取得了商品房预售许可证后，就可以向社会预售其商品房，开发企业应当与承购人签订书面预售合同。商品房预售人应当在签约之日起 30 日内持商品房预售合同到县级以上人民政府房地产管理部门和土地管理部门办理登记备案手续。

房地产管理部门应当积极应用网络信息技术，逐步推行商品房预售合同网上登记备案。商品房预售合同登记等手续可以委托代理人办理，委托代理人办理的，应当有书面委托书。

三、商品房现售（表 5-6）

表 5-6　　　　　　　　　　　　　　　商品房现售

项目	内　容
概念	是指房地产开发企业将竣工验收合格的商品房出售给买受人，并由买受人支付房价款的行为
条件	《商品房销售管理办法》（建设部令第 88 号）规定，商品房现售应当符合以下条件： （1）现售商品房的房地产开发企业应当具有企业法人营业执照和房地产开发企业资质证书； （2）取得土地使用权证书或使用土地的批准文件

续表

项目	内　　容
条件	（3）持有建设工程规划许可证和施工许可证； （4）已通过竣工验收； （5）拆迁安置已经落实； （6）供水、供电、供热、燃气、通讯等配套设施具备交付使用条件，其他配套设施和公共设备具备交付使用条件或已确定施工进度和交付日期； （7）物业管理方案已经落实

四、商品房销售代理及商品房销售中禁止的行为（表 5-7）

表 5-7　　　　　　　　　　商品房销售代理及商品房销售中禁止的行为

项目		内　　容
商品房销售代理	概念	是指房地产开发企业或其他房地产拥有者将物业销售业务委托给依法设立并取得工商营业执照的房地产中介服务机构代为销售的经营方式
	要求	（1）实行销售代理必须签订委托合同。 （2）房地产中介服务机构的收费。受托房地产中介服务机构在代理销售商品房时，不得收取佣金以外的其他费用。 （3）房地产销售人员的资格条件。房地产专业性强、涉及的法律多，因此对房地产销售人员的资格有一定的要求，必须经过专业培训取得相应的资格后，才能从事商品房销售业务
商品房销售中禁止的行为		（1）房地产开发企业不得在未解除商品房买卖合同前，将作为合同标的物的商品房再行销售给他人。 （2）房地产开发企业不得采取返本销售或变相返本销售的方式销售商品房。 （3）不符合商品房销售条件的，房地产开发企业不得销售商品房，不得向买受人收取任何预定款性质费用。 （4）商品住宅不得分割拆零销售

五、商品房买卖合同（表 5-8）

表 5-8　　　　　　　　　　商品房买卖合同

项目	内　　容
主要内容	（1）当事人名称或姓名和住所。 （2）商品房基本情况。 （3）商品房的销售方式。 （4）商品房价款的确定方式及总价款、付款方式、付款时间。 （5）交付使用条件及日期。 （6）装饰、设备标准承诺。 （7）供水、供电、供热、燃气、通讯、道路、绿化等配套基础设施和公共设施的交付承诺和有关权益、责任。 （8）公共配套建筑的产权归属。 （9）面积差异的处理方式。 （10）办理产权登记有关事宜。 （11）解决争议的办法。 （12）违约责任

项目	内　　容
主要内容	（13）双方约定的其他事项。 当事人应当在商品房买卖合同中约定房地产开发企业、房地产中介服务机构发布的商品房销售广告和宣传资料所明示的事项
计价方式	商品房销售可以按套（单元）计价，也可以按套内建筑面积计价或按建筑面积计价等三种方式进行。但是，产权登记按建筑面积登记，按套、套内建筑面积计价并不影响用建筑面积进行产权登记
中途变更规划、设计	经规划部门批准的规划变更、设计单位同意的设计变更导致商品房的结构形式、户型、空间尺寸、朝向变化，以及出现合同当事人约定的其他影响商品房质量或使用功能情形的，房地产开发企业应当在变更确立之日起 10 日内，书面通知买受人。 买受人有权在通知到达之日起 15 日内作出是否退房的书面答复。买受人在通知到达之日起 15 日内未作出书面答复的，视同接受规划、设计变更以及由此引起的房价款的变更。房地产开发企业未在规定时限内通知买受人的，买受人有权退房，买受人退房的，由房地产开发企业承担违约责任
保修责任	当事人应当在合同中就保修范围、保修期限、保修责任等内容作出约定。保修期从交付之日起计算

六、最高人民法院关于审理商品房买卖合同纠纷案件适用法律若干问题的司法解释

最高人民法院关于审理商品房买卖合同纠纷案件适用法律若干问题的解释（法释〔2003〕7 号）共 28 条，已于 2003 年 6 月 1 日起施行。

（1）该解释所称的商品房买卖合同，是指房地产开发企业（以下统称为出卖人）将尚未建成或者已竣工的房屋向社会销售并转移房屋所有权于买受人，买受人支付价款的合同。

（2）出卖人未取得商品房预售许可证明，与买受人订立的商品房预售合同，应当认定无效，但是在起诉前取得商品房预售许可证明的，可以认定有效。

（3）商品房的销售广告和宣传资料为要约邀请，但是出卖人就商品房开发规划范围内的房屋及相关设施所作的说明和允诺具体确定，并对商品房买卖合同的订立以及房屋价格的确定有重大影响的，应当视为要约。该说明和允诺即使未载入商品房买卖合同，亦应当视为合同内容，当事人违反的，应当承担违约责任。

（4）出卖人通过认购、订购、预订等方式向买受人收受定金作为订立商品房买卖合同担保的，如果因当事人一方原因未能订立商品房买卖合同，应当按照法律关于定金的规定处理；因不可归责于当事人双方的事由，导致商品房买卖合同未能订立的，出卖人应当将定金返还买受人。

（5）商品房的认购、订购、预订等协议具备《商品房销售管理办法》第 16 条规定的商品房买卖合同的主要内容，并且出卖人已经按照约定收受购房款的，该协议应当认定为商品房买卖合同。

（6）当事人以商品房预售合同未按照法律、行政法规规定办理登记备案手续为由，请求确认合同无效的，不予支持。

当事人约定以办理登记备案手续为商品房预售合同生效条件的，从其约定，但当事人一方已经履行主要义务，对方接受的除外。

（7）拆迁人与被拆迁人按照所有权调换形式订立拆迁补偿安置协议，明确约定拆迁人以位置、用途特定的房屋对被拆迁人予以补偿安置，如果拆迁人将该补偿安置房屋另行出卖给第三人，被拆迁人请求优先取得补偿安置房屋的，应予支持。

被拆迁人请求解除拆迁补偿安置协议的，按照司法解释第8条的规定处理。

（8）具有下列情形之一，导致商品房买卖合同目的不能实现的，无法取得房屋的买受人可以请求解除合同、返还已付购房款及利息、赔偿损失，并可以请求出卖人承担不超过已付购房款一倍的赔偿责任：

1）商品房买卖合同订立后，出卖人未告知买受人又将该房屋抵押给第三人。

2）商品房买卖合同订立后，出卖人又将该房屋出卖给第三人。

（9）出卖人订立商品房买卖合同时，具有下列情形之一，导致合同无效或者被撤销、解除的，买受人可以请求返还已付购房款及利息、赔偿损失，并可以请求出卖人承担不超过已付购房款一倍的赔偿责任：

1）故意隐瞒没有取得商品房预售许可证明的事实或者提供虚假商品房预售许可证明。

2）故意隐瞒所售房屋已经抵押的事实。

3）故意隐瞒所售房屋已经出卖给第三人或者为拆迁补偿安置房屋的事实。

（10）买受人以出卖人与第三人恶意串通，另行订立商品房买卖合同并将房屋交付使用，导致其无法取得房屋为由，请求确认出卖人与第三人订立的商品房买卖合同无效的，应予支持。

（11）对房屋的转移占有，视为房屋的交付使用，但当事人另有约定的除外。

房屋毁损、灭失的风险，在交付使用前由出卖人承担，交付使用后由买受人承担；买受人接到出卖人的书面交房通知，无正当理由拒绝接收的，房屋毁损、灭失的风险自书面交房通知确定的交付使用之日起由买受人承担，但法律另有规定或者当事人另有约定的除外。

（12）因房屋主体结构质量不合格不能交付使用，或者房屋交付使用后，房屋主体结构质量经核验确属不合格，买受人请求解除合同和赔偿损失的，应予支持。

（13）因房屋质量问题严重影响正常居住使用，买受人请求解除合同和赔偿损失的，应予支持。

交付使用的房屋存在质量问题，在保修期内，出卖人应当承担修复责任；出卖人拒绝修复或者在合理期限内拖延修复的，买受人可以自行或者委托他人修复。修复费用及修复期间造成的其他损失由出卖人承担。

（14）出卖人交付使用的房屋套内建筑面积或者建筑面积与商品房买卖合同约定面积不符，合同有约定的，按照约定处理；合同没有约定或者约定不明确的，按照以下原则处理：

1）面积误差比绝对值在3%以内（含3%），按照合同约定的价格据实结算，买受人请求解除合同的，不予支持。

2）面积误差比绝对值超出3%，买受人请求解除合同、返还已付购房款及利息的，应予支持。买受人同意继续履行合同，房屋实际面积大于合同约定面积的，面积误差比在3%以内（含3%）部分的房价款由买受人按照约定的价格补足，面积误差比超出3%部分的房价款由出卖人承担，所有权归买受人；房屋实际面积小于合同约定面积的，面积误差比在3%以内（含3%）部分的房价款及利息由出卖人返还买受人，面积误差比超过3%部分的房价款由出卖人双倍返还买受人。

(15) 根据《合同法》第 94 条的规定，出卖人迟延交付房屋或者买受人迟延支付购房款，经催告后在 3 个月的合理期限内仍未履行，当事人一方请求解除合同的，应予支持，但当事人另有约定的除外。

法律没有规定或者当事人没有约定，经对方当事人催告后，解除权行使的合理期限为 3 个月。对方当事人没有催告的，解除权应当在解除权发生之日起 1 年内行使；逾期不行使的，解除权消灭。

(16) 当事人以约定的违约金过高为由请求减少的，应当以违约金超过造成的损失 30% 为标准适当减少；当事人以约定的违约金低于造成的损失为由请求增加的，应当以违约造成的损失确定违约金数额。

(17) 商品房买卖合同没有约定违约金数额或者损失赔偿额计算方法，违约金数额或者损失赔偿额可以参照以下标准确定：

1) 逾期付款的，按照未付购房款总额，参照中国人民银行规定的金融机构计收逾期贷款利息的标准计算。

2) 逾期交付使用房屋的，按照逾期交付使用房屋期间有关主管部门公布或者有资格的房地产评估机构评定的同地段同类房屋租金标准确定。

(18) 由于出卖人的原因，买受人在下列期限届满未能取得房屋权属证书的，除当事人有特殊约定外，出卖人应当承担违约责任：

1) 商品房买卖合同约定的办理房屋所有权登记的期限。

2) 商品房买卖合同的标的物为尚未建成房屋的，自房屋交付使用之日起 90 日。

3) 商品房买卖合同的标的物为已竣工房屋的，自合同订立之日起 90 日。

合同没有约定违约金或者损失数额难以确定的，可以按照已付购房款总额，参照中国人民银行规定的金融机构计收逾期贷款利息的标准计算。

(19) 商品房买卖合同约定或者《城市房地产开发经营管理条例》第 33 条规定的办理房屋所有权登记的期限届满后超过 1 年，由于出卖人的原因，导致买受人无法办理房屋所有权登记，买受人请求解除合同和赔偿损失的，应予支持。

(20) 出卖人与包销人订立商品房包销合同，约定出卖人将其开发建设的房屋交由包销人以出卖人的名义销售的，包销期满未销售的房屋，由包销人按照合同约定的包销价格购买，但当事人另有约定的除外。

(21) 出卖人自行销售已经约定由包销人包销的房屋，包销人请求出卖人赔偿损失的，应予支持，但当事人另有约定的除外。

(22) 对于买受人因商品房买卖合同与出卖人发生的纠纷，人民法院应当通知包销人参加诉讼；出卖人、包销人和买受人对各自的权利义务有明确约定的，按照约定的内容确定各方的诉讼地位。

(23) 商品房买卖合同约定，买受人以担保贷款方式付款、因当事人一方原因未能订立商品房担保贷款合同并导致商品房买卖合同不能继续履行的，对方当事人可以请求解除合同和赔偿损失。因不可归责于当事人双方的事由未能订立商品房担保贷款合同并导致商品房买卖合同不能继续履行的，当事人可以请求解除合同，出卖人应当将收受的购房款本金及其利息或者定金返还买受人。

（24）因商品房买卖合同被确认无效或者被撤销、解除，致使商品房担保贷款合同的目的无法实现，当事人请求解除商品房担保贷款合同的，应予支持。

（25）以担保贷款为付款方式的商品房买卖合同的当事人一方请求确认商品房买卖合同无效或者撤销、解除合同的，如果担保权人作为有独立请求权第三人提出诉讼请求，应当与商品房担保贷款合同纠纷合并审理；未提出诉讼请求的，仅处理商品房买卖合同纠纷。担保权人就商品房担保贷款合同纠纷另行起诉的，可以与商品房买卖合同纠纷合并审理。

商品房买卖合同被确认无效或者被撤销、解除后，商品房担保贷款合同也被解除的、出卖人应当将收受的购房贷款和购房款的本金及利息分别返还担保权人和买受人。

（26）买受人未按照商品房担保贷款合同的约定偿还贷款，亦未与担保权人办理商品房抵押登记手续，担保权人起诉买受人，请求处分商品房买卖合同项下买受人合同权利的，应当通知出卖人参加诉讼；担保权人同时起诉出卖人时，如果出卖人为商品房担保贷款合同提供保证的，应当列为共同被告。

（27）买受人未按照商品房担保贷款合同的约定偿还贷款，但是已经取得房屋权属证书并与担保权人办理了商品房抵押登记手续，抵押权人请求买受人偿还贷款或者就抵押的房屋优先受偿的，不应当追加出卖人为当事人，但出卖人提供保证的除外。

（28）《城市房地产管理法》施行后订立的商品房买卖合同发生的纠纷案件，该解释公布施行后尚在一审、二审阶段的，适用该解释。

《城市房地产管理法》施行后订立的商品房买卖合同发生的纠纷案件，在该解释公布施行前已经终审，当事人申请再审或者按照审判监督程序决定再审的，不适用该解释。

《城市房地产管理法》施行前发生的商品房买卖行为，适用当时的法律、法规和《最高人民法院＜关于审理房地产管理法施行前房地产开发经营案件若干问题的解释＞》。

命题考点四　房屋租赁概述

房屋租赁概述（表5-9）

表5-9　　　　　　　　　　　　　　房屋租赁概述

项目	内　　容
概念	《城市房地产管理法》规定："房屋租赁，是指房屋所有权人作为出租人将其房屋出租给承租人使用，由承租人向出租人支付租金的行为"
政策	租赁政策是指由各级人民政府制定的用于规范租赁行为的法律、法规和规范性文件。 对于住宅用房的租赁，《城市房地产管理法》规定："住宅用房的租赁，应当执行国家和房屋所在地城市人民政府规定的租赁政策。"对于租用房屋从事生产、经营活动的，《城市房地产管理法》规定："租用房屋从事生产、经营活动的，由租赁双方协商议定租金和其他租赁条款"。 房屋租赁政策在一些单行法规及地方性法规中有许多规定，在不与《城市房地产管理法》相抵触及新的法规尚未出台之前，这些政策仍将成为房屋租赁的重要依据，主要有： （1）承租人在租赁期内死亡，租赁房屋的共有居住人要求维持原租赁关系的，出租人应当继续履行原租赁合同； （2）共有房屋出租时，在同等条件下，其他共有人有优先承租权

续表

项目	内 容
政策	(3) 租赁期限内，房屋所有权人转让房屋所有权，原租赁协议继续履行； (4) 租赁期限内，房屋所有权人转让房屋所有权，承租人有优先购买权
条件	公民、法人或其他组织对享有所有权的房屋和国家授权管理和经营的房屋可以依法出租。但有下列情形之一的房屋不得出租： (1) 未依法取得《房屋所有权证》的； (2) 司法机关和行政机关依法裁定、决定查封或者以其他形式限制房地产权利的； (3) 共有房屋未取得共有人同意的； (4) 权属有争议的； (5) 属于违法建筑的； (6) 不符合安全标准的； (7) 抵押，未经抵押权人同意的； (8) 不符合公安、环保、卫生等主管部门有关规定的； (9) 有关法律、法规规定禁止出租的其他情形

命题考点五　房屋租赁合同的变更与终止

一、房屋租赁合同的内容及期限（表 5-10）

表 5-10　　　　　　　　　　　房屋租赁合同的内容及期限

项目	内 容
概念	租赁合同是出租人与承租人签订的，用于明确租赁双方权利义务关系的协议
内容	《城市房屋租赁管理办法》对租赁合同的内容做了进一步的规定，规定租赁合同应当具备以下条款： (1) 当事人姓名或者名称及住所； (2) 房屋的坐落、面积、装修及设施状况； (3) 租赁用途； (4) 租赁期限； (5) 租金及交付方式； (6) 房屋修缮责任； (7) 转租的约定； (8) 变更和解除合同的条件； (9) 违约责任； (10) 当事人约定的其他条款。 在上述条款中，租赁期限、租赁用途、租金及交付方式、房屋的修缮责任是《城市房地产管理法》规定的必备条款
租赁期限	《合同法》规定，租赁期限不得超过 20 年，超过 20 年的，超过部分无效。租赁期间届满当事人可以续订租赁合同，但约定的租赁期限自续订之日起不得超过 20 年

二、房屋租赁的用途及修缮（表5-11）

表5-11　　　　　　　　　　　　房屋租赁的用途及修缮

项目	内　　容
用途	是指房屋租赁合同中规定的出租房屋的使用性质。承租人应当按照租赁合同规定的使用性质使用房屋，不得变更使用用途，确需变动的，应当征得出租人的同意，并重新签订租赁合同。承租人与第三者互换房屋时，应当事先征得出租人的同意，出租人应当支持承租人的合理要求。换房后，原租赁合同即行终止，新的承租人应与出租人另行签订租赁合同
租金及交付方式	租金标准是租赁合同的核心，是引起租赁纠纷的主要原因。租赁合同应当明确约定租金标准及支付方式。同时租金标准必须符合有关法律、法规的规定。出租人除收取房租外，不得收取其他费用。承租人应当按照合同约定交纳租金，不得拒交或拖欠，承租人如拖欠租金，出租人有权收取滞纳金
房屋的修缮责任	出租住宅用房的自然损坏或合同约定由出租人修缮的，由出租人负责修复。不及时修复致使房屋发生破坏性事故，造成承租人财产损失或者人身伤害的，应当由出租人承担赔偿责任。租用房屋从事生产经营活动的，修缮责任由双方当事人在租赁合同中约定。房屋修缮责任人对房屋及其设备应当及时、认真地检查、修缮，保证房屋的使用安全。房屋修缮责任人对形成租赁关系的房屋确实无力修缮的，可以与另一方当事人合修，责任人因此付出的修缮费用，可以折抵租金或由出租人分期偿还

三、租赁合同的终止（表5-12）

表5-12　　　　　　　　　　　　租赁合同的终止

项目	内　　容
自然终止	（1）租赁合同到期，合同自行终止，承租人需继续租用的，应在租赁期限届满前3个月提出，并经出租人同意，重新签订租赁合同； （2）符合法律规定或合同约定可以解除合同条款的； （3）因不可抗力致使合同不能继续履行的。 因上述原因终止租赁合同的，使一方当事人遭受损失的，除依法可以免除责任的外，应当由责任方负责赔偿
人为终止	一般包括无效合同的终止和由于租赁双方在租赁过程中的人为因素而使合同终止。对于无效合同的终止，《合同法》中有明确的规定，不再赘述。由于租赁双方的原因而使合同终止的情形主要有： （1）将承租的房屋擅自转租的； （2）将承租的房屋擅自转让、转借他人或私自调换使用的； （3）将承租的房屋擅自拆改结构或改变承租房屋使用用途的； （4）无正当理由，拖欠房租6个月以上的； （5）公有住宅用房无正当理由闲置6个月以上的； （6）承租人利用承租的房屋从事非法活动的； （7）故意损坏房屋的； （8）法律、法规规定的其他可以收回的。 发生上述行为，出租人除终止租赁合同，收回房屋外，还可索赔由此造成的损失

四、房屋租赁登记备案（表5-13）

表 5-13 　　　　　　　　　　　　**房屋租赁登记备案**

项目	内 容
申请	签订、变更、终止租赁合同的，房屋租赁当事人应当在租赁合同签订后 30 日内，持有关证明文件到市、县人民政府房地产管理部门办理登记备案手续。申请房屋租赁登记备案应当提交的证明文件包括： （1）书面租赁合同； （2）《房屋所有权证书》； （3）当事人的合法身份证件； （4）市、县人民政府规定的其他文件。 出租共有房屋，还须提交其他共有权人同意出租的证明。出租委托代管房屋，还须提交代管人授权出租的书面证明
登记备案	《城市房屋租赁管理办法》规定：房屋租赁实行登记备案制度

命题考点六　房屋租金及转租

一、房屋租金（表5-14）

表 5-14 　　　　　　　　　　　　**房屋租金**

项目		内 容
概念		房屋租金是承租人为取得一定期限内房屋的使用权而付给房屋所有权人的经济补偿
分类	成本租金	是由折旧费、维修费、管理费、融资利息和税金 5 项组成的
	商品租金	是由成本租金加上保险费、地租和利润等 8 项因素构成的
	市场租金	是在商品租金的基础上，根据供求关系而形成的
收益上缴方式		《城市房地产管理法》规定："以营利为目的，房屋所有权人将以划拨方式取得土地使用权的国有土地上建成的房屋出租的，应当将租金中所含土地收益上缴国家。具体办法由国务院规定。"《城市房屋租赁管理办法》中规定："土地收益的上缴办法，应当按照财政部《关于国有土地使用权有偿使用征收管理的暂行办法》和《关于国有土地使用权有偿使用收入若干财政问题的暂行规定》的规定，由市、县人民政府房地产管理部门代收代缴"

二、房屋转租（表5-15）

表 5-15 　　　　　　　　　　　　**房屋转租**

项目	内 容
概念	是指房屋承租人将承租的房屋再出租的行为。《城市房屋租赁管理办法》规定："承租人经出租人同意，可以依法将承租房屋转租。出租人可以从转租中获得收益"
转租合同	房屋转租，应当订立转租合同。转租合同也必须按照有关部门规定办理登记备案手续。转租合同的终止日期不得超过原租赁合同的终止日期，但出租人与转租双方协商一致的除外。转租合同生效后，转租人享有并承担新的合同规定的出租人的权利与义务，并且应当履行原租赁合同规定的承租人的义务，但出租人与转租双方协商一致的除外

项目	内　容
转租合同	转租期间原租赁合同变更、解除或者终止，转租合同也随之变更、解除或者终止

命题考点七　房地产抵押的概述

一、房地产抵押的概念及特征（表5-16）

表 5-16　　　　　　　　　　房地产抵押的概念及特征

项目		内　容
概念	房地产抵押	是指抵押人以其合法的房地产以不转移占有的方式向抵押权人提供债务履行担保的行为。债务人不履行债务时，抵押权人有权依法以处分抵押的房地产所得的价款优先受偿
	抵押人	是指将依法取得的房地产提供给抵押权人，作为本人或者第三人履行债务担保的公民、法人或者其他组织。抵押权人是指接受房地产抵押作为债务人履行债务担保的公民、法人或者其他组织
特征		不转移占有

二、房地产作为抵押物的条件（表5-17）

表 5-17　　　　　　　　　　房地产作为抵押物的条件

项目	内　容
条件	（1）依法取得的房屋所有权连同该房屋占用范围内的土地使用权同时设定抵押权。对于这类抵押，无论土地使用权来源于出让还是划拨，只要房地产权属合法，即可将房地产作为统一的抵押物同时设定抵押权。 （2）以单纯的土地使用权抵押的，也就是在地面上尚未建成建筑物或其他地上定着物时，可以取得的土地使用权设定抵押权。对于这类抵押，设定抵押的前提条件是，要求土地必须是以出让方式取得的
不得抵押的财产	（1）土地所有权。 （2）耕地、宅基地、自留地、自留山等集体所有的土地使用权，但法律规定可以抵押的除外。 （3）学校、幼儿园、医院等以公益为目的的事业单位、社会团体的教育设施、医疗卫生设施和其他社会公益设施。 （4）所有权、使用权不明或者有争议的财产。 （5）依法被查封、扣押、监管的财产。 （6）法律、行政法规规定不得抵押的其他财产

三、房地产抵押的一般规定

（1）以享受国家优惠政策购买的房地产抵押的，其抵押额以房地产权利人可以处分和收益的份额为限。

（2）国有企业、事业单位法人以国家授予其经营管理的房地产抵押的，应当符合国有资产管理的有关规定。

（3）以集体所有制企业的房地产抵押的，必须经集体所有制企业职工（代表）大会通过，并报其上级主管机关备案。

（4）以中外合资企业、合作经营企业和外商独资企业的房地产抵押的，必须经董事会通过，但企业章程另有约定的除外。

（5）以股份有限公司、有限责任公司的房地产抵押的，必须经董事会或者股东大会通过，但企业章程另有约定的除外。

（6）有经营期限的企业以其所有的房地产抵押的，所担保债务的履行期限不应当超过企业的经营期限。

（7）以具有土地使用年限的房地产抵押的，所担保债务的履行期限不得超过土地使用权出让合同规定的使用年限减去已经使用年限后的剩余年限。

（8）以共有的房地产抵押的，抵押人应当事先征得其他共有人的书面同意。

（9）预购商品房贷款抵押的，商品房开发项目必须符合房地产转让条件并取得商品房预售许可证。

（10）以已出租的房地产抵押的，抵押人应当将租赁情况告知抵押权人，并将抵押情况告知承租人。原租赁合同继续有效。

（11）企、事业单位法人分立或合并后，原抵押合同继续有效。其权利与义务由拥有抵押物的企业享有和承担。

抵押人死亡、依法被宣告死亡或者被宣告失踪时，其房地产合法继承人或者代管人应当继续履行原抵押合同。

（12）《物权法》规定："抵押权人在债务履行期届满前，不得与抵押人约定债务人不履行到期债务时抵押财产归债权人所有。"

（13）《物权法》规定："担保期间，担保财产毁损、灭失或者被征收等，担保物权人可以就获得的保险金、赔偿金或者补偿金等优先受偿。被担保债权的履行期未届满的，也可以提存该保险金、赔偿金或者补偿金等"。

（14）学校、幼儿园、医院等以公益为目的的事业单位、社会团体，可以其教育设施、医疗卫生设施和其他社会公益设施以外的房地产为自身债务设定抵押。

（15）《物权法》规定订立抵押合同前抵押财产已出租的，原租赁关系不受该抵押权的影响。抵押权设立后抵押财产出租的，该租赁关系不得对抗已登记的抵押权。

（16）抵押人未经抵押权人同意将已抵押的房屋出租的，抵押权实现后，租赁合同对受让人不具有约束力。抵押人将已抵押的房屋出租时，如果抵押人未书面告知承租人该房屋已抵押的，抵押人对出租抵押物造成承租人的损失承担赔偿责任；如果抵押人已书面告知承租人该房屋已抵押的，抵押权实现造成承租人的损失，由承租人自己承担。

（17）《物权法》规定以正在建造的建筑物抵押的，应当办理抵押登记。抵押权自登记时设立。

（18）《物权法》规定被担保的债权既有物的担保又有人的担保的，债务人不履行到期债务或者发生当事人约定的实现担保物权的情形，债权人应当按照约定实现债权；没有约定或者约定不明确，债务人自己提供物的担保的，债权人应当先就该物的担保实现债权；第三人提供物的担保的，债权人可以就物的担保实现债权，也可以要求保证人承担保证责任。提供担保的第三人承担担保责任后，有权向债务人追偿。

(19)《物权法》规定有下列情形之一的，担保物权消灭：

1）主债权消灭。

2）担保物权实现。

3）债权人放弃担保物权。

4）法律规定担保物权消灭的其他情形。

四、房地产抵押的主要类型（表5-18）

表 5-18　　　　　　　　　　　房地产抵押的主要类型

项目	内　　容
一般房地产抵押	是指为担保债务的履行，债务人或者第三人不转移房地产的占有，将该房地产抵押给债权人的行为。债务人不履行到期债务或者发生当事人约定的实现抵押权的情形，债权人有权就该房地产优先受偿
在建工程抵押	是指抵押人为取得在建工程继续建造资金的贷款，以其合法方式取得的土地使用权连同在建工程的投入资产，以不转移占有的方式抵押给贷款银行作为偿还贷款履行担保的行为
预购商品房贷款抵押	是指购房人在支付首期规定的房价款后，由贷款金融机构代其支付其余的购房款，将所购商品房抵押给贷款银行作为偿还贷款履行担保的行为
最高额抵押	是指为担保债务的履行，债务人或者第三人对一定期间内将要连续发生的债权用房地产提供担保的行为

命题考点八　房地产抵押合同与房地产抵押的估价和登记

一、房地产抵押合同（表5-19）

表 5-19　　　　　　　　　　　房地产抵押合同

项目	内　　容
性质	《物权法》规定设立担保物权，应当依照本法和其他法律的规定订立担保合同。担保合同是主债权债务合同的从合同。主债权债务合同无效，担保合同无效，但法律另有规定的除外。担保合同被确认无效后，债务人、担保人、债权人有过错的，应当根据其过错各自承担相应的民事责任
形式	《城市房地产管理法》、《物权法》等法律均规定房地产抵押合同必须采用书面形式
内容	(1) 被担保债权的种类和数额。 (2) 债务人履行债务的期限。 (3) 抵押财产的名称、数量、质量、状况、所在地、所有权归属或者使用权归属。 (4) 担保的范围
其他	抵押权人需在房地产抵押后限制抵押人出租、出借或者改变抵押物用途的，应在合同中约定

二、房地产抵押估价（表 5-20）

表 5-20   房地产抵押估价

项目	内　　容
对房地产管理部门的要求	要求房地产管理部门建立和完善房地产估价机构、注册房地产估价师信用档案，完善商品房预售合同登记备案、房权权属登记等信息系统，为公众提供便捷的查询服务。房地产管理部门要定期对房地产估价报告进行抽检，对有高估或低估等禁止行为的房地产估价机构和注册房地产估价师，要依法严肃查处，并记入其信用档案，向社会公示
对商业银行的规定	商业银行在发放房地产抵押贷款前，应当确定房地产抵押价值。房地产抵押价值由抵押当事人协商议定，或者由房地产估价机构进行评估。房地产抵押价值由抵押当事人协商议定的，应当向房地产管理部门提供确定房地产抵押价值的书面协议；房地产估价机构评估的，应当向房地产管理部门提供房地产抵押估价报告
对估价机构的规定	房地产管理部门不得要求抵押当事人委托评估房地产抵押价值，不得指定房地产估价机构评估房地产抵押价值。房地产抵押估价原则上由商业银行委托，但商业银行与借款人另有约定的，从其约定，估价费用由委托人承担。房地产抵押估价应当由具有房地产价格评估资质的机构承担。房地产估价机构的选用，由商业银行内信贷决策以外的部门，按照公正、公开、透明的原则，择优决定

三、房地产抵押登记（表 5-21）

表 5-21   房地产抵押登记

项目	内　　容
形式	《城市房地产管理法》规定房地产抵押应当签订书面抵押合同并办理抵押登记
效力	《物权法》也明确规定不动产物权的设立、变更、转让和消灭，经依法登记，发生效力；未经登记，不发生效力。房地产抵押未经登记的，不发生物权效力，对抵押物不具有优先受偿权
登记机关	法律规定以城市房地产或者乡（镇）、村企业的厂房等建筑物抵押的，其登记机关由县级以上人民政府规定。由于抵押权是从所有权这一物权上设定的他项权利——担保物权，所以登记机关只能是不动产的权属登记机关。 由于房地产转让或者变更先申请房产变更登记后申请土地使用权变更登记是《城市房地产管理法》规定的法定程序，就房、地合一的房地产而言，房地产管理部门是唯一可确保未经抵押权人同意的抵押房地产不能合法转让的登记机关，因此各地普遍规定，以房、地合一的房地产抵押的，房地产管理部门为抵押登记机关。 以地上无定着物的出让土地使用权抵押的，由核发土地使用权证书的土地管理部门办理抵押登记
办理登记的文件	《房屋登记办法》规定，以房屋设定抵押的，当事人应持下列文件到房地产所在地的房地产管理部门申请抵押权登记： （1）登记申请书； （2）申请人的身份证明； （3）房屋所有权证书或房地产权证书； （4）抵押合同； （5）主债权合同； （6）其他必要材料

命题考点九 房地产抵押权

一、房地产抵押权的效力（表5-22）

表5-22 房地产抵押权的效力

项目	内 容
抵押担保的范围	包括主债权及利息、违约金、损害赔偿金和实现抵押权的费用
抵押物的孳息	债务人不履行到期债务或者发生当事人约定的实现抵押权的情形，致使抵押物被人民法院依法扣押的，自扣押之日起抵押权人有权收取该抵押物的天然孳息或者法定孳息。但抵押权人未通知应当清偿法定孳息的义务人的除外
抵押物的提存	《物权法》规定抵押期间，抵押人经抵押权人同意转让抵押财产的，应当将转让所得的价款向抵押权人提前清偿债务或者提存。转让的价款超过债权数额的部分归抵押人所有，不足部分由债务人清偿。抵押期间，抵押人未经抵押权人同意，不得转让抵押财产，但受让人代为清偿债务消灭抵押权的除外
抵押权的转让	《物权法》规定抵押权不得与债权分离而单独转让或者作为其他债权的担保。债权转让的，担保该债权的抵押权一并转让，但法律另有规定或者当事人另有约定的除外
抵押权人的权利	《物权法》规定抵押人的行为足以使抵押财产价值减少的，抵押权人有权要求抵押人停止其行为。抵押财产价值减少的，抵押权人有权要求恢复抵押财产的价值，或者提供与减少的价值相应的担保。抵押人不恢复抵押财产的价值也不提供担保的，抵押权人有权要求债务人提前清偿债务
抵押权的放弃与顺位	抵押权人与抵押人可以协议变更抵押权顺位以及被担保的债权数额等内容，但抵押权的变更，未经其他抵押权人书面同意，不得对其他抵押权人产生不利影响。债务人以自己的财产设定抵押，抵押权人放弃该抵押权、抵押权顺位或者变更抵押权的，其他担保人在抵押权人丧失优先受偿权益的范围内免除担保责任，但其他担保人承诺仍然提供担保的除外

二、房地产抵押权的实现（表5-23）

表5-23 房地产抵押权的实现

项目	内 容
实现方式	《物权法》规定债务人不履行到期债务或者发生当事人约定的实现抵押权的情形，抵押权人可以与抵押人协议以抵押财产折价或者以拍卖、变卖该抵押财产所得的价款优先受偿
撤销权的行使	协议损害其他债权人利益的，其他债权人可以在知道或者应当知道撤销事由之日起1年内请求人民法院撤销该协议
实现的顺序	同一财产向两个以上债权人抵押，拍卖、变卖抵押物所得的价款按照抵押权登记的先后顺序清偿，顺序相同的，按照债权的比例清偿
优先受偿	对于设定房地产抵押权的土地使用权是以划拨方式取得的，依法拍卖该房地产后，应当从拍卖所得的价款中缴纳相当于应缴纳的土地使用权出让金的款额后，抵押权人方可优先受偿

项目	内　容
其他要求	《物权法》规定抵押财产折价或者拍卖、变卖后，其价款超过债权数额的部分归抵押人所有，不足部分由债务人清偿。 《物权法》规定建设用地使用权抵押后，该土地上新增的建筑物不属于抵押财产。该建设用地使用权实现抵押权时，应当将该土地上新增的建筑物与建设用地使用权一并处分，但新增建筑物所得的价款，抵押权人无权优先受偿。 《物权法》规定以乡镇、村企业的厂房等建筑物占用范围内的建设用地使用权一并抵押的，实现抵押权后，未经法定程序，不得改变土地所有权的性质和土地用途。 为债务人抵押担保的第三人，在抵押权人实现抵押权后，有权向债务人追偿。 抵押权因抵押物灭失而消灭。因灭失所得的赔偿金，应当作为抵押财产

第六章 房地产登记制度与政策

命题考点一 房地产登记概述

一、房地产登记制度的类型（表6-1）

表6-1   房地产登记制度的类型

类型		内　　容
契据登记制	理论基础	契据登记制度的理论基础是对抗要件主义，这一理论认为房地产权利的变更、他项权利的设定，在当事人订立合约之时就已生效，即双方一经产生债的关系，房地产权利的转移或他项权利的设定即同时成立
	特点	登记机构对登记申请采取形式审查，登记权利的状态；登记只具有公示力而无公信力，不经过登记，只能在当事人中产生效力，不能对抗第三人。法院可以裁定已登记的契约无效，登记机构对此并不承担责任。因该项制度为法国首创，所以又称为"法国登记制"
产权登记制	性质	登记机构对权利人的申请进行实质性审查，登记是由房地产所在地的登记机构备置登记簿，簿上记载房地产权利的取得、变更过程，使有利害关系的第三人可就登记簿的记载推知该房地产产权状态，若房地产权利的取得未经登记，便不产生效力，不仅不能对抗第三人，即使在当事人之间也不发生效力
	特点	登记机构对登记申请采取实质审查，登记权利的现状；登记有公信力即登记簿上所载事项，对抗善意第三人，在法律上有绝对的效力。因该项制度发源于德国，故又称为"德国登记制"
	性质	为澳大利亚人托伦斯所创，在核准登记以后发给权利人权属证书，房地产权利一旦载入政府产籍，权利状态就明确地记载在权属证书上，权利人可以凭证行使房地产权利
	特点	房地产权利一经登记便具有绝对的法律效力；已登记权利如发生转移，必须在登记簿上加以记载；登记采取强制登记制度；登记簿为两份，权利人取得副本，登记机构保留正本，正副本内容必须完全一致

二、房地产登记的目的和意义

（1）保护房地产权利人的合法权益。

（2）保证交易安全，减少交易成本。

（3）为房地产管理奠定基础。

（4）为城市规划、建设、管理提供科学依据。

三、房地产登记的原则（表6-2）

表6-2   房地产登记的原则

原则	内　　容
权利主体一致	《城市房地产管理法》规定："房地产转让、抵押，房屋所有权和该房屋占用范围内的土地使用权同时转让、抵押。"《房屋登记办法》规定："办理房屋登记，应当遵循房屋所有权和房屋占用范围内的土地使用权权利主体一致的原则"。因此，房屋所有权人和该房屋占用的土地使用权人，必须同属一人（包括法人和自然人）

原则	内　　容
属地管理	即只能由市（县）房地产管理部门负责所辖区范围内的房地产登记工作；权利申请人也应到房地产所在地的市（县）房地产管理部门申请登记

四、《物权法》确定的不动产登记制度（表 6-3）

表 6-3　　　　　　　　　　《物权法》确定的不动产登记制度

项目	内　　容
不动产登记原则	国家对不动产实行统一登记制度。不动产登记，由不动产所在地的登记机构办理
登记机构的职责	登记机构应当履行的职责为：查验申请人提供的权属证明和其他必要材料；就有关登记事项询问申请人；如实、及时登记有关事项；法律、行政法规规定的其他职责。申请登记的不动产的有关情况需要进一步证明的，登记机构可以要求申请人补充材料，必要时可以实地查看。登记机构不得要求对不动产进行评估；不得以年检等名义对不动产进行重复登记；不得有超出登记职责范围的其他行为。 　　登记机构因登记错误，给他人造成损害的，应当承担赔偿责任。登记机构赔偿后，可以向造成登记错误的人追偿
不动产登记的载体	不动产登记簿是法律规定的不动产物权登记机构管理的、不动产物权登记档案，是物权归属和内容的根据。不动产权属证书，即不动产的所有权证、使用权证等，是登记机构颁发给权利人作为其享有权利的证明，是不动产登记簿所记载内容的外在表现形式
不动产登记的生效时间	（1）不动产物权的设立、变更、转让和消灭，依照法律规定应当登记的，自记载于不动产登记簿时发生效力。 　　（2）因人民法院、仲裁委员会的法律文书或者人民政府的征收决定等，导致物权设立、变更、转让或者消灭的，自法律文书或者人民政府的征收决定等生效时发生效力。 　　（3）因继承或者受遗赠取得物权的，自继承或者受遗赠开始时发生效力。 　　（4）因合法建造、拆除房屋等事实行为设立或者消灭物权的，自事实行为成就时发生效力。 　　（5）当事人之间订立有关设立、变更、转让和消灭不动产物权的合同，除法律另有规定或者合同另有约定外，自合同成立时生效；未办理物权登记的，不影响合同效力
预告登记	《物权法》规定，当事人签订买卖房屋或者其他不动产物权的协议，为保障将来实现物权，按照约定可以向登记机构申请预告登记。预告登记后，债权消灭或者自能够进行不动产登记之日起 3 个月内未申请登记的，预告登记失效
更正登记、异议登记	《物权法》规定，权利人、利害关系人认为不动产登记簿记载的事项错误的，可以申请更正登记。不动产登记簿记载的权利人书面同意更正或者有证据证明登记确有错误的，登记机构应当予以更正。不动产登记簿记载的权利人不同意更正的，利害关系人可以申请异议登记。登记机构予以异议登记的，申请人在异议登记之日起 15 日内不起诉，异议登记失效。异议登记不当，造成权利人损害的，权利人可以向申请人请求损害赔偿

命题考点二 房地产登记的种类

一、土地登记的种类（表 6-4）

表 6-4　　　　　　　　　　　　土地登记的种类

种类	内　　容
土地总登记	是指在一定时间内对辖区内全部土地或者特定区域内土地进行的全面登记
土地初始登记	是指土地总登记之外对设立的土地权利进行的登记
土地变更登记	是指因土地权利人发生改变，或者因土地权利人姓名或者名称、地址和土地用途等内容发生变更而进行的登记
土地注销登记	是指因土地权利的消灭等而进行的登记。申请土地注销登记的情形有： (1) 依法收回的国有土地的； (2) 依法征收的农民集体土地的； (3) 因人民法院、仲裁机构的生效法律文书致使原土地权利消灭的； (4) 当事人未办理注销登记的； (5) 因自然灾害等原因造成土地权利消灭的； (6) 非住宅国有建设用地使用权期限届满，国有建设用地使用权人未申请续期或者申请续期未获批准的
土地其他登记	是指上述土地登记类型以外的更正登记、异议登记、预告登记和查封登记等土地登记

二、房屋登记的种类（表 6-5）

表 6-5　　　　　　　　　　　　房屋登记的种类

项目		内　　容
房屋所有权登记	概念	是指房屋登记机构根据申请人的申请，将房屋所有权或所有权变动等事项，在登记簿上予以记载的行为
	初始登记	是指新建房屋申请人，或原有但未进行过登记的房屋申请人原始取得所有权而进行的登记
	变更登记	是指房地产权利人因法定名称改变，或是房屋状况发生变化而进行的登记
	转移登记	是指房屋因买卖、赠与、交换、继承等原因致使房屋所有权发生转移而进行的登记
	注销登记	是指因房屋或土地灭失、放弃房屋所有权等情形，导致丧失房屋所有权等而进行的登记
房屋抵押权登记	概念	是指房屋登记机构根据抵押当事人申请，依法将抵押权设立、转移、变动等的事项在登记簿上予以记载的行为
	一般抵押登记	包括：房屋抵押权设立登记、房屋抵押权变更登记、房屋抵押权转移登记、房屋抵押权注销登记
	最高额抵押登记	包括：房屋最高额抵押权设立登记、房屋最高额抵押权变更登记、房屋最高额抵押权转移登记、房屋最高额抵押权注销登记和房屋最高额抵押权确定登记
地役权登记		是指房屋登记机构根据抵押当事人申请，依法将地役权设立、转移、变动等有关事项在需役地和供役地登记簿上予以记载的行为

续表

项目	内　容
房屋预告登记	是指申请人为保障将来的物权实现，按照约定向房屋登记机构申请，房屋登记机构依法将申请事项在登记簿上予以记载的预先登记行为
房屋其他登记	是指上述房屋登记类型以外的，更正登记、异议登记、撤销登记、查封登记等房屋登记

命题考点三　房地产登记制度

一、房地产登记的体制、范围与机构（表6-6）

表6-6　　　　　　　　　　房地产登记的范围与机构

项目	内　容
范围	依据《物权法》、《城市房地产管理法》和《村庄和集镇规划建设管理条例》等法律、行政法规制定的《房屋登记办法》的适用范围，既包括国有土地上的房屋，也包括集体土地上的房屋。同时，《房屋登记办法》还规定，具有独立利用价值的特定空间以及码头、油库等其他建筑物、构筑物，也可以参照房屋登记的规定和程序，由房屋登记机构依法登记
房屋登记机构	直辖市、市、县人民政府建设（房地产）主管部门或者其设置的负责房屋登记工作的机构是法定的房屋登记和发证机关，其他部门登记和发放的房屋所有权证书，不具有法律效力，不受国家法律的保护

二、房屋登记的基本要求与时限（表6-7）

表6-7　　　　　　　　　　房屋登记的基本要求与时限

项目	内　容
基本要求	(1) 以共同申请为原则，以单方申请为例外。 (2) 以查验申请资料为主，实施必要的实地查看。 (3) 按房屋基本单元进行登记
时限	自受理登记申请之日起，房屋登记机构应当于下列时限内，将申请登记事项记载于房屋登记簿或者作出不予登记的决定： (1) 国有土地范围内房屋所有权登记，30个工作日； (2) 抵押权、地役权登记，10个工作日； (3) 预告登记、更正登记，10个工作日； (4) 异议登记，1个工作日； (5) 法律、法规对登记时限另有规定的，从其规定。 公告时间不计入上述规定时限。因特殊原因需要延长登记时限的，经房屋登记机构负责人批准可以延长，但最长不得超过原时限的1倍

三、房屋登记的程序（表 6-8）

表 6-8 房屋登记的程序

项目		内　容
申请	自然人申请	申请人为自然人的，应具备完全民事行为能力，即一般为年满 18 周岁智力正常的成年人。未成年人和其他限制行为能力人（如精神病人）由其监护人代为申请
	法人申请	申请人为法人或其他组织的，应当使用其法定名称，由其法定代表人申请登记。申请人也可以委托代理人申请房屋登记。委托代理的，代理人应当提交委托书和证明其委托身份的证明。境外申请人委托代理人申请房屋登记的，其授权委托书应当按照国家有关规定办理公证或者认证。对共有房屋，由共有人共同申请登记。但共有房屋所有权变更登记，可以由相关的共有人申请
	提交材料	申请房屋登记时，申请人应当按照《房屋登记办法》的要求，向房屋登记机构提交申请材料。申请登记材料应当提供原件。不能提供原件的，应当提交经有关机关确认与原件一致的复印件
受理		受理时，房屋登记机构工作人员应当根据法律、法规以及有关政策规定，查阅申请人提交的证明文件，并就与登记有关的事项询问申请人，对询问结果应进行记录并要求申请人签字确认。 对提交登记文件齐备、来源清楚的，房屋登记机构应当受理登记申请，并出具书面凭证。 对手续不全或权属来源尚不能表述清楚的，房屋登记机构不受理登记申请，并应告知申请人不予受理的原因以及一次性书面告知申请人需要补齐的文件
审核		审核是房屋登记机构对受理的申请登记事项进行审查核实，作出准予登记或者不予登记决定的行为。主要是审核查阅登记簿、申请人提交的各种证件，核实房屋现状、权属来源等
记载于登记簿		经审核后，登记申请符合下列条件的，房屋登记机构应当予以登记，将申请登记事项记载于房屋登记簿： （1）申请人与依法提交的材料记载的主体一致。 （2）申请初始登记的房屋与申请人提交的规划证明材料记载一致，申请其他登记的房屋与房屋登记簿记载一致。 （3）申请登记的内容与有关材料证明事实一致。 （4）申请登记的事项与房屋登记簿记载的房屋权利不冲突。 （5）不存在《房屋登记办法》规定的不予登记的情形。不予登记的情形包括： 1）违法建筑申请登记的； 2）申请人不能提供合法、有效的权利来源证明文件或者申请登记的房屋权利与权利来源证明文件不一致的； 3）申请登记事项与房屋登记簿记载冲突的； 4）申请登记房屋不能特定或者不具有独立利用价值的； 5）房屋已被依法征收、没收，原权利人申请登记的； 6）房屋被依法查封期间，权利人申请登记的； 7）法律、法规和本办法规定的其他不予登记的情形。 对不予登记，房屋登记机构应当书面告知申请人不予登记的原因。 依照法律规定，房屋登记机构将申请登记的事项记载于不动产登记簿起，所登记事项发生效力

项目	内　容
发证	房屋登记机构应当根据房屋登记簿的记载，缮写并向权利人发放房屋权属证书。房屋权属证书发放，一般采取在房屋登记机构受理登记后，填发领证通知单或寄发统一领证通知书的办法，告知申请人在规定时间携带收件收据、身份证件以及应缴纳的各项费用到指定地点领取

四、房屋登记的其他规定（表6-9）

表6-9　　　　　　　　　　房屋登记的其他规定

项目	内　容
关于最高额抵押登记	以房屋设定最高额抵押的，应当申请最高额抵押权设立登记。 　最高额抵押权担保的债权确定前，最高额抵押权发生转移的，转让人和受让人应当持登记申请书、申请人的身份证明、他项权利证书、最高额抵押权担保的债权尚未确定的证明材料、最高额抵押权发生转移的证明材料等申请最高额抵押权转移登记。 　最高额抵押权担保的债权确定前，债权人转让部分债权的，除当事人另有约定外，房屋登记机构不得办理最高额抵押权转移登记。 　当事人约定最高额抵押权随同部分债权的转让而转移的，应当在办理最高额抵押权确定登记之后，按照规定办理抵押权转移登记
关于房屋预告登记	预售人和预购人订立商品房买卖合同后，预售人未按照约定与预购人申请预告登记，预购人可以单方申请预告登记。预告登记后，未经预告登记的权利人书面同意，处分该房屋申请登记的，房屋登记机构应当不予办理。预告登记后，债权消灭或者自能够进行相应的房屋登记之日起3个月内，当事人申请房屋登记的，房屋登记机构应当按照预告登记事项办理相应的登记
关于房屋更正登记和异议登记	房屋登记簿记载确有错误的，房屋登记机构应当予以更正；需要更正房屋权属证书内容的，应当书面通知权利人换领房屋权属证书；房屋登记簿记载无误的，应当不予更正，并书面通知申请人。 　利害关系人认为房屋登记簿记载的事项错误，而权利人不同意更正的，利害关系人可以申请异议登记。异议登记期间，异议登记申请人起诉，人民法院不予受理或驳回其诉讼请求的，异议登记申请人或者房屋登记簿记载的权利人可以持登记申请书、申请人的身份证明、相应的证明文件等材料申请注销异议登记
关于基于判决、仲裁的登记	因人民法院或者仲裁委员会生效的法律文书取得房屋所有权，人民法院协助执行通知书要求房屋登记机构予以登记的，房屋登记机构应当予以办理。人民法院、仲裁委员会的生效法律文书确定的房屋权利归属或权利内容与房屋登记簿记载的权利状况不一致的，房屋登记机构应当按照当事人的申请或有关法律文书，办理相应的登记
关于在建工程抵押登记	在建工程抵押可变更、转让。已经登记在建工程抵押权变更、转让或者消灭的，当事人应当申请变更登记、转移登记、注销登记
关于房改售房登记	房改售房登记发证应按以下规定进行： 　（1）职工以成本价购买的住房，产权归个人所有，经登记核实后，发给《房屋所有权证》，产别为"私产"，注记："房改出售的成本价房，总价款：××元"

续表

项目	内　容
关于房改售房登记	（2）职工以标准价购买住房，拥有部分产权。经登记核实后，也发给《房屋所有权证》，产别为"*私产（部分产权）*"，注记："*房改出售的标准价房，总价款：××元，售房单位××××，产权比例为××（个人）；××（单位）*"； （3）以成本价或标准价购买的住房，产权来源为"**房改售房**"； （4）数人出资购房并要求核发房屋共有权证明，经登记核实后，分别给权利人核发《房屋所有权证》，并注明"共有"字样，在证中注明其他共有人，根据投资比例，注记每人所占份额； （5）对于集资建房、合作建房、单位补贴房、解困房等，原则上应以建房时所订立的协议（或合同）中所规定的产权划分条款为准。产权划分条款订立不明确的，应由当事人再行协商，补签协议予以明确，按补签协议划分产权

五、房屋登记收费（表6-10）

表6-10　　　　　　　　　房屋登记收费

项目	内　容
房屋登记费的性质	县级以上房地产主管部门收取的房屋登记费属于行政事业性收费，应全额上缴地方国库，纳入地方财政预算管理，具体缴库办法按照同级财政部门的规定执行，支出由同级财政部门按照其履行职能的需要核定
计费方式和标准	房屋登记费向申请人收取。按规定需由当事人双方共同申请的，只能向登记为房屋权利人的一方收取。住房登记一套住房为一件，收费标准为每件80元；农民利用宅基地建设的住房登记，不收取房屋登记费，只收取房屋权属证书工本费10元；非住房登记的房屋权利人按规定申请并完成一次登记的为一件，收费标准为每件550元。 经济适用住房登记，以及因房屋坐落的街道或门牌号码变更、权利人名称变更而申请的房屋变更登记，按对应性质房屋登记收费标准的一半收取；房屋查封登记、注销登记和因登记机关错误造成的更正登记，不收取房屋登记费。 房屋登记收费标准中包含房屋权属证书费

命题考点四　房屋权属登记信息查询

一、房屋权属登记信息查询范围（表6-11）

表6-11　　　　　　　　房屋权属登记信息查询范围

项目	内　容
可以公开查询的信息	登记机关对房屋权利的记载信息，任何单位和个人都可以公开查询，这类信息向社会公开。主要是房屋登记簿中记载的房屋基本状况及查封抵押等权利限制状况。具体包括： （1）一是房屋自然状况，比如房屋坐落、面积、用途等； （2）二是房屋权利状况，比如他项权利的设定时间、类别、期限，司法查封情况以及登记机关对权利的其他记载

续表

项　目	内　容
限制查询的信息	（1）房屋权利人或者其委托人可以查询与该房屋权利有关的原始登记凭证。 （2）房屋继承人、受赠人和受遗赠人可以查询与该房屋有关的原始登记凭证。 （3）国家安全机关、公安机关、检察机关、审判机关、纪检监察部门和证券监管部门可以查询与调查、处理的案件直接相关的原始登记凭证。 （4）公证机构、仲裁机构可以查询与公证事项、仲裁事项直接相关的原始登记凭证。 （5）仲裁事项、诉讼案件的当事人可以查询与仲裁事项、诉讼案件直接相关的原始登记凭证。 （6）涉及国家安全、军事等需要保密的房屋权属登记信息，可以在国家安全、军事等机关同意查询范围内查询有关原始登记凭证

二、房屋权属登记信息查询的程序（表6-12）

表 6-12　　　　　　　　　　　房屋权属登记信息查询的程序

项　目	内　容
查询人提出查询申请	查询人本人查询房屋权属登记信息的，应向房屋所在地的权属登记机关或者房屋档案管理机构提出查询申请，并填写《房屋权属登记信息查询申请表》，明确房屋坐落（室号、部位）或权属证书编号，以及需要查询的事项，出具查询人的身份证明或单位法人资格证明。 房屋权属登记信息既可以由单位和个人自己查询，也可以委托他人查询。委托他人查询的，受托人除了提交本人查询所需要的资料外，还应当提交载明查询事项的授权委托书和受托人身份证明
查询机构提供查询	符合条件的查询申请，查询机构应及时受理查询人的查询要求，并按照查询人提出的查询事项提供查询服务。如果因特殊原因无法提供查询的或不能及时提供查询的，查询机构应向查询人说明理由
查询结果证明的出具	查询人要求出具查询结果证明的，查询机构经审核后，可以出具查询结果证明。查询结果证明应注明查询日期及房屋权属信息利用用途。有下列不能查询情形的，查询机构可以出具无查询结果的书面证明： （1）按查询人提供的房屋坐落或权属证书编号无法查询的； （2）要求查询的房屋尚未进行权属登记的； （3）要求查询的事项、资料不存在的； （4）对查询当事人的其他要求

三、对查询机构和查询人的要求（表6-13）

表 6-13　　　　　　　　　　　对查询机构和查询人的要求

项　目	内　容
对查询机构的要求	（1）建立房屋权属登记信息查询制度。 （2）更新查询信息。 （3）及时提供查询。 （4）指定专人负责查询工作。 （5）不得擅自扩大查询范围

续表

项目	内　容
对查询人的要求	（1）按规定提交查询资料。 （2）在指定场所查询。 （3）不得毁坏查询设备。 （4）保守国家机密、个人隐私和商业秘密。 （5）按规定缴纳查询费用

第七章 物业管理制度与政策

命题考点一 物业管理概述

一、物业与物业管理的基本概念（表7-1）

表7-1 物业与物业管理的基本概念

项目	内　容
含义	国务院《物业管理条例》指出："物业管理是指业主通过选聘物业服务企业，由业主和物业服务企业按照物业服务合同约定，对房屋及配套的设施设备和相关场地进行维修、养护、管理，维护相关区域内的环境卫生和秩序的活动"
目的	物业管理的目的是保证和发挥物业的使用功能，使其保值增值，并为物业所有人和使用人创造和保持整洁、文明、安全、舒适的生活和工作环境与秩序，最终实现社会、经济、环境三个效益的统一和同步增长，提高城市的现代文明程度、创建和谐社会
作用	物业管理行业的发展，对于顺利实现我国第三步战略目标，全面建设小康社会具有积极的促进作用： （1）规范发展物业管理有利于提高人民群众居住质量，改善城市面貌； （2）规范发展物业管理有利于增加就业，扩大居民消费； （3）规范发展物业管理有利于维护社区稳定，推动精神文明建设； （4）规范发展物业管理有利于促进财富增值，培育民主意识

二、物业管理的性质与基本内容（表7-2）

表7-2 物业管理的性质与基本内容

项目		内　容
性质		物业管理是一种与房地产综合开发的现代化生产方式相配套的综合性管理；是与随着住房制度改革的推进而出现的产权多元化格局相衔接的统一管理；是与建立社会主义市场经济体制要求相适应的社会化、专业化、市场化的管理
基本内容	常规性的公共服务	（1）房屋共用部位的维护与管理。 （2）房屋共用设备设施及其运行的维护和管理。 （3）环境卫生、绿化管理服务。 （4）物业管理区域内公共秩序、消防、交通等协助管理事项的服务。 （5）物业装饰装修管理服务。 （6）维修资金的代管服务。 （7）物业档案资料的管理
	针对性的专项服务	（1）日常生活。 （2）商业服务。 （3）文教体卫。 （4）社会福利。 （5）各类中介和金融服务

续表

项目		内 容
基本内容	委托性的特约服务	特约服务是为满足物业产权人、使用人的个别需求受其委托而提供的服务，通常指在物业服务合同中未要求、物业服务企业在专项服务中也未设立，而物业产权人、使用人又提出该方面的需求，此时，物业服务企业应在可能的情况下尽量满足其需求，提供特约服务

命题考点二 物业管理的主要环节与管理的实施原则

一、物业管理的主要环节（表7-3）

表7-3 物业管理的主要环节

项目	内 容
策划阶段	（1）物业管理的早期介入。 （2）制定物业管理方案。 （3）制定临时管理规约及有关制度。 （4）选聘物业服务企业
前期准备阶段	（1）物业服务企业内部机构的设置与人员编制的拟定。 （2）物业管理人员的选聘和培训。 （3）物业管理规章制度的制定
启动阶段	（1）物业的接管验收。 （2）用户（业主）入住。 （3）档案资料的建立。 （4）首次业主大会的召开和业主委员会的成立
日常运作阶段	（1）日常综合服务与管理。 （2）系统的协调

二、物业管理的实施原则

社会化、专业化、市场化的物业管理体制其核心是市场化。物业管理市场的供需主体是物业服务企业和业主、物业使用人。物业管理市场的协调主体是政府及其行业行政管理部门。

物业管理实施原则是业主的自我约束、自我管理与物业服务企业统一专业化管理相结合。

命题考点三 物业服务企业

一、物业服务企业的性质与设立（表7-4）

表7-4 物业服务企业的性质与设立

项目	内 容
性质	物业服务企业是依法定程序设立，以物业管理为主业，独立核算、自主经营、自负盈亏的具有独立的企业法人地位的经济实体。 物业服务企业按自主经营、自负盈亏、自我约束、自我发展的机制运行，其指导思想是：以服务为宗旨，以管理和经营为手段，以经济效益、社会效益和环境效益的综合统一为目的

项目		内　　容
设立	工商注册、税务登记	设立物业服务企业须向工商行政管理部门进行注册登记，领取营业执照，并到税务部门办理税务登记后，方可开业
	资质管理	（1）物业服务企业资质等级分为一级、二级、三级。 （2）新设立的物业服务企业应当自领取营业执照之日起30日内，持下列文件向工商注册所在地县（市）人民政府房地产行政主管部门申报临时资质： 1）营业执照； 2）企业章程； 3）验资证明； 4）企业法定代表人的身份证明； 5）物业管理专业人员的职业资格证书和劳动合同，管理和技术人员的职称证书和劳动合同。 （3）新设立的物业服务企业，其资质等级按照最低等级核定，并设1年的暂定期。 （4）物业服务企业的资质管理实行分级审批。 （5）申请核定资质等级的物业服务企业，应当提交下列材料： 1）企业资质等级申报表； 2）营业执照； 3）企业资质证书正、副本； 4）物业管理专业人员的职业资格证书和劳动合同，管理和技术人员的职称证书和劳动合同，工程、财务负责人的职称证书和劳动合同； 5）物业服务合同复印件； 6）物业管理业绩材料
	不予批准的情形	物业服务企业申请核定资质等级，在申请之日前1年内有下列行为之一的，资质审批部门不予批准： （1）聘用未取得物业管理职业资格证书的人员从事物业管理活动的； （2）将一个物业管理区域内的全部物业管理业务一并委托给他人的； （3）挪用专项维修资金的； （4）擅自改变物业管理用房用途的； （5）擅自改变物业管理区域内按照规划建设的公共建筑和共用设施用途的； （6）擅自占用、挖掘物业管理区域内道路、场地，损害业主共同利益的； （7）擅自利用物业共用部位、共用设施设备进行经营的； （8）物业服务合同终止时，不按规定移交物业管理用房和有关资料的； （9）与物业管理招标人或者其他物业管理投标人相互串通，以不正当手段谋取中标的； （10）不履行物业服务合同，业主投诉较多，经查证属实的； （11）超越资质等级承接物业管理业务的； （12）出租、出借、转让资质证书的； （13）发生重大责任事故的

二、物业服务企业的权利、义务（表7-5）

表7-5　　　　　　　　　　　　　物业服务企业的权利、义务

项目	内　容
权利	（1）根据有关法律、法规、政策和合同的约定，并结合实际情况制定物业管理制度。 （2）依照物业服务合同和有关规定收取物业服务费。 （3）制止违反物业管理制度的行为。 （4）要求委托人协助管理。 （5）选聘专业公司承担专项经营服务管理业务。 （6）法律、法规规定的其他权利
义务	（1）履行物业服务合同，提供物业管理服务。 （2）接受业主委员会和业主及使用人的监督。 （3）定期公布物业管理服务费用和代管基金收支账目，接受质询和审计。 （4）接受有关行政主管部门的监督管理。 （5）法律、法规规定的其他义务

命题考点四　业主、业主大会及业主委员会

一、业主的权利与义务（表7-6）

表7-6　　　　　　　　　　　　　业主的权利与义务

项目		内　容
业主	概念	业主指物业的所有权人。在物业管理中，业主又是物业服务企业所提供的物业管理服务的对象。业主是物业管理市场的需求主体。 单个业主最基本的权利就是依法享有所拥有物业的各项权利和参与物业管理、要求物业服务企业依据物业服务合同提供相应的管理与服务的权利
	权利	（1）按照物业服务合同的约定，接受物业服务企业提供的服务。 （2）提议召开业主大会会议，并就物业管理的有关事项提出议案。 （3）提出制定和修改管理规约、业主大会议事规则的建议。 （4）参加业主大会会议，行使投票权。 （5）选举业主委员会委员，并享有被选举权。 （6）监督业主委员会的工作。 （7）监督物业服务企业履行物业服务合同。 （8）对物业共用部位、共用设施设备和相关场地使用情况享有知情权和监督权。 （9）监督物业共用部位、共用设施设备专项维修资金的管理和使用。 （10）法律、法规规定的其他权利
	义务	（1）遵守管理规约、业主大会议事规则。 （2）遵守物业管理区域内物业共用部位和共用设施设备的使用、公共秩序和环境卫生的维护等方面的规章制度。 （3）执行业主大会的决议和业主大会授权业主委员会作出的决定。 （4）按照国家有关规定缴纳专项维修资金。 （5）按时缴纳物业服务费用。 （6）法律、法规规定的其他义务

续表

项目		内　容
物业使用人	概念	是指不拥有物业的所有权，但通过某种形式（如签订租赁合同）而获得物业使用权，并实际使用该物业的人
	权利、义务	由于物业使用人首先与业主发生关系（如租赁关系），物业使用人的基本权利、义务就受到租赁合同的一定限制。 物业使用人和业主在权利上的最大区别是物业使用人没有对物业的最终处置权

二、业主大会（表7-7）

表7-7　　　　　　　　　　　　　　　业主大会

项目		内　容
业主大会	概念	业主大会是由物业管理区域内全体业主组成，只有一个业主，或者业主人数较少且经全体业主同意，决定不成立业主大会的，由业主共同履行业主大会、业主委员会职责。业主大会自首次业主大会会议召开之日起成立
	职责	业主大会是物业管理区域内物业管理的最高权力机构，是物业管理的决策机构，代表和维护物业管理区域内全体业主在物业管理活动中的合法权益，并履行以下职责： （1）制定、修改管理规约和业主大会议事规则； （2）选举、更换业主委员会委员，监督业主委员会的工作； （3）选聘、解聘物业服务企业； （4）决定专项维修资金的使用、续筹方案，并监督实施； （5）制定、修改物业管理区域内物业共用部分和共用设施设备的使用、公共秩序和环境卫生的维护等方面的规章制度； （6）法律、法规或者业主大会议事规则规定的其他有关物业管理的职责
业主大会的成立及首次业主大会		建设部《业主大会规程》规定：业主筹备成立业主大会的，应当在物业所在地的区、县人民政府房地产行政主管部门和街道办事处（乡镇人民政府）的指导下，由业主代表、建设单位（包括公有住房出售单位）组成业主大会筹备组（以下简称筹备组），负责业主大会筹备工作。 筹备组主要做好下列4项筹备工作： （1）确定首次业主大会会议召开的时间、地点、形式和内容； （2）参照政府主管部门制定的示范文本，拟订《业主大会议事规则》（草案）和《管理规约》（草案）； （3）确认业主身份，确定业主在首次业主大会会议上的投票权数； （4）确定业主委员会委员候选人产生办法及名单。 筹备组应当自组成之日起30日内组织业主召开首次业主大会会议。在这次会议上，最重要的是要表决通过今后物业管理活动中最重要的两个文件，即《业主大会议事规则》和《管理规约》；选举产生一个重要的机构——业主委员会；作出一个重要决定，即对原物业服务企业是续聘还是另行招聘
业主大会会议	定期会议	应当按照业主大会议事规则的规定召开，一般1年召开一次
	临时会议	经20％以上的业主提议或发生重大事故或者紧急事件需要及时处理的以及业主大会议事规则或者管理规约规定的其他情况时，业主委员会应当组织召开业主大会临时会议

续表

项目	内 容
业主共同决定的事项	下列事项由业主共同决定: (1) 制定和修改业主大会议事规则; (2) 制定和修改建筑物及其附属设施的管理规约; (3) 选举业主委员会或者更换业主委员会成员; (4) 选聘和解聘物业服务企业或者其他管理人; (5) 筹集和使用建筑物及其附属设施的维修资金; (6) 改建、重建建筑物及其附属设施; (7) 有关共有和共同管理权利的其他重大事项。 决定第(5)项和第(6)项规定的事项,应当经专有部分占建筑物总面积三分之二以上的业主且占总人数三分之二以上的业主同意。决定其他事项,应当经专有部分占建筑物总面积过半数的业主且占总人数过半数的业主同意

三、业主委员会（表7-8）

表 7-8　　　　　　　　　　　　　　业主委员会

项目	内 容
性质	业主委员会是业主大会的执行机构,由业主大会选举产生。业主大会和业主委员会并存,业主决策机构和执行机构分离,业主委员会向业主大会负责
地位	业主委员会应当接受县级以上地方人民政府房地产行政主管部门监督管理。业主委员会应当配合公安机关,与居民委员会相互协作,共同做好维护物业管理区域内的社会治安等相关工作。在物业管理区域内,业主委员会应当积极配合相关居民委员会依法履行自治管理职责,支持居民委员会开展工作,并接受其指导和监督
宗旨	业主委员会的宗旨是代表本物业的合法权益,实行业主自治与专业化管理相结合的管理体制,保障物业合理、安全地使用,维护本物业的公共秩序,创造整洁、优美、安全、舒适、文明的环境
产生	业主大会应当在首次会议召开时选举产生业主委员会。一个物业管理区域应当成立一个业主委员会,人数为5~11名的单数。业主委员会成员应当由热心公益事业、责任心强、具有一定组织能力和必要工作时间的业主担任。业主委员会应当自选举产生之日起30日内,向物业所在地的街道办事处和区、县人民政府房地产行政主管部门备案。业主委员会应当自选举产生之日起3日内召开首次业主委员会会议,推选产生业主委员会主任1人,副主任1~2人
职责	(1) 召集业主大会会议,报告物业管理的实施情况。 (2) 代表业主与业主大会选聘的物业服务企业签订物业服务合同。 (3) 及时了解业主、物业使用人的意见和建议,监督和协助物业服务企业履行物业服务合同。 (4) 监督管理规约的实施。 (5) 业主大会赋予的其他职责

四、管理规约及业主大会议事规则（表7-9）

表7-9 管理规约及业主大会议事规则

项目	内容
管理规约	是一种公共契约，属于协议、合约的性质。它是由全体业主承诺共同订立的，对全体业主（也包括物业使用人）有共同约束力。管理规约应当对有关物业的使用、维护、管理，业主的公共利益，业主应当履行的义务，违反规约应当承担的责任等事项依法作出约定。管理规约是物业管理中的一个重要的基础性文件
业主大会议事规则	业主大会议事规则由业主经过民主协商和表决通过，约定业主大会的议事方式、表决程序、业主投票权确定办法、业主委员会的组成和委员任期等事项。 对业主大会议事规则，有两点需提请注意： （1）是议事规则中的任何规定不得违反国家相关的法律、法规； （2）是议事规则必须在首次业主大会上最先讨论和通过，然后才能按此议事规则讨论决定其他问题

命题考点五 物业管理的委托和物业管理招投标

一、物业管理委托方（表7-10）

表7-10 物业管理委托方

项目	内容
房地产开发企业	房地产开发企业在以下两种情况下是物业管理的委托方： （1）对建成后以销售为主的物业，在物业建成和出售前，其产权归属房地产开发企业。因此，由房地产开发企业负责首次选聘物业服务企业； （2）对建成后并不出售，而出租经营的物业，因其产权始终归属开发企业，所以，房地产开发企业一直是物业管理的委托方
公房出售单位	公房在出售前，产权属政府单位所有；出售后，产权发生转移。由于住用人购买原住房的时间不等，物业区域内发生产权转移的份额不等，所以，在业主大会成立之前，公房出售单位作为原业主，与房地产开发企业一样，负责首次选聘物业服务企业
业主大会	以销售为主的物业，当业主入住达到一定时间或一定比例时，以及原有公房的出售达到一定比例时均应按规定成立业主大会，并选举业主委员会。业主大会成立后就是全体业主的代表，与新选聘的物业服务企业签订物业服务合同，前期物业服务合同自行终止

二、物业管理招投标（表7-11）

表7-11 物业管理招投标

项目	内容
物业管理招投标的内涵	物业管理招标是指物业所有人通过制定符合其管理服务要求和标准的招标文件，通过招投标确定物业服务企业的过程。 物业管理投标是指物业服务企业为开拓业务，依据物业管理招标文件的要求组织编写标书，并向招标单位递交应聘申请和投标书，参加物业管理竞标，以求通过市场竞争获得物业管理权的过程。

续表

项目	内　　容
物业管理招投标的内涵	物业管理招投标是物业管理招标行为和物业管理投标行为的有机结合，通过招投标，物业管理供需主体在平等互利的基础上建立起一种新型的劳务商品关系。 物业管理招投标实质是一种市场双向选择行为
物业管理招标方式	物业管理招标的形式可分为公开招标和邀请招标。除特殊情况（如单一产权人招标）外，物业管理不适用议标。《前期物业管理招投标管理暂行办法》第3条规定：投标人少于3个或者住宅规模较小的，经物业所在地的区、县人民政府房地产行政主管部门批准，可以采用协议方式，即议标，选聘具有相应资质的物业服务企业

三、公开招标与邀请招标（表 7-12）

表 7-12　　　　　　　　　　　　　公开招标与邀请招标

项目		内　　容
公开招标	概念	又称为无限竞争性公开招标，由招标人通过报刊、电视、网络等各种媒体向社会公开发布招标公告，凡符合投标基本条件又有兴趣的物业服务企业均可申请投标
	特点	优点是招标方有较大的选择范围，同时比较有利于避免各种关系的影响；但由于涉及面广，这种招标方式的时间长、资金成本高。公开招标一般适用于规模较大的物业，尤其是收益性物业
邀请招标	概念	又称有限竞争性招标，由招标人以投标邀请书的方式向预先选择的有能力承担的若干物业服务企业发出招标邀请，参与竞标。《前期物业管理招投标管理暂行办法》中规定，邀请招标应向3家以上企业发出投标邀请书
	特点	相对于公开招标来说，邀请招标的成本比较低，可以保证投标企业具有相关的资质条件和经验；但邀请招标可能会漏掉一些有较强竞争力的物业服务企业，暗箱操作的可能性有时比较大

命题考点六　物业服务合同

一、物业服务合同的性质和类型（表 7-13）

表 7-13　　　　　　　　　　　　物业服务合同的性质和类型

项目	内　　容
性质	业主、业主大会委托物业服务企业对物业实施物业管理，物业服务企业接受委托从事物业管理服务，双方应当签订书面的物业服务合同。物业服务合同属于我国合同分类中的委托合同，委托合同是受托人以委托人的名义和费用为委托人处理委托事务，委托人支付约定报酬的协议。物业服务合同既可以发生在法人之间，也可以发生在公民与法人之间

项目	内　容
类型	物业服务合同按委托人的不同和签订的先后顺序分为两种： （1）房地产开发企业或公房出售单位与物业服务企业签订的《前期物业服务合同》。这是针对前期物业管理服务所签订的，合同甲方是房地产开发企业或公房出售单位；合同乙方是甲方选聘的物业服务企业。该合同至业主委员会代表全体业主与其选聘的物业服务企业签订的物业服务合同生效时止。 （2）业主委员会代表全体业主与物业服务企业签订的《物业服务合同》。根据业主大会的授权，业主委员会应当与业主大会选聘的物业服务企业订立书面的物业服务合同。合同甲方是业主委员会，合同乙方是其选聘的物业服务企业。该合同一经签订，原房地产开发企业或公房出售单位与物业服务企业所签订的《前期物业服务合同》即自行失效

二、物业服务合同的内容

为规范物业管理的行为，原建设部制订了《前期物业服务合同》的示范文本。前期物业服务合同和物业服务合同的主要内容包括：

（1）当事人和物业的基本情况。

（2）双方的权利义务。

（3）物业管理服务事项和服务质量要求。

（4）物业管理服务费用的标准和收取办法。

（5）物业的经营与管理。

（6）物业的承接验收。

（7）物业的使用与维护。

（8）维修资金的管理与使用。

（9）合同的期限、合同中止和解除的约定。

（10）违约责任及解决纠纷的途径。

（11）双方当事人约定的其他事项。

三、物业服务合同的签订要点（表7-14）

表7-14　　　　　　　　　　　　　物业服务合同的签订要点

要点	内　容
"宜细不宜粗"的原则	为确保合同双方的权益，明确各自的责任、权利、义务，减少日后的纠纷，在对合同进行谈判洽商时，要遵循"宜细不宜粗"的原则，即对合同的具体条款要进行细致的充分协商，取得一致，不仅要从宏观上把握，更要从微观上给予明确。 国内一般物业服务合同对委托的管理服务包括四个层次的约定：首先，委托管理服务的具体项目；其次，该项管理服务所包含的具体内容；第三，该项管理服务质量的具体标准与评判方法；第四，该项管理服务收取的实际费用金额
不应有无偿无限期的承诺	除委托方对物业服务企业可无偿提供管理、办公用房外，在物业服务合同中，不应有无偿无限期的承诺。这是因为，首先物业管理从本质上讲是市场经济条件下的有偿服务，无偿提供服务是福利制的产物；其次，无偿提供导致住用人之间享受到的服务不一致，因为物业服务企业提供的无偿服务对每个住用人来说，并不都是必需的；第三，物业管理的委托是有期限的，无期限的承诺从理论上讲是不通的，在实践上也是难以做到的；第四，无偿提供的管理服务仍是有成本的，需要支付费用，无论是开发商还是物业服务企业都不可能也不应该长期承担该费用，否则，将导致管理服务标准的降低或变向分摊给了全体业主

命题考点七　物业管理经费

一、物业管理经费的来源

(1) 定期收取物业服务费。

(2) 物业共用部位、共用设施设备维修资金。

(3) 物业服务企业开展多种经营的收入和利润。

物业服务企业开展多种经营有以下两种情况：

1) 利用物业共用部位、共用设施设备进行经营活动。

2) 利用自身条件，开展各种经营活动。

(4) 政府多方面的扶持。

(5) 开发建设单位给予一定的支持。

二、物业服务收费原则、定价形式和计费方式（表7-15）

表 7-15　物业服务收费原则、定价形式和计费方式

项目		内　容
物业服务收费原则		物业服务收费应当遵循合理、公开以及费用与服务水平相适应的原则。国家鼓励物业服务企业开展正当的价格竞争，禁止价格垄断和牟取暴利行为
物业服务费的定价形式	政府指导价	物业服务收费实行政府指导价的，有定价权限的人民政府价格主管部门应会同房地产行政主管部门根据物业管理服务等级标准等因素，制定相应的基准价及其浮动幅度，并定期公布。具体收费标准由业主与物业服务企业根据规定的基准价和浮动幅度在物业服务合同中约定
	市场调节价	是指由经营者自主制定，通过市场竞争形成的价格。在实际标和中标谈判中，通过市场竞争，物业服务收费实质是业主和物业服务企业双方协商的结果。实行市场调节价的物业服务收费，由业主与物业服务企业在物业服务合同中约定
物业服务计费方式及区别	包干制	是指由业主向物业服务企业支付固定物业服务费用，盈余或者亏损均由物业服务企业享有或者承担的物业服务计费方式。实行包干制时，物业服务费用的构成包括：物业服务成本、法定税费和物业服务企业的利润。 包干制是物业服务公司按照与业主双方约定的物业管理收费标准来收费，而不论管理好坏、经营盈亏，物业公司收费标准不变的一种合作模式。其特点是执行起来较为简单，利于小型的物业服务公司采用
	酬金制	是指在预收的物业服务资金中按约定比例或者约定数额提取酬金支付给物业服务企业，其余全部用于物业服务合同约定的支出，结余或者不足均由业主享有或者担的物业服务计费方式。 酬金制实质是实报实销制，物业服务企业按双方协商确定的预算预收基本费用，一个会计年度结束后进行决算并向业主多退少补

三、物业服务费的费用构成

物业服务费 (X) 实行包干制的，其构成包括：物业服务成本 (X_1)、法定税费 (X_2) 和物业服务企业的利润 (X_3) 三部分，即

$$X=X_1+X_2+X_3$$

实行酬金制的，预收的物业服务资金（X），包括物业服务支出（X_1）和物业服务企业的酬金（X_4）两部分，即

$$X=X_1+X_4$$

可见，包干制或者酬金制，物业服务费的构成最主要是物业服务成本或者物业服务支出。其构成一般包括以下部分：

（1）管理、服务人员的工资、社会保险和按规定提取的福利费等。

（2）物业共用部位、共用设施设备日常运行、维护费用。

（3）物业管理区域清洁卫生费用。

（4）物业管理区域绿化养护费用。

（5）物业管理区域秩序维护费用。

（6）办公费用。

（7）物业服务企业固定资产折旧。

（8）物业共用部位、共用设施及公众责任保险费用。

（9）经业主同意的其他费用。

命题考点八　住宅专项维修资金

一、住宅专项维修资金概念、性质和用途

住宅专项维修资金，是指专项用于住宅共用部位、共用设施设备保修期满后的维修和更新、改造的资金。

业主交存的住宅专项维修资金属于业主所有。从公有住房售房款中提取的住宅专项维修资金属于公有住房售房单位所有。

二、住宅专项维修资金的交存（表 7-16）

表 7-16　　　　　　　　　　　　住宅专项维修资金的交存

项目	内　容
交存范围	应交存住宅专项维修资金的范围包括：住宅，但一个业主所有且与其他物业不具有共用部位、共用设施设备的除外；住宅小区内的非住宅或者住宅小区外与单幢住宅结构相连的非住宅
交存标准	商品住宅的业主、非住宅的业主按照所拥有物业的建筑面积交存住宅专项维修资金，每平方米建筑面积交存首期住宅专项维修资金的数额为当地住宅建筑安装工程每 m² 造价的 5%～8%。直辖市、市、县人民政府建设（房地产）主管部门应当根据本地区情况，合理确定、公布每平方米建筑面积交存首期住宅专项维修资金的数额，并适时调整。出售的公有住房交存住宅专项维修资金的标准为：业主按照所拥有物业的建筑面积交存住宅专项维修资金，每平方米建筑面积交存首期住宅专项维修资金的数额为当地房改成本价的 2%；售房单位按照多层住宅不低于售房款的 20%、高层住宅不低于售房款的 30%，从售房款中一次性提取住宅专项维修资金

三、住宅专项维修资金的管理（表 7-17）

表 7-17　　　　　　　　　　　　　　住宅专项维修资金的管理

项　目	内　　　容
业主大会成立前	商品住宅业主、非住宅业主交存的住宅专项维修资金，由物业所在地直辖市、市、县人民政府建设（房地产）主管部门代管
业主大会成立后	业主委员会应当通知所在地直辖市、市、县人民政府建设（房地产）主管部门，直辖市、市、县人民政府建设（房地产）主管部门或者负责管理公有住房住宅专项维修资金的部门，应当在收到通知之日起 30 日内，通知专户管理银行将该物业管理区域内业主交存的住宅专项维修资金账面余额划转至业主大会开立的住宅专项维修资金账户，并将有关账目等移交业主委员会。业主大会开立的住宅专项维修资金账户，应当接受所在地直辖市、市、县人民政府建设（房地产）主管部门的监督
住宅专项维修资金划转后	住宅专项维修资金划转后的账目管理单位，由业主大会决定。业主大会应当建立住宅专项维修资金管理制度。业主分户账面住宅专项维修资金余额不足首期交存额 30% 的，应当及时续交。成立业主大会的，续交方案由业主大会决定。未成立业主大会的，续交的具体管理办法由直辖市、市、县人民政府建设（房地产）主管部门会同同级财政部门制定

四、住宅专项维修资金的使用（表 7-18）

表 7-18　　　　　　　　　　　　　　住宅专项维修资金的使用

项　目	内　　　容
用途	住宅专项维修资金应当专项用于住宅共用部位、共用设施设备保修期满后的维修和更新、改造，不得挪作他用
不得从住宅专项维修资金中列支的费用	（1）依法应当由建设单位或者施工单位承担的住宅共用部位、共用设施设备维修、更新和改造费用。 （2）依法应当由相关单位承担的供水、供电、供气、供热、通讯、有线电视等管线和设施设备的维修、养护费用。 （3）应当由当事人承担的因人为损坏住宅共用部位、共用设施设备所需的修复费用。 （4）根据物业服务合同约定，应当由物业服务企业承担的住宅共用部位、共用设施设备的维修和养护费用
其他	保证住宅专项维修资金正常使用的前提下，可以按照国家有关规定将住宅专项维修资金用于购买国债。利用业主交存的住宅专项维修资金购买国债的，应当经业主大会同意；未成立业主大会的，应当经专有部分占建筑物总面积三分之二以上的业主且占总人数三分之二以上业主同意。利用从公有住房售房款中提取的住宅专项维修资金购买国债的，应当根据售房单位的财政隶属关系，报经同级财政部门同意

第八章 住房公积金制度与政策

命题考点一 住房公积金的性质与管理原则

一、住房公积金的性质和特点（表8-1）

表8-1   住房公积金的性质和特点

项目	内 容
住房公积金的性质	住房公积金的本质属性是工资性，是住房分配货币化的重要形式。单位按职工工资的一定比例为职工缴存住房公积金，实质是以住房公积金的形式给职工增加了一部分住房工资，从而达到促进住房分配机制转换的目的
住房公积金的特点	（1）义务性。 （2）互助性。 （3）保障性
住房公积金制度的作用	（1）住房公积金制度作为法定的住房货币分配方式是改革住房分配制度，把住房实物分配转变为货币工资分配的重要手段之一，增加了职工工资中的住房消费含量，实现分配体制的转换。 （2）建立了职工个人住房资金积累机制，增强了职工解决住房问题的能力，调整了职工消费结构，确保了职工住房消费支出，有利于扩大住房消费，增加住房有效需求。 （3）住房公积金制度实行"低存低贷"原则，为缴存职工提供比商业贷款利率低的住房公积金贷款，促进了政策性住房信贷体系的建立

二、住房公积金管理的基本原则（表8-2）

表8-2   住房公积金管理的基本原则

项目	内 容
住房公积金管理委员会决策	是指由直辖市和省、自治区人民政府所在地的市以及其他设区的市、地、州、盟（以下简称设区城市）人民政府，有关部门负责人，有关专家以及工会、职工、单位代表组成的住房公积金管理委员会，作为住房公积金管理的决策机构，通过严格、规范的议事制度，实行民主决策
住房公积金管理中心运作	是指每个设区城市依法成立一个住房公积金管理中心，它直属于城市人民政府，是不以营利为目的的独立的事业单位，负责住房公积金的管理运作职责。住房公积金管理中心是住房公积金管理委员会各项决策的执行机构，是住房公积金运作管理部门，是运作管理住房公积金的主体
银行专户存储	是指住房公积金管理中心在住房公积金管理委员会按照中国人民银行规定，指定的商业银行设立住房公积金专用账户，专项存储住房公积金，并委托受委托银行办理住房公积金贷款、结算等金融业务和住房公积金账户的设立、缴存、归还等手续

续表

项目	内 容
财政监督	是指住房公积金的运营和管理，必须建立、健全监督机构。财政监督是以财政监督为代表的一个完整的监督体系，包括财政、人民银行、审计部门、职工、单位和社会，对住房公积金归集、提取使用等情况进行监督

命题考点二　住房公积金的归集与提取

一、住房公积金的归集（表 8-3）

表 8-3　　　　　　　　　　　　住房公积金的归集

项目	内 容
主要内容	（1）缴存住房公积金的对象。 （2）缴存基数。 （3）缴存比例。 （4）住房公积金月缴存额
职工住房公积金的查询和对账	住房公积金管理中心要为每一位缴存住房公积金的职工发放住房公积金的有效凭证。有效凭证是全面反映职工个人住房公积金账户内住房公积金的增减、变动和结存情况的证明。目前个人住房公积金有效凭证有几种形式：凭条、存折或磁卡等。 　　职工个人可以直接到住房公积金管理中心或受委托银行查询个人住房公积金缴存情况，也可以通过住房公积金磁卡、电话、网络系统查询。每年 6 月 30 日结息后，住房公积金管理中心要向职工发送住房公积金对账单，与单位和职工对账

二、住房公积金的提取和使用（表 8-4）

表 8-4　　　　　　　　　　　　住房公积金的提取和使用

项目		内 容
原则		（1）定向使用的原则。 （2）安全运作的原则。 （3）严格时限的效率原则
职工个人住房公积金的提取	职工住房消费提取	（1）职工购买、建造、翻建、大修自住住房时的提取。 （2）偿还购房贷款本息时的提取。 （3）房租超出家庭工资收入规定比例时的提取。房租超出家庭工资收入的比例由当地住房公积金管理委员会确定。 （4）职工享受城镇最低生活保障；与单位终止劳动关系未再就业、部分或者全部丧失劳动能力以及遇到其他突发事件，造成家庭生活严重困难的
	职工丧失缴存条件的提取	（1）离、退休。 （2）完全丧失劳动能力并与单位终止劳动关系。 （3）出境定居。 （4）职工死亡或者被宣告死亡的。 　　职工提取公积金时由单位审核，住房公积金管理中心核准，由受委托银行办理支付手续。 　　单位不为职工出具住房公积金提取证明的，职工可以凭规定的有效证明材料，直接到住房公积金管理中心或者受委托银行申请提取住房公积金

项目	内 容
住房公积金的使用	住房公积金的使用包括职工个人对其住房公积金的使用和住房公积金管理中心对归集的住房公积金的运作两个方面： （1）职工个人住房公积金的使用是指职工个人在其住房公积金缴存期间，依法使用住房公积金的行为； （2）住房公积金管理中心住房公积金运作，指住房公积金管理中心以归集的住房公积金为基础，在保证职工提取的前提下，依法运用住房公积金的行为

命题考点三 住房公积金利率、政策、管理及会计核算

一、利率政策（表 8-5）

表 8-5　　　　　　　　　　　　利率政策

项目		内 容
个人存贷款利率	存款利率	职工当年缴存的住房公积金按结息日挂牌公告的活期存款利率计息；上年结转的按结息日挂牌公告的 3 个月整存整取存款利率计息。职工住房公积金自存入职工住房公积金个人账户之日起计息，按年结息，本息逐年结转。每年 6 月 30 日为结息日
	贷款利率	个人住房公积金贷款利率实行 1 年一定，于每年 1 月 1 日，按相应档次利率确定年度利率水平。遇法定利率调整，贷款期限在 1 年以内的，实行合同利率，不分段计息；贷款期限在 1 年以上的，于下年初开始，按相应利率档次执行新的利率规定
住房公积金管理中心沉淀资金的利率		住房公积金管理中心在受委托银行专户内的沉淀资金，按单位存款相应期限档次利率计息

二、税收政策（表 8-6）

表 8-6　　　　　　　　　　　　税收政策

项目	内 容
关于个人住房公积金的免税	单位和个人分别在不超过职工本人上一年度月平均工资 12％的幅度内，其实际缴存的住房公积金，允许在个人应纳税所得额中扣除。单位和职工个人缴存住房公积金的月平均工资不得超过职工工作地所在设区城市上一年度职工月平均工资的 3 倍，具体标准按照各地有关规定执行。个人实际领（支）取原提存的住房公积金时，免征个人所得税。个人住房公积金的利息所得免征个人所得税
关于住房公积金管理中心的免税	住房公积金管理中心用住房公积金在受委托银行发放个人住房贷款取得的收入，免征营业税；住房公积金管理中心在受委托银行存储、用住房公积金购买国债、在指定的受委托银行发放个人住房贷款取得的利息收入，免征企业所得税

三、住房公积金财务管理（表 8-7）

表 8-7 住房公积金财务管理

项目	内 容
基本原则	（1）执行国家有关法律、法规、规章和财政、财务制度。 （2）建立健全内部财务制度，做好财务管理基础工作。 （3）降低运作风险，保证住房公积金保值增值，确保住房公积金所有者的合法权益不受侵犯。 （4）厉行节约，制止奢侈浪费
主要任务	（1）编制住房公积金和住房公积金管理中心管理费用年度预决算。 （2）建立职工住房公积金明细账，记载职工个人住房公积金的缴存、提取等情况。 （3）依法办理住房公积金委托贷款业务，防范风险。 （4）严格执行住房公积金管理委员会批准的住房公积金归集、使用计划。 （5）核算住房公积金的增值收益。 （6）严格执行财政部门批准的管理费用预算，控制管理费用支出，努力降低住房公积金运作成本

四、住房公积金会计核算（表 8-8）

表 8-8 住房公积金会计核算

项目	内 容
基本原则	（1）住房公积金的核算要实现两个分账：一是住房公积金管理中心管理的住房公积金和其他住房资金要实行分账核算。住房公积金管理中心自身业务的核算，执行《事业单位会计制度》；二是住房公积金增值收益和住房公积金管理中心管理费应严格实行分立账户，单独核算。 （2）住房公积金管理中心要设立住房公积金明细账，实行三级明细核算：住房公积金总账核算（一级科目）、住房公积金单位账户核算（二级账目）、住房公积金个人账户核算（三级科目），保证账账相符，账实相符。 （3）对住房公积金收入和支出的核算采用对应的核算原则，即权责发生制或收付实现制。目前，住房公积金管理中心对住房公积金收支业务一般采用权责发生制原则进行核算
内容	（1）住房公积金的缴存核算。 （2）住房公积金的提取核算。 （3）住房公积金的使用核算。 （4）与住房公积金相关的债权债务核算。 （5）业务收入核算。 （6）业务支出核算。 （7）住房公积金增值收益及其分配核算。 住房公积金增值收益是在住房公积金归集、使用过程中发生的，业务收入和业务支出之间的差额，用于建立住房公积金贷款风险准备金、管理中心的管理费用和城市廉租住房建设的补充资金

第九章　房地产税收制度与政策

命题考点一　税收制度概述

一、税收的概念及特征（表9-1）

表9-1	税收的概念及特征
项目	内　容
概念	税收是国家凭借政治权力，按照法律规定的标准，无偿地取得财政收入的一种手段
特征	（1）强制性。 （2）无偿性。 （3）固定性

二、税收制度及构成要素（表9-2）

表9-2	税收制度及构成要素
项目	内　容
纳税人	是税法规定的直接负有纳税义务的单位和个人。 纳税人和负税人的区别：纳税人是直接向国家缴纳税款的单位和个人；负税人是实际负担税款的单位和个人
课税对象	又称征税对象，是税法规定的课税目的物，即确定对什么事物征税。 课税对象是确定征税范围的主要界限，也是区别不同税种的主要标志。根据课税对象性质的不同，全部税种可分为5大类：流转税、收益税、财产税、资源税和行为目的税
税率	据以计算应纳税额的比率，即课税对象的征收比例。它是税收制度和政策的中心环节，直接关系到国家财政收入和纳税人的负担。我国现行的税率形式有比例税率、累进税率、定额税率三种

三、中国现行房地产税种

我国现行房地产业税种有房产税、城镇土地使用税、耕地占用税、土地增值税、契税。其他相关税种主要有营业税、城市维护建设税、个人所得税、企业所得税、印花税。

命题考点二　房产税

一、房产税概述（表9-3）

表9-3	房产税概述
项目	内　容
纳税人	凡是在中国境内拥有房屋产权的单位和个人都是房产税的纳税人。产权属国家所有的，以经营管理的单位和个人为纳税人；产权出典的，以承典人为纳税人；产权所有人、承典人均不在房产所在地的，或者产权未确定以及租典纠纷未解决的，以房产代管人或使用人为纳税人

续表

项目	内　容
课税对象	房产税的课税对象是房产，包括城市、县城、建制镇和工矿区的房产
计税依据和税率	非出租的房产：房产原值×（1−10%～30%）×1.2% 出租的房产：租金×12%
纳税地点和 纳税期限	（1）纳税地点为房产所在地。 （2）纳税期限：按年计征，分期缴纳

二、税收政策（表 9-4）

表 9-4　　　　　　　　　　　　　　　税收政策

政策	内　容
优惠政策	免征房产税的情形： （1）国家机关、人民团体、军队自用的房产。但其营业用房及出租的房产，不属免税范围。 （2）由国家财政部门拨付事业经费的单位自用的房产。 （3）宗教寺庙、公园、名胜古迹自用的房产。但其附设的营业用房及出租的房产，不属免税范围。 （4）个人所有非营业用的房产。 （5）鉴于房地产开发企业开发的商品房在出售前，对房地产开发企业而言是一种产品，因此，对房地产开发企业建造的商品房，在售出前，不征收房产税；但对售出前房地产开发企业已使用或出租、出借的商品房应按规定征收房产税。 （6）经财政部批准免税的其他房产
具备房屋功能的 地下建筑的房 产税政策	（1）凡在房产税征收范围内的具备房屋功能的地下建筑，包括与地上房屋相连的地下建筑以及完全建在地面以下的建筑、地下人防设施等，均应当依照有关规定征收房产税。 （2）自用的地下建筑，按以下方式计税： 1）工业用途房产，以房屋原价的 50%～60% 作为应税房产原值 应纳房产税的税额＝应税房产原值×［1−（10%～30%）］×1.2% 2）商业和其他用途房产，以房屋原价的 70%～80% 作为应税房产原值 应纳房产税的税额＝应税房产原值×［1−（10%～30%）］×1.2% 房屋原价折算为应税房产原值的具体比例，由各省、自治区、直辖市和计划单列市财政和地方税务部门在上述幅度内自行确定。 3）对于与地上房屋相连的地下建筑，如房屋的地下室、地下停车场、商场的地下部分等，应将地下部分与地上房屋视为一个整体按照地上房屋建筑的有关规定计算征收房产税。 （3）出租的地下建筑，按照出租地上房屋建筑的有关规定计算征收房产税

命题考点三　城镇土地使用税

一、城镇土地使用税概述（表 9-5）

表 9-5　　　　　　　　　　　　　城镇土地使用税概述

项目	内　容
纳税人	在城市、县城、建制镇、工矿区范围内使用土地的单位和个人，为城镇土地使用税的纳税人。拥有土地使用权的单位和个人不在土地所在地的由代管人或实际使用人缴纳；土地使用权未确定或权属纠纷未解决的，以实际使用人为纳税人；土地使用权共有的，由共有各方划分使用比例分别纳税

项目	内 容
课税对象和计税依据	(1) 课税对象是城市、县城、建制镇和工矿区内的土地。 (2) 计税依据是纳税人实际占用的土地
适用税额	城镇土地使用税实行分类分级的幅度定额税率。每 m² 的年幅度税额按城市大小分 4 个档次： (1) 大城市 1.5～30 元； (2) 中等城市 1.2～24 元； (3) 小城市 0.9～18 元； (4) 县城、建制镇和工矿区 0.6～12 元
纳税地点和纳税期限	(1) 纳税地点：由土地所在地的税务机关征收。 (2) 纳税期限：按年计征，分期缴纳

二、税收优惠政策（表 9-6）

表 9-6   税收优惠政策

项目	内 容
政策性免税	(1) 国家机关、人民团体、军队自用的土地。 (2) 由国家财政部门拨付事业经费的单位自用的土地。 (3) 宗教寺庙、公园、名胜古迹自用的土地。 (4) 市政街道、广场、绿化地带等公共用地。 (5) 直接用于农、林、牧、渔业的生产用地。 (6) 经批准开山填海整治的土地和改造的废弃土地从使用的月份起免交土地使用税 5～10 年。 (7) 由财政部另行规定的能源、交通、水利等设施用地和其他用地。 纳税人缴纳土地使用税确有困难需要定期减免的，由省、自治区、直辖市税务机关审核后，报国家税务局批准
地方性免税	下列几项用地是否免税，由省级税务机关确定： (1) 个人所有的居住房屋及院落的用地； (2) 房产管理部门在房租调整改革前经租的居民住房用地； (3) 免税单位的职工家属的宿舍用地； (4) 民政部门举办的安置残疾人员占一定比例的福利工厂用地； (5) 集体和个人举办的学校、医院、托儿所、幼儿园用地

命题考点四　耕地占用税

一、耕地占用税概述（表 9-7）

表 9-7   耕地占用税概述

项目	内 容
纳税人	凡占用耕地建房或从事其他非农业建设的单位和个人，都是耕地占用税的纳税人，单位包括国有企业、集体企业、私营企业、外商投资企业、外国投资企业、外国企业以及其他企业和事业单位、社会团体、国家机关、部队以及其他单位；个人包括个体工商户以及其他个人

续表

项目	内　　容
课税对象	即占用耕地建房或从事非农业建设的行为。所谓耕地，是指用于种植农作物的土地
适用税额	《耕地占用税暂行条例》对耕地占用税的税额作出规定： (1) 以县为单位（下同），人均耕地在 1 亩以下（含 1 亩）的地区，10～50 元/ m²； (2) 人均耕地在 1～2 亩（含 2 亩）的地区，8～40 元/ m²； (3) 人均耕地在 2～3 亩（含 3 亩）的地区，6～30 元/ m²； (4) 人均耕地在 3 亩以上的地区，5～25 元/ m²。 国务院财政、税务主管部门根据人物耕地面积和经济发展情况确定各省、自治区、直辖市的平均税额。 各地适用税额，由各省、自治区、直辖市人民政府在规定的税额范围内，根据本地实际情况具体核定
计税依据	耕地占用税以纳税人实际占用耕地面积为计税依据，按照规定的适用税额一次性计算征收

二、税收优惠政策（表 9-8）

表 9-8　　　　　　　　　　　　　　税收优惠政策

项目	内　　容
减税规定	(1) 农村居民占用耕地新建住宅，税额减半。 (2) 农村革命烈士家属、残废军人、鳏寡孤独以及革命老根据地、少数民族聚居区和边远贫困山区生活困难的农村居民，在规定用地标准以内，新建住宅缴纳耕地占用税确有困难的，经所在地乡（镇）人民政府审核，报经县级人民政府批准后，可以免征或者减征耕地占用税。 (3) 铁路线路、公路线路、飞机场跑道、停机坪、港口、航道占用耕地，减按 2 元/ m² 的税额征收耕地占用税。根据实际需要，国务院财政、税务主管部门商国务院有关部门举报国务院批准后，可以对前款规定的情形免征或者减征耕地占用税
免税规定	(1) 军事设施占用耕地。 (2) 学校、幼儿园、养老院、医院占用耕地
改变用途的规定	上述规定免征或者减征耕地占用税后，纳税人改变原占地用途，不再属于免征或者减征耕地占用税情形的，应当按照当地适用税额补缴耕地占用税

命题考点五　土地增值税

一、土地增值税概述（表 9-9）

表 9-9　　　　　　　　　　　　　　土地增值税概述

项目	内　　容
纳税人	凡有偿转让国有土地使用权、地上建筑物及其他附着物（简称房地产）并取得收入的单位和个人为土地增值税的纳税人。 外商投资企业和外籍人员包括在内
征税范围	包括国有土地、地上建筑物及其他附着物。不包括通过继承、赠予等方式无偿转让的房地产

续表

项目	内　　容
课税对象	有偿转让房地产所取得的土地增值额
税率	土地增值税实行4级超额累进税率： （1）增值额未超过扣除项目金额50％的部分，税率为30％； （2）增值额超过扣除项目金额50％，未超过100％的部分，税率为40％； （3）增值额超过扣除项目金额100％，未超过200％的部分，税率为50％； （4）增值额超过扣除项目金额200％以上的部分，税率为60％
扣除项目	（1）取得土地使用权时所支付的金额。 （2）土地开发成本、费用。 （3）建房及配套设施的成本、费用，或旧房及建筑物的评估价格。 （4）与转让房地产有关的税金。 （5）财政部规定的其他扣除项目

二、减免规定（表9-10）

表9-10　　　　　　　　　　　　　　　减免规定

项目	内　　容
建造普通标准 住宅出售的	对建造普通标准住宅出售的，增值额未超过扣除项目金额20％的，免征土地增值税。 对于纳税人既建普通标准住宅又搞其他房地产开发的，应分别核算增值额。不分别核算增值额或不能准确核算增值额的，其建造的普通标准住宅不能适用本免税规定
国家征收、收回的 房地产	因国家建设需要依法征收、收回的房地产免征土地增值税。 因城市实施规划、国家建设的需要而搬迁，由纳税人自行转让原房地产的，比照有关规定免征土地增值税

三、财政部、国家税务总局有关规定（表9-11）

表9-11　　　　　　　　　　财政部、国家税务总局有关规定

涉及的问题	内　　容
普通标准住宅 出售与转让的 征免税问题	"普通住宅"的认定，一律按各省、自治区、直辖市人民政府根据《国务院办公厅转发建设部等部门关于做好稳定住房价格工作意见的通知》（国办发〔2005〕26号）制定并对社会公布的"中小套型、中低价位普通住房"的标准执行。纳税人既建造普通住宅，又建造其他商品房的，应分别核算土地增值额
转让旧房准予 扣除项目的计 算问题	纳税人转让旧房及建筑物，凡不能取得评估价格，但能提供购房发票的，经当地税务部门确认为取得土地使用权所支付的金额，或新建房及配套设施的成本、费用，可按发票所载金额并从购买年度起至转让年度止每年加计5％计算扣除项目的金额。对纳税人购房时缴纳的契税，凡能提供契税完税凭证的，准予作为"与转让房地产有关的税金"予以扣除，但不作为加计5％的基数

续表

涉及的问题	内　容
土地增值税的预征和清算问题	工程项目竣工结算后，应及时进行清算，多退少补。对未按预征规定期限预缴税款的，应根据《税收征管法》及其实施细则的有关规定，从限定的缴纳税款期限届满的次日起，加收滞纳金。对已竣工验收的房地产项目，凡转让的房地产的建筑面积占整个项目可售建筑面积的比例在85％以上的，税务机关可以要求纳税人按照转让房地产的收入与扣除项目金额配比的原则，对已转让的房地产进行土地增值税的清算
配合搬迁自行转让房地产的征免税问题	《中华人民共和国土地增值税暂行条例实施细则》规定：因"城市实施规划"而搬迁，是指因旧城改造或因企业污染、扰民（指产生过量废气、废水、废渣和噪音，使城市居民生活受到一定危害），而由政府或政府有关主管部门根据已审批通过的城市规划确定进行搬迁的情况；因"国家建设的需要"而搬迁，是指因实施国务院、省级人民政府、国务院有关部委批准的建设项目而进行搬迁的情况
以房地产进行投资或联营的征免税问题	对于以土地（房地）作价入股进行投资或联营的，凡所投资、联营的企业从事房地产开发的，或者房地产开发企业以其建造的商品房进行投资和联营的，均不适用《财政部、国家税务总局关于土地增值税一些具体问题规定的通知》（财税字［1995］48号）暂免征收土地增值税的规定："对于以房地产进行投资、联营的，投资、联营的一方以土地（房地产）作价入股进行投资或作为联营条件，将房地产转让到所投资、联营的企业中时，暂免征收土地增值税。对投资、联营企业将上述房地产再转让的，应征收土地增值税"
关于个人销售住房征收土地增值税问题	《财政部、国家税务总局关于调整房地产交易环节税收政策的通知》（财税字［2008］137号）规定，自2008年11月1日起，对个人销售住房暂免征收土地增值税

命题考点六　契税

一、契税概述（表 9-12）

表 9-12　　　　　　　　　　　　　　　　契税概述

项目	内　容
纳税人	在我国境内转移土地、房屋权属，承受的单位和个人为契税的纳税人。 以下情况为转移土地、房屋权属： （1）国有土地使用权出让； （2）土地使用权转让（包括出售、赠与和交换）； （3）房屋买卖； （4）房屋赠与； （5）房屋交换（等值交换不缴纳）
课税对象	是发生产权转移的土地、房屋
税率	契税的税率为3％～5％
计税依据	（1）国有土地使用权出让、土地使用权出售、房屋买卖：以成交价格为计税依据； （2）土地使用权赠与、房屋赠与：参照土地使用权出售、房屋买卖的市场价格核定； （3）土地使用权交换、房屋交换：以交换的价格差额为计税依据（等值交换免征契税）

项目	内　　容
纳税环节和 纳税期限	纳税环节是在纳税义务发生以后，办理契证或房屋产权证之前。按规定，由承受人自转移合同签订之日起 10 日内，向土地、房屋所在地的契税征收机关办理纳税申报，并在契税征收机关核定的期限内交纳税款

二、契税的减免规定

（1）国家机关、事业单位、社会团体、军事单位承受土地、房屋用于办公、教学、医疗、科研和军事设施的，免税。

（2）城镇职工按规定第一次购买公有住房的，免税。

（3）因不可抗力灭失住房而重新购买住房的，免税。

（4）土地、房屋被县级以上人民政府征用、占用后，重新承受土地、房屋权属的，由省级人民政府决定是否减免。

（5）纳税人承受荒山、荒沟、荒滩、荒丘土地使用权用于农、林、牧、渔业生产的，免税。

（6）经外交部确认，予以免税的外国驻华使馆、领事馆、联合国驻华机构及其外交代表、领事馆员和其他外交人员承受土地、房屋权属。

（7）法定继承人（包括配偶、子女、父母、兄弟姐妹、祖父母、外祖父母）继承土地、房屋权属的，不征契税；但非法定继承人根据遗嘱承受死者生前的土地、房屋权属，属于赠予行为，应征收契税。

（8）自 2008 年 11 月 1 日起，对个人首次购买 90 m² 及以下普通住房的，契税税率暂统一下调到 1%。

命题考点七　相关税收

一、营业税、城市维护建设税和教育费附加（表 9-13）

表 9-13　　　　　营业税、城市维护建设税和教育费附加

项目		内　　容
营业税		是对提供应税劳务、转让无形资产、销售不动产（房地产）的单位和个人征收的一种税。销售房地产税率为 5%
城市维护建设税	纳税人	简称城建税，以缴纳增值税、消费税、营业税的单位和个人为纳税人。 外商投资企业和外国企业暂不缴纳城建税
	计税依据	城建税以纳税人实际缴纳的增值税、消费税、营业税额为计税依据
	税率	城建税实行地区差别税率。具体规定为：纳税人在城市市区的，税率为 7%；在县城、建制镇的，税率为 5%；不在城市市区、县城、建制镇的，税率为 1%
教育费附加		是随增值税、消费税和营业税附征并专门用于教育的一种特别目的税，税率为 3%

二、企业所得税（表9-14）

表9-14 企业所得税

项目	内 容
纳税人	在中华人民共和国境内，企业和其他取得收入的组织（以下统称企业）为企业所得税的纳税人。 个人独资企业、合伙企业不适用《企业所得税法》
税率	企业所得税的税率为25％。非居民企业在中国境内未设立机构、场所的，或者虽设立机构、场所但取得的所得与其所设机构、场所没有实际联系的，就其来源于中国境内的所得缴纳企业所得税的，适用税率为20％
应税所得额	企业每一纳税年度的收入总额，减除不征税收入、免税收入、各项扣除以及允许弥补的以前年度亏损后的余额，为应纳税所得额。 企业以货币形式和非货币形式从各种来源取得的收入，为收入总额。包括： （1）销售货物收入； （2）提供劳务收入； （3）转让财产收入； （4）股息、红利等权益性投资收益； （5）利息收入； （6）租金收入； （7）特许权使用费收入； （8）接受捐赠收入； （9）其他收入。 企业实际发生的与取得收入有关的、合理的支出，包括成本、费用、税金、损失和其他支出，准予在计算应纳税所得额时扣除
应纳税额	企业的应纳税所得额乘以适用税率，减除依照本法关于税收优惠的规定减免和抵免的税额后的余额，为应纳税额。 企业取得的下列所得已在境外缴纳的所得税额，可以从其当期应纳税额中抵免，抵免限额为该项所得依照本法规定计算的应纳税额；超过抵免限额的部分，可以在以后5个年度内，用每年度抵免限额抵免当年应抵税额后的余额进行抵补： （1）居民企业来源于中国境外的应税所得； （2）非居民企业在中国境内设立机构、场所，取得发生在中国境外但与该机构、场所有实际联系的应税所得

三、印花税（表9-15）

表9-15 印花税

项目	内 容
纳税人	纳税人为在中国境内书立、领受税法规定应税凭证的单位和个人。包括外商投资企业和外籍人员
税目	（1）各种合同及具有合同性质的各种凭证。 （2）产权转移书据（含土地使用权出让合同、土地使用权转让合同、商品房销售合同）。 （3）营业账簿。 （4）权利、许可证照。 （5）经财政部确定征税的其他凭证

续表

项目	内　容
税率	税率有：1‰、0.5‰、0.3‰、0.1‰、0.05‰，此外，许可证照、房屋产权证、工商营业执照、商标注册证、专利证、土地使用证按件贴花 5 元
暂免征收	自 2008 年 11 月 1 日起，对个人销售或购买住房暂免征收印花税

四、个人所得税（表 9-16）

表 9-16　　　　　　　　　　　个人所得税

项目	内　容
纳税人	个人所得税的纳税人为在中国境内有住所或者无住所而在境内居住满 1 年的，从中国境内和境外取得的所得的个人。在中国境内无住所又不居住或者无住所而在境内居住不满 1 年的个人，从中国境内取得的所得的，依照法律规定同样需缴纳个人所得税
税目	下列各项个人所得，应纳个人所得税： （1）工资、薪金所得； （2）个体工商户的生产、经营所得； （3）对企事业单位的承包经营、承租经营所得； （4）劳务报酬所得； （5）稿酬所得； （6）特许权使用费所得； （7）利息、股息、红利所得； （8）财产租赁所得； （9）财产转让所得； （10）偶然所得； （11）经国务院财政部门确定征税的其他所得
与房地产相关的个人所得税税率	财产转让所得，以转让财产的收入减除财产原值和合理费用后的余额，为应纳税所得额。财产租赁所得，每次收入不超过 4 000 元的，减除费用 800 元，4 000 元以上的，减除 20% 的费用，其余额为应纳税所得额。财产租赁所得，财产转让所得，适用比例税率，税率为 20%

命题考点八　关于住房税收的优惠政策

住房税收的优惠政策（表 9-17）

表 9-17　　　　　　　　　　住房税收的优惠政策

政策	内　容
个人出售、购买住房税收优惠政策	（1）个人自建自用住房销售时免征营业税；个人购买自用普通住宅，暂减半征收契税。 （2）企业、行政事业单位按房改成本价、标准价出售住房的收入，暂免征收营业税。另外，居民个人拥有的普通住宅，在转让时暂免征收土地增值税。 （3）对出售自有住房并拟在现住房出售后 1 年内按市场价重新购房的纳税人，其购房金额大于或等于原住房销售额的，免征个人所得税；购房金额小于原住房销售额的，按购房金额占原住房销售额的比例免征个人所得税。 （4）对个人转让自用达 5 年以上，并且是唯一家庭生活用房的所得，免征个人所得税

续表

政策	内　容
支持廉租住房、经济适用住房建设的税收政策	（1）对廉租住房经营管理单位按照政府规定价格、向规定保障对象出租廉租住房的租金收入，免征营业税、房产税。 （2）对廉租住房、经济适用住房建设用地以及廉租住房经营管理单位按照政府规定价格、向规定保障对象出租的廉租住房用地，免征城镇土地使用税。 （3）企事业单位、社会团体以及其他组织转让旧房作为廉租住房、经济适用住房房源且增值额未超过扣除项目金额 20％的，免征土地增值税。 （4）对廉租住房、经济适用住房经营管理单位与廉租住房、经济适用住房相关的印花税以及廉租住房承租人、经济适用住房购买人涉及的印花税予以免征。 （5）对廉租住房经营管理单位购买住房作为廉租住房、经济适用住房经营管理单位回购经济适用住房继续作为经济适用住房房源的，免征契税。 （6）对个人购买经济适用住房，在法定税率基础上减半征收契税。 （7）对个人按《廉租住房保障办法》（建设部等 9 部委令第 162 号）规定取得的廉租住房货币补贴，免征个人所得税；对于所在单位以廉租住房名义发放的不符合规定的补贴，应征收个人所得税。 （8）企事业单位、社会团体以及其他组织于 2008 年 1 月 1 日前捐赠住房作为廉租住房的，按《企业所得税暂行条例》（国务院令第 137 号）、《外商投资企业和外国企业所得税法》有关公益性捐赠政策执行；2008 年 1 月 1 日后捐赠的，按《企业所得税法》有关公益性捐赠政策执行。个人捐赠住房作为廉租住房的，捐赠额未超过其申报的应纳税所得额 30％的部分，准予从其应纳税所得额中扣除
住房租赁税收优惠政策	2008 年 3 月 1 日起，房屋租赁市场税收按以下规定执行： （1）对个人出租住房取得的所得减按 10％的税率征收个人所得税； （2）对个人出租、承租住房签订的租赁合同，免征印花税； （3）对个人出租住房，不区分用途，在 3％税率的基础上减半征收营业税，按 4％的税率征收房产税，免征城镇土地使用税； （4）对企事业单位、社会团体以及其他组织按市场价格向个人出租用于居住的住房，减按 4％的税率征收房产税

第十章　房地产违法行为和查处

命题考点一　违反房地产开发经营管理规定的查处

违反房地产开发经营管理规定的行为、查处法律依据与处罚标准（表 10-1）

表 10-1 违反房地产开发经营管理规定的行为、查处法律依据与处罚标准

表现形式	法律依据	处罚标准
未取得营业执照擅自从事房地产开发业务	《城市房地产管理法》、《城市房地产开发经营管理条例》	由县级以上人民政府工商行政管理部门责令停止房地产开发经营活动，没收违法所得，可以并处违法所得 5 倍以下的罚款
擅自转让房地产开发项目	《城市房地产开发经营管理条例》	由县级以上人民政府负责土地管理工作的部门责令停止违法行为，没收违法所得，可以并处违法所得 5 倍以下的罚款
违规预售商品房	《城市房地产管理法》、《城市房地产开发经营管理条例》	由县级以上人民政府房地产开发主管部门责令停止违法行为，没收违法所得，可以并处已收取的预付款 1% 以下的罚款
未取得资质等级证书、超越资质等级从事房地产开发经营	《城市房地产开发经营管理条例》	由县级以上人民政府房地产开发主管部门责令限期改正，处 5 万元以上 10 万元以下的罚款；逾期不改正的，由工商行政管理部门吊销营业执照
将未经验收的房屋交付使用	《城市房地产开发经营管理条例》	由县级以上人民政府房地产开发主管部门责令限期补办验收手续；逾期不补办验收手续的，由县级以上人民政府房地产开发主管部门组织有关部门和单位进行验收，并处 10 万元以上 30 万元以下的罚款。经验收不合格的，依照本条例第 37 条的规定：由县级以上人民政府房地产开发主管部门责令限期返修，并处交付使用的房屋总造价 2% 以下的罚款；情节严重的，由工商行政管理部门吊销营业执照；给购买人造成损失的，应当依法承担赔偿责任；造成重大伤亡事故或者其他严重后果，构成犯罪的，依法追究刑事责任
将验收不合格的房屋交付使用	《城市房地产开发经营管理条例》	由县级以上人民政府房地产开发主管部门责令限期返修，并处交付使用的房屋总造价 2% 以下的罚款；情节严重的，由工商行政管理部门吊销营业执照；给购买人造成损失的，应当依法承担赔偿责任；造成重大伤亡事故或者其他严重后果，构成犯罪的，依法追究刑事责任
隐瞒真实情况、弄虚作假骗取资质证书	《房地产开发企业资质管理规定》	由原资质审批部门公告资质证书作废，收回证书，并可处以 1 万元以上 3 万元以下的罚款
涂改、出租、出借、转让、出卖资质证书	《房地产开发企业资质管理规定》	由原资质审批部门公告资质证书作废，收回证书，并可处以 1 万元以上 3 万元以下的罚款

续表

表现形式	法律依据	处罚标准
企业开发建设的项目工程质量低劣，发生重大工程质量事故	《房地产开发企业资质管理规定》	由原资质审批部门降低资质等级；情节严重的吊销资质证书，并提请工商行政管理部门吊销营业执照
企业在商品住宅销售中不按照规定发放《住宅质量保证书》和《住宅使用说明书》	《房地产开发企业资质管理规定》	由原资质审批部门予以警告，责令限期改正，降低资质等级。并可处以1万元以上2万元以下的罚款
企业不按照规定办理变更手续	《房地产开发企业资质管理规定》	由原资质审批部门予以警告，责令限期改正，并可处以5 000元以上1万元以下的罚款

命题考点二　违反城市房屋拆迁管理规定的查处

违反城市房屋拆迁管理规定的行为、查处法律依据与处罚标准（表10-2）

表 10-2　　　　　违反城市房屋拆迁管理规定的行为、查处法律依据与处罚标准

表现形式	法律依据	处罚标准
无证承担委托拆迁业务的	《城市房屋拆迁单位管理规定》	房屋拆迁管理部门可以给予警告、通报批评、责令停止拆迁、没收违法所得、吊销证书、罚款等处罚
违法转让拆迁业务的	《城市房屋拆迁管理条例》	由房屋拆迁管理部门责令改正，没收违法所得，并处合同约定的拆迁服务费25%以上50%以下的罚款
伪造、涂改、转让《房屋拆迁资格证书》的	《城市房屋拆迁单位管理规定》	房屋拆迁管理部门可以给予警告、通报批评、责令停止拆迁、吊销证书、没收违法所得、罚款等处罚
未取得房屋拆迁许可证自行拆迁的	《城市房屋拆迁管理条例》	由房屋拆迁管理部门责令停止拆迁，给予警告，并处已经拆迁房屋建筑面积每平方米20元以上50元以下的罚款
以欺骗手段取得房屋拆迁许可证的	《城市房屋拆迁管理条例》	由房屋拆迁管理部门吊销拆迁许可证，并处拆迁补偿安置资金1%以上3%以下的罚款
未按房屋拆迁许可证确定的拆迁范围实施房屋拆迁、委托不具有拆迁资格的单位实施拆迁以及擅自延长拆迁期限的	《城市房屋拆迁管理条例》	由房屋拆迁管理部门责令停止拆迁，给予警告，可以并处拆迁补偿安置资金3%以下的罚款；情节严重的，吊销房屋拆迁许可证
拆迁管理部门不依法履行职责或弄虚作假、以权谋私的	《城市房屋拆迁管理条例》和《城市房屋拆迁单位管理规定》	对直接负责的主管人员和其他直接责任人员依法给予行政处分；情节严重，构成犯罪的，依法追究刑事责任

命题考点三　违反房地产交易管理规定的查处

一、违反商品房销售管理规定的行为、查处法律依据与处罚标准（表 10-3）

表 10-3　　　　违反商品房销售管理规定的行为、查处法律依据与处罚标准

表现形式	法律依据	处罚标准
开发企业未取得《商品房预售许可证》预售商品房的	《城市房地产开发经营管理条例》、《城市商品房预售管理办法》	由县级以上人民政府房地产开发主管部门责令停止违法行为，没收违法所得，可以并处已收取的预付款 1% 以下的罚款
未取得营业执照，擅自销售商品房的	《城市房地产开发经营管理条例》	由县级以上人民政府工商行政管理部门责令停止房地产开发经营活动，没收违法所得，可以并处违法所得 5 倍以下的罚款
未取得房地产开发企业资质证书，擅自销售商品房的	《商品房销售管理办法》	由县级以上房地产行政主管部门责令停止销售活动，处 5 万元以上 10 万元以下的罚款
在未解除商品房买卖合同前，将作为合同标的物的商品房再行销售给他人	《商品房销售管理办法》	处以警告，责令限期改正，并处 2 万元以上 3 万元以下的罚款；构成犯罪的，依法追究刑事责任
房地产开发企业将未组织竣工验收、验收不合格或者对不合格按合格验收的商品房擅自交付使用的	《商品房销售管理办法》、《建设工程质量管理条例》	由县级以上建设行政主管部门责令改正，处工程合同价款的 2% 以上 4% 以下的罚款；造成损失的，依法承担赔偿责任
未按规定将测绘成果或者需要由其提供的办理房屋权属登记的资料报送房地产行政主管部门的	《商品房销售管理办法》	处以警告，责令限期改正，并可处以 2 万元以上 3 万元以下的罚款
未按照规定的现售条件现售商品房的	《商品房销售管理办法》	处以警告，责令限期改正，并可处以 1 万元以上 3 万元以下的罚款
未按照规定在商品房现售前将房地产开发项目手册及符合商品房现售条件的有关证明文件报送房地产开发主管部门备案的	《商品房销售管理办法》	处以警告，责令限期改正，并可处以 1 万元以上 3 万元以下的罚款
返本销售或者变相返本销售商品房的	《商品房销售管理办法》	处以警告，责令限期改正，并可处以 1 万元以上 3 万元以下的罚款
采取售后包租或者变相售后包租方式销售未竣工商品房的	《商品房销售管理办法》	处以警告，责令限期改正，并可处以 1 万元以上 3 万元以下的罚款
分割拆零销售商品住宅的	《商品房销售管理办法》	处以警告，责令限期改正，并可处以 1 万元以上 3 万元以下的罚款

续表

表现形式	法律依据	处罚标准
不符合商品房销售条件，向买受人收取预订款性质费用的	《商品房销售管理办法》	处以警告，责令限期改正，并可处以1万元以上3万元以下的罚款
未按照规定向买受人明示《商品房销售管理办法》、《商品房买卖合同示范文本》、《城市商品房预售管理办法》的	《商品房销售管理办法》	处以警告，责令限期改正，并可处以1万元以上3万元以下的罚款
委托没有资格的机构代理销售商品房的	《商品房销售管理办法》	处以警告，责令限期改正，并可处以1万元以上3万元以下的罚款
房地产中介机构代理销售不符合销售条件的商品房的	《商品房销售管理办法》	处以警告，责令停止销售，并可处以2万元以上3万元以下罚款
开发企业不按规定使用商品房预售款项的	《城市商品房预售管理办法》	由房地产管理部门责令限期纠正，并可处以违法所得3倍以下但不超过3万元的罚款

二、违反房屋租赁管理的行为、查处法律依据与处罚标准（表10-4）

表10-4　　　　　　违反房屋租赁管理的行为、查处法律依据与处罚标准

表现形式	法律依据	处罚标准
未征得出租人同意擅自转租房屋的	《城市房屋租赁管理办法》	其租赁行为无效，由县级以上房地产管理部门没收非法所得，并可处以罚款
承租廉租住房的家庭不如实申报的	《城镇最低收入家庭廉租住房管理办法》	最低收入家庭申请廉租住房时，不如实申报家庭收入、家庭人口及住房状况的，由房地产行政主管部门取消其申请资格；已骗取廉租住房保障的，责令其退还已领取的租赁房屋补贴，或者退出廉租住房并补交市场平均租金与廉租房标准租金的差额，或者补交核减的租金，情节恶劣的，并可处以1000元以下的罚款
享受廉租住房保障的承租人将承租的廉租住房转借、转租，擅自改变房屋用途的	《城镇最低收入家庭廉租住房管理办法》	由房地产行政主管部门收回其承租的廉租住房，或者停止发放租赁补贴，或者停止租金核减
承租廉租住房的家庭，当家庭收入超过当年最低收入标准时不及时报告的	《城镇最低收入家庭廉租住房管理办法》	对家庭收入连续1年以上超出规定收入标准的，应当取消其廉租住房保障资格，停发租赁住房补贴，或者在合理期限内收回廉租住房，或者停止租金核减

命题考点四　违反房地产中介服务管理规定的查处

违反房地产中介服务管理规定的行为、查处法律依据与处罚标准（表10-5）

表 10-5　　　违反房地产中介服务管理规定的行为、查处法律依据与处罚标准

表现形式	法律依据	处罚标准
未取得营业执照擅自从事房地产中介服务业务的	《城市房地产管理法》	由县级以上人民政府工商行政管理部门责令停止房地产中介服务业务活动，没收违法所得，可以并处罚款
房地产中介服务机构代理销售不符合销售条件的商品房的	《商品房销售管理办法》	由县级以上人民政府房地产开发主管部门处以警告，责令停止销售，并可处以 2 万元以上 3 万元以下罚款
伪造、涂改、转让房地产中介服务资格证书的	《城市房地产中介服务管理规定》	由市、县人民政府房地产管理部门收回资格证书或者公告资格证书作废，并可处以 1 万元以下的罚款
房地产中介服务人员在房地产中介活动中违反禁止行为的	《城市房地产中介服务管理规定》	收回资格证书或者公告资格证书作废，并处以 1 万元以上 3 万元以下的罚款
超过营业范围从事房地产中介活动的	《城市房地产中介服务管理规定》	处以 1 万元以上 3 万元以下的罚款
隐瞒有关情况或者提供虚假材料申请房地产估价师注册的	《注册房地产估价师管理办法》	建设（房地产）主管部门不予受理或者不予行政许可，并给予警告，在 1 年内不得再次申请房地产估价师注册
聘用单位为房地产估价师注册申请人提供虚假注册材料的	《注册房地产估价师管理办法》	由省、自治区、直辖市人民政府建设（房地产）主管部门给予警告，并处以 1、万元以上 3 万元以下的罚款
以欺骗、贿赂等不正当手段取得房地产估价师注册证书的	《注册房地产估价师管理办法》	由国务院建设主管部门撤销其注册，3 年内不得再次申请注册，并由县级以上地方人民政府建设（房地产）主管部门处以罚款，其中没有违法所得的，处以 1 万元以下罚款，有违法所得的，处以违法所得 3 倍以下且不超过 3 万元的罚款；构成犯罪的，依法追究刑事责任
未经注册擅自以房地产估价师名义从事估价业务的	《注册房地产估价师管理办法》	由县级以上人民政府建设（房地产）主管部门给予警告，责令其停止违法活动，并可处以 1 万元以上 3 万元以下的罚款；造成损失的，依法承担赔偿责任
未办理房地产估价师变更注册仍执业的	《注册房地产估价师管理办法》	由县级以上地方人民政府建设（房地产）主管部门责令限期改正；逾期不改正的，可处以 5 000 元以下的罚款
以欺骗、贿赂等不正当手段取得房地产估价机构资质的	《房地产估价机构管理办法》	由资质许可机关给予警告，并处 1 万元以上 3 万元以下的罚款，申请人 3 年内不得再次申请房地产估价机构资质

续表

表现形式	法律依据	处罚标准
未取得房地产估价机构资质从事房地产估价活动或者超越资质等级承揽估价业务的	《房地产估价机构管理办法》	出具的估价报告无效，由县级以上人民政府房地产行政主管部门给予警告，责令限期改正，并处 1 万元以上 3 万元以下的罚款；造成当事人损失的，依法承担赔偿责任
房地产估价机构不及时办理资质证书变更手段的	《房地产估价机构管理办法》	逾期不办理的，可处 1 万元以下的罚款
违反规定设立分支机构、新设立的分支机构不备案的	《房地产估价机构管理办法》	由县级以上人民政府房地产行政主管部门给予警告，责令限期改正，并可处 1 万元以上 2 万元以下的罚款
违反规定承揽业务、擅自转让受托的估价业务、违反规定出具估价报告的	《房地产估价机构管理办法》	由县级上的人民政府房地产行政主管部门给予警告，责令限期改正；逾期未改正的，可处 5 000 元以上 2 万元以下的罚款；给当事人造成损失的，依法承担赔偿责任
房地产估价机构及其估价人员应当回避未回避的	《房地产估价机构管理办法》	由县级以上人民政府房地产行政主管部门给予警告，责令限期改正，并可处 1 万元以下的罚款；给当事人造成损失的、依法承担赔偿责任
注册房地产估价师或者其聘用单位未按规定提供房地产估价师信用档案信息的	《注册房地产估价师管理办法》	由县级以上地方人民政府建设（房地产）主管部门责令限期改正；逾期不改正的，可处以 1 000 元以上 1 万元以下的罚款

命题考点五 违反房地产权属登记管理规定的查处

违反房地产权属登记管理规定的行为、查处法律依据与处罚标准（表 10-6）

表 10-6 违反房地产权属登记管理规定的行为、查处法律依据与处罚标准

表现形式	法律依据	处罚标准
非法印制、伪造、变造房屋权属证书或者登记证明的	《房屋登记办法》	由房屋登记机构予以收缴；构成犯罪的，依法追究刑事责任
使用非法印制、伪造、变造的房屋权属证书或者登记证明的	《房屋登记办法》	由房屋登记机构予以收缴；构成犯罪的，依法追究刑事责任
提交错误、虚假的材料申请房屋登记的	《房屋登记办法》	给他人造成损害的，应当承担相应的法律责任
房屋登记机构及工作人员过失行为的	《房屋登记办法》	房屋登记机构及其工作人员违反本办法规定办理房屋登记，给他人造成损害的，由房屋登记机构承担相应的法律责任。房屋登记机构承担赔偿责任后，对故意或者重大过失造成登记错误的工作人员，有权追偿

续表

表现形式	法律依据	处罚标准
在房产面积测算中不执行国家标准、规范和规定的	《房产测绘管理办法》	由县级以上人民政府房地产行政主管部门给予警告并责令限期改正，并可处以1万元以上3万元以下的罚款；情节严重的，由发证机关予以降级或者取消其房产测绘资格
在房产面积测算中弄虚作假，欺骗房屋权利人的	《房产测绘管理办法》	由县级以上人民政府房地产行政主管部门给予警告并责令限期改正，并可处以1万元以上3万元以下的罚款；情节严重的，由发证机关予以降级或者取消其房产测绘资格
房产面积测算失误，造成重大损失的	《房产测绘管理办法》	由县级以上人民政府房地产行政主管部门给予警告并责令限期改正，并可处以1万元以上3万元以下的罚款；情节严重的，由发证机关予以降级或者取消其房产测绘资格

命题考点六　违反住房公积金管理规定的查处

违反住房公积金管理规定的行为、查处法律依据与处罚标准（表10-7）

表10-7　　　　　违反住房公积金管理规定的行为、查处法律依据与处罚标准

表现形式	法律依据	处罚标准
不依法办理住房公积金缴存登记或者不为本单位职工办理住房公积金账户设立手续的单位	《住房公积金管理条例》	由住房公积金管理中心责令限期办理；逾期不办理的，处1万元以上5万元以下的罚款
逾期不缴或少缴住房公积金的单位	《住房公积金管理条例》	由住房公积金管理中心责令限期缴存；逾期仍不缴存的，可以申请人民法院强制执行
住房公积金管理委员会违法审批住房公积金使用计划的	《住房公积金管理条例》	由国务院建设行政主管部门会同国务院财政部门或者由省、自治区人民政府建设行政主管部门会同同级财政部门，依据管理职权责令限期改正
对挪用住房公积金的	《住房公积金管理条例》	由国务院建设行政主管部门或者省、自治区人民政府建设行政主管部门依据管理职权，追回挪用的住房公积金，没收违法所得；对挪用或者批准挪用的住房公积金的人民政府负责人或者政府有关部门负责人以及住房公积金中心负有责任的主管人员和其他直接责任人员，依照刑法关于挪用公款罪或者其他罪的规定，依法追究刑事责任；尚不构成刑事处罚的，给予降级或者撤职的行政处分

命题考点七　违反物业管理规定的查处

违反物业管理规定的行为、查处法律依据与处罚标准（表10-8）

表10-8　违反住房公积金管理规定的行为、查处法律依据与处罚标准

表现形式	法律依据	处罚标准
住宅物业的建设单位未通过招、投标的方式选聘物业服务企业或者未经批准，擅自采用协议方式选聘物业服务企业的	《物业管理条例》	由县级以上地方人民政府房地产行政主管部门责令限期改正，给予警告，可以并处10万元以下的罚款
建设单位擅自处分属于业主的物业共用部位、共用设施设备的所有权或者使用权的	《物业管理条例》	由县级以上地方人民政府房地产行政主管部门处5万元以上20万元以下的罚款；给业主造成损失的，依法承担赔偿责任
不移交有关资料的	《物业管理条例》	由县级以上地方人民政府房地产行政主管部门责令限期改正；逾期仍不移交有关资料的，对建设单位、物业服务企业予以通报，处1万元以上10万元以下的罚款
未取得资质证书从事物业管理的	《物业管理条例》	由县级以上人民政府房地产行政主管部门没收违法所得，并处5万元以上20万元以下的罚款；给业主造成损失的，依法承担赔偿责任
物业服务企业聘用未取得物业管理职业资格证书的人员从事物业管理活动的	《物业管理条例》	由县级以上地方人民政府房地产行政主管部门责令停止违法行为，处5万元以上20万元以下的罚款；给业主造成损失的，依法承担赔偿责任
物业服务企业将一个物业管理区域内的全部物业管理一并委托给他人的	《物业管理条例》	由县级以上地方人民政府房地产行政主管部门责令限期改正，处委托合同价款30%以上50%以下的罚款；情节严重的，可由颁发资质证书的部门吊销资质证书。委托所得收益，用于物业管理区域内物业共用部位、共用设施设备的维修、养护，剩余部分按照业主大会的决定使用；给业主造成损失的，依法承担赔偿责任
挪用专项维修资金的	《物业管理条例》	由县级以上地方人民政府房地产行政主管部门追回挪用的专项维修资金，给予警告，没收违法所得，可以并处挪用数额2倍以下的罚款；物业服务企业挪用专项维修资金，情节严重的，并由颁发资质证书的部门吊销资质证书；构成犯罪的，依法追究直接负责的主管人员和其他直接责任人员的刑事责任
建设单位在物业管理区域内不按照规定配置必要的物业管理用房的	《物业管理条例》	由县级以上地方人民政府房地产行政主管部门责令限期改正，给予警告，没收违法所得，并处10万元以上50万元以下的罚款
未经业主大会同意，物业服务企业擅自改变物业管理用房的用途的	《物业管理条例》	由县级以上地方人民政府房地产行政主管部门责令限期改正，给予警告，并处1万元以上10万元以下的罚款；有收益的，所得收益用于物业管理区域内物业共用部位、共用设施设备的维修、养护，剩余部分按照业主大会的决定使用

表现形式	法律依据	处罚标准
擅自改变物业管理区域内按照规划建设的公共建筑和共用设施用途的	《物业管理条例》	由县级以上地方人民政府房地产行政主管部门责令限期改正，给予警告，并按照本条第2款的规定：个人处1000元以上1万元以下的罚款；单位处5万元以上20万元以下的罚款。所得收益，用于物业管理区域内物业共用部位、共用设施设备的维修、养护，剩余部分按照业主大会的决定使用
擅自占用、挖掘物业管理区域内道路、场地，损害业主共同利益的	《物业管理条例》	由县级以上地方人民政府房地产行政主管部门责令限期改正，给予警告，并按照本条第2款的规定：个人处1000元以上1万元以下的罚款；单位处5万元以上20万元以下的罚款。所得收益，用于物业管理区域内物业共用部位、共用设施设备的维修、养护，剩余部分按照业主大会的决定使用
擅自利用物业共用部位、共用设施设备进行经营的	《物业管理条例》	由县级以上地方人民政府房地产行政主管部门责令限期改正，给予警告，并按照本条第2款的规定：个人处1000元以上1万元以下的罚款；单位处5万元以上20万元以下的罚款。所得收益，用于物业管理区域内物业共用部位、共用设施设备的维修、养护，剩余部分按照业主大会的决定使用
业主以业主大会或者业主委员会的名义，从事违反法律、法规的活动的	《物业管理条例》	构成犯罪的，依法追究刑事责任；尚不构成犯罪的，依法给予治安管理处罚

第三部分 实战模拟试卷

实战模拟试卷（一）

一、单项选择题（共50题，每题1分。每题的备选项中只有1个最符合题意）

1. 在房地产业的行业中，（　　）主要是分析、测算和判断房地产的价值并提出相关专业意见，为土地使用权出让、转让和房地产买卖、抵押、征收征用补偿、损害赔偿、课税等提供价值参考依据。
   A. 房地产开发经营业　　　　　　　　　B. 物业管理业
   C. 房地产咨询业　　　　　　　　　　　D. 房地产估价业

2. 一级资质房地产估价机构须有（　　）名以上的专职注册房地产估价师。
   A. 15　　　　　　B. 8　　　　　　C. 5　　　　　　D. 3

3. 关于房地产估价分支机构管理的表述中，错误的是（　　）。
   A. 分支机构备案应提交的材料之一为分支机构及设立该分支机构的房地产估价机构负责人的身份证明
   B. 分支机构应当以设立该分支机构的房地产估价机构的名义出具估价报告，并加盖该房地产估价机构公章
   C. 分支机构变更名称、负责人、住所等事项或房地产估价机构撤销分支机构，无须到工商行政管理部门办理变更或者注销登记手续
   D. 省、自治区人民政府建设行政主管部门、直辖市人民政府房地产行政主管部门应当在接受备案后10日内，告知分支机构工商注册所在地的市、县人民政府房地产行政主管部门，并报国务院建设行政主管部门备案

4. 房地产普通咨询报告，每份收费300～1 000元；技术难度大、情况复杂、耗用人员和时间较多的咨询报告，可适当提高收费标准，但一般不超过咨询标的额的（　　）。
   A. 0.6%　　　　　B. 0.5%　　　　　C. 0.4%　　　　　D. 0.3%

5. 建立房地产中介服务行业信用档案的作用不包括（　　）。
   A. 为各级政府部门和社会公众监督房地产中介服务行业及执（从）业人员市场行为提供依据
   B. 为社会公众查询企业和个人信用信息提供服务
   C. 为社会公众对房地产中介服务领域违法违规行为提供投诉途径
   D. 拉动国民经济增长和保持社会稳定的客观需要

6. 房地产中介服务机构对系统管理部门转去的投诉在（　　）天内反馈意见（包括处理结果或正在处理情况）。无正当理由未按时反馈的，将在网上公示投诉情况。
   A. 5　　　　　　B. 10　　　　　　C. 15　　　　　　D. 30

7. 全民所有制土地被称为国家所有土地，由（　　）代表国家行使所有权。
   A. 国家各级人民政府

    B. 国务院

    C. 国家土地行政管理部门

    D. 国家各级人民政府土地行政管理部门

8. 经批准的农用地转用方案、补充耕地方案、征收土地方案和供地方案，由（　　）组织实施。

    A. 土地所在地省级人民政府

    B. 土地所在地市、县人民政府

    C. 国务院

    D. 土地所在地市、县人民政府土地管理部门

9. 国家收回土地使用权的原因不包括（　　）。

    A. 土地使用权届满的收回

    B. 因土地使用者无条件开发而有偿收回

    C. 国家有权提前收回土地使用权

    D. 因土地使用者不履行土地使用权出让合同而收回土地使用权

10. 关于划拨土地使用权转让的表述中，正确的是（　　）。

    A. 报有批准权的人民政府审批准予转让的，应当由出让方办理土地使用权出让手续，并依照国家有关规定缴纳土地使用权出让金

    B. 可不办理出让手续，但转让方应将所获得的收益中的土地收益上缴国家

    C. 应当由受让方办理土地使用权出让手续，但不必缴纳土地使用权出让金

    D. 可不办理出让手续，但转让方应缴纳土地使用权出让金

11. 建设工程符合城市规划要求的法律凭证是（　　）。

    A. 建设工程规划许可证　　　　　　　B. 选址意见书

    C. 建设用地规划许可证　　　　　　　D. 建筑施工许可证

12. 关于城市规划修改的表述中，错误的是（　　）。

    A. 规划经批准后，应当严格执行，不得擅自改变

    B. 城市、县、镇人民政府修改近期建设规划的，应当将修改后的近期建设规划报总体规划审批机关备案

    C. 控制性详细规划修改涉及城市总体规划、镇总体规划的强制性内容的，应当先修改详细规划

    D. 修改省域城镇体系规划、城市总体规划、镇总体规划前，组织编制机关应当对原规划的实施情况进行总结，并向原审批机关报告

13. 建设项目竣工材料不包括（　　）。

    A. 建设工程的审批文件

    B. 建设单位的有关建设合同

    C. 城市规划部门指定的图纸

    D. 建设工程竣工时的总平面图、各层平面图、立面图、剖面图、设备图、基础图

14. 关于拆迁实施的表述中，错误的是（　　）。

    A. 大多数拆迁人通过自行拆迁形式完成拆迁

    B. 房屋拆迁管理部门不得作为拆迁人，也不得接受拆迁委托

　　C. 拆迁人委托拆迁的，应当同被委托的拆迁单位订立拆迁委托合同，并出具委托书

　　D. 拆迁的实施方式有两种，即自行拆迁和委托拆迁

15. 城市房屋拆迁补偿中，货币补偿的金额，按照被拆除房屋的区位、用途、建筑面积等因素，以房地产（　　）确定。

　　A. 重置价格结合成新　　　　　　　　B. 市场评估价格

　　C. 重置价格　　　　　　　　　　　　D. 最新价格

16. 城市房屋拆迁补偿中产权调换房屋差价的结算依据是（　　）。

　　A. 被拆迁房屋的评估价与产权调换房屋的成本价的差价

　　B. 被拆迁房屋与产权调换房屋的结构差价

　　C. 被拆迁房屋与产权调换房屋的重置价格的差价

　　D. 被拆迁房屋的评估价与产权调换房屋的市场价的差价

17. 拆迁估价时点一般为（　　）之日。

　　A. 开始实施拆迁　　　　　　　　　　B. 实地现场踏勘

　　C. 房屋拆迁许可证颁发　　　　　　　D. 提出估价委托申请

18. 建设工程监理企业的资质根据其人员素质、专业技能、管理水平、资金数量及实际业绩分为（　　）。

　　A. 一级、二级　　　　　　　　　　　B. 甲级、乙级

　　C. 一级、二级、三级　　　　　　　　D. 甲级、乙级、丙级

19. 房地产开发企业应当将房地产开发项目建设过程中的主要事项记录在（　　）中，并定期送房地产开发主管部门备案。

　　A. 房地产项目记录　　　　　　　　　B. 房地产项目说明书

　　C. 房地产开发项目手册　　　　　　　D. 房地产管理手册

20. 规定商品房预售实行预售许可制度的法律是（　　）。

　　A.《城市房地产转让管理规定》　　　　B.《城市房地产管理法》

　　C.《城市商品房预售许可办法》　　　　D.《城市商品房预售管理办法》

21. 关于租赁用途的表述中，错误的是（　　）。

　　A. 承租人应当按照租赁合同规定的使用性质使用房屋，不得变更使用用途

　　B. 承租人与第三者互换房屋时，应当事先征得出租人的同意，出租人应当支持承租人的合理要求

　　C. 确需变动租赁用途的，不需要征得出租人的同意，但必须重新签订租赁合同

　　D. 承租人与第三者互换房屋后，原租赁合同即行终止，新的承租人应与出租人另行签订租赁合同

22. 对于设定房地产抵押权的土地使用权是以划拨方式取得的，依法拍卖该房地产后，（　　）。

　　A. 缴纳一半的土地使用权出让金后，抵押权人可优先受偿

　　B. 不必缴纳土地使用权出让金

　　C. 抵押权人可优先受偿，然后从拍卖所得的价款中缴纳相当于应缴纳的土地使用权出让金的款额

　　D. 应当从拍卖所得的价款中缴纳相当于应缴纳的土地使用权出让金的款额后，抵押权

人方可优先受偿

23. 《物权法》、《担保法》均规定，抵押合同一般的条款不包括（　　）。

   A. 担保的期限

   B. 被担保债权的种类和数额

   C. 抵押财产的名称、数量、质量、状况、所在地、所有权归属或者使用权归属

   D. 债务人履行债务的期限

24. 《城市房地产开发经营管理条例》规定，办理房屋所有权登记的期限届满后超过（　　）年，由于出卖人的原因，导致买受人无法办理房屋所有权登记，买受人请求解除合同和赔偿损失的，应予支持。

   A. 5　　　　　　　　　B. 3　　　　　　　　　C. 2　　　　　　　　　D. 1

25. 《房屋登记办法》规定：办理房屋登记，应当遵循房屋所有权和房屋占用范围内的土地使用权（　　）的原则。

   A. 权利主体一致　　　　　　　　　　　　　B. 属地管理

   C. 产权登记　　　　　　　　　　　　　　　D. 统一管理

26. 根据《物权法》的规定，关于不动产登记的生效时间的表述中，错误的是（　　）。

   A. 不动产物权的设立、变更、转让和消灭，依照法律规定应当登记的，自记载于不动产登记簿时发生效力

   B. 当事人之间订立有关设立、变更、转让和消灭不动产物权的合同，除法律另有规定或者合同另有约定外，自合同成立时生效；未办理物权登记的，影响合同效力

   C. 享有不动产物权的，处分该物权时，依照法律规定需要办理登记的，未经登记，不发生物权效力

   D. 因合法建造、拆除房屋等事实行为设立或者消灭物权的，自事实行为成就时发生效力

27. 《城市房地产管理法》规定：由（　　）房产管理部门核实并颁发房屋所有权证书。

   A. 县级以上人民政府　　　　　　　　　　　B. 市级以上人民政府

   C. 省级以上人民政府　　　　　　　　　　　D. 国务院

28. 在房屋登记的规定中，关于房屋预告登记的表述，错误的是（　　）。

   A. 当事人预购商品房、以预购商品房设定抵押、房屋所有权转让（抵押）或有法律、法规规定的其他可以申请房屋预告登记情形的，可以向房屋登记机构申请房屋预告登记

   B. 预告登记后，债权消灭或者自能够进行相应的房屋登记之日起3个月内，当事人申请房屋登记的，房屋登记机构应当按照预告登记事项办理相应的登记

   C. 预告登记后，未经预告登记的权利人书面同意，处分该房屋申请登记的，房屋登记机构应当不予办理

   D. 预售人和预购人订立商品房买卖合同后，预售人未按照约定与预购人申请预告登记，预购人无权单方申请预告登记

29. 下列房屋权属登记信息中，不属于限制查询信息的是（　　）。

   A. 房屋继承人、受赠人和受遗赠人可以查询与该房屋有关的原始登记凭证

   B. 公证机构、仲裁机构可以查询与公证事项、仲裁事项直接相关的原始登记凭证

C. 房屋购买人可以查询与该房屋有关的房屋坐落及房屋面积的原始登记凭证

D. 房屋权利人或者其委托人可以查询与该房屋权利有关的原始登记凭证

30. 下列物业管理工作中，**不属于**物业管理前期准备阶段工作的是( )。

A. 物业服务企业内部机构的设置与人员编制的拟定

B. 选聘物业服务企业

C. 物业管理人员的选聘和培训

D. 物业管理规章制度的制定

31. 物业管理体制的核心是( )。

A. 经济化   B. 专业化   C. 市场化   D. 社会化

32. 在物业管理中，业主具有的权利**不包括**( )。

A. 执行业主大会的决议和业主大会授权业主委员会作出的决定

B. 监督物业服务企业履行物业服务合同

C. 监督业主委员会的工作

D. 提出制定和修改管理规约、业主大会议事规则的建议

33. 关于物业使用人及其权利、义务的表述中，正确的是( )。

A. 物业使用人的基本权利、义务不受租赁合同的限制

B. 物业使用人是指拥有物业的所有权，并实际使用该物业的人

C. 物业使用人和业主在权利上的最大区别是物业使用人没有对物业的最终处置权

D. 物业使用人不是物业管理服务的对象

34. 业主大会筹备组应自组成之日起( )日内组织业主召开首次业主大会会议。

A. 5   B. 10   C. 15   D. 30

35. 根据《业主大会规程》的规定，关于管理规约的表述中，**错误**的是( )。

A. 管理规约应当对有关物业的使用、维护、管理，业主的公共利益，业主应当履行的义务，违反规约应当承担的责任等事项依法作出约定

B. 管理规约是物业管理中的一个重要的基础性文件

C. 管理规约对全体业主具有约束力

D. 管理规约是由业主经过民主协商和表决通过

36. 业主委员会应当接受( )监督管理。

A. 县级以上地方人民政府房地产行政主管部门

B. 街道办事处

C. 居民委员会

D. 业主代表

37. 以下不属于业主委员会应履行的职责是( )。

A. 代表业主与业主大会选聘的物业服务企业签订物业服务合同

B. 决定专项维修资金的使用、统筹方案，并监督实施

C. 监督管理规约的实施

D. 召集业主大会会议，报告物业管理的实施情况

38. 物业管理招标方式中，公开招标的特点**不包括**( )。

A. 时间长、资金成本高   B. 比较有利于避免各种关系的影响

C. 暗箱操作的可能性有时比较大   D. 招标方有较大的选择范围

39. 通常，实行政府指导价的物业，其物业服务收费实行( )。

   A. 审批制   B. 包干制   C. 酬金制   D. 薪金制

40. 住房公积金管理的决策机构是( )。

   A. 住房公积金管理中心

   B. 国务院和各省（区）建设行政主管部门

   C. 中国人民银行

   D. 住房公积金管理委员会

41. 以下不属于住房公积金的提取和使用原则的是( )。

   A. 经济适用的原则   B. 安全运作的原则

   C. 严格时限的效率原则   D. 定向使用的原则

42. 个人住房公积金存款利率中，职工当年缴存的住房公积金按结息日挂牌公告的活期存款利率计息；上年结转的按结息日挂牌公告的( )个月整存整取存款利率计息。

   A. 1   B. 2   C. 3   D. 4

43. 将税种分为流转税、收益税、财产税、资源税和行为目的税，是依据( )不同划分的。

   A. 税率   B. 课税对象性质

   C. 课税主体   D. 课税特点

44. 房产税的纳税期限为( )。

   A. 按年计征，分期缴纳   B. 按月计征，一次缴纳

   C. 按年计征，一次缴纳   D. 按月计征，分期缴纳

45. 中等城市土地使用税为每平方米的年幅度税额( )。

   A. 1.5～30 元   B. 1.2～24 元   C. 0.9～18 元   D. 0.6～12 元

46. 《财政部、国家税务总局关于调整房地产交易环节税收政策的通知》规定，自 2008 年11 月 1 日起，对个人销售住房暂免征收( )。

   A. 土地增值税   B. 耕地占用税

   C. 契税   D. 房产税

47. 国有土地使用权出让、土地使用权出售、房屋买卖，以( )为契税计税依据。

   A. 成交价格   B. 市场价格

   C. 评估价格   D. 交换的价格差额

48. 根据《房地产开发企业资质管理规定》，隐瞒真实情况、弄虚作假骗取资质证书的，由原资质审批部门公告资质证书作废，收回证书，并可处以( )的罚款。

   A. 1 万元以上 2 万元以下   B. 1 万元以上 3 万元以下

   C. 2 万元以上 5 万元以下   D. 3 万元以上 5 万元以下

49. 根据《城市房屋拆迁管理条例》的规定，对违法转让拆迁业务的，由房屋拆迁管理部门( )。

   A. 责令停止拆迁，给予警告，并处已经拆迁房屋建筑面积每平方米 20 元以上 50 元以下的罚款

   B. 可以给予警告、通报批评、责令停止拆迁、没收违法所得、吊销证书、罚款等处罚

C. 吊销拆迁许可证，并处拆迁补偿安置资金1%以上3%以下的罚款

D. 责令改正，没收违法所得，并处合同约定的拆迁服务费25%以上50%以下的罚款

50. 根据《城市房地产开发经营管理条例》的规定，由县级以上人民政府工商行政管理部门责令停止房地产开发经营活动，没收违法所得，可以并处违法所得5倍以下罚款的违法行为是（　　）。

A. 未取得房地产开发企业资质证书，擅自销售商品房的

B. 开发企业未取得《商品房预售许可证》预售商品房的

C. 未取得营业执照，擅自销售商品房的

D. 未按照规定的现售条件现售商品房的

二、多项选择题（共30题，每题2分。每题的备选项中有2个或2个以上符合题意，错选不得分；少选且选择正确的，每个选项得0.5分）

51. 房地产服务业主要包括（　　）。

A. 房地产估价　　　　　　　　　　B. 房地产咨询

C. 房地产经纪　　　　　　　　　　D. 物业管理

E. 房地产开发

52. 房地产中介服务的主要特征有（　　）。

A. 人员特定　　　　　　　　　　　B. 无偿服务

C. 委托服务　　　　　　　　　　　D. 自主服务

E. 服务有偿

53. 申请核定房地产估价机构资质等级，应当如实向资质许可机关提交的材料有（　　）。

A. 营业执照正本复印件（加盖申报机构公章）

B. 随机抽查的在申请核定资质等级之日前1年内申报机构所完成的1份房地产估价报告复印件（一式两份，加盖申报机构公章）

C. 专职注册房地产估价师证明

D. 房地产估价机构资质等级申请表（一式两份，加盖申报机构公章）

E. 法定代表人或者执行合伙人的任职文件复印件（加盖申报机构公章）

54. 房地产经纪人协理应当具备的职业技术能力有（　　）。

A. 了解房地产的法律、法规及有关行业管理的规定

B. 具有一定的房地产经济理论和相关经济理论水平，并具有丰富的房地产专业知识

C. 具有一定的房地产专业知识

D. 熟悉房地产市场的流通环节，具有熟练的实务操作的技术和技能

E. 掌握一定的房地产流通的程序和实务操作技术及技能

55. 在征收土地时，土地管理部门和用地单位必须严格遵守的原则有（　　）。

A. 珍惜耕地，合理利用土地的原则

B. 保证国家建设用地的原则

C. 无偿使用土地的原则

D. 依法征地的原则

E. 妥善安置被征地单位和农民的原则

56. 经出让取得土地使用权的单位和个人，在土地使用期限内，对土地拥有（　　）。

    A. 收益权   B. 所有权   C. 占有权   D. 使用权

    E. 处分权

57. 关于国有土地的租赁表述中，正确的有（   ）。

    A. 对于目前大量存在的行政划拨土地而言，实行国有土地租赁是解决划拨土地从无偿使用过渡到有偿使用的一种有效方式

    B. 国有土地租赁可以采用招标、拍卖或者双方协议的方式

    C. 租赁期限3个月以上的国有土地租赁，应当由市、县土地行政主管部门与土地使用者签订租赁合同。土地租赁合同可以转让

    D. 承租人将承租土地转租或分租给第三人的，承租土地使用权仍由原承租人持有

    E. 承租土地使用权期满，承租人不可再申请续期

58. 注册结构工程师的执业范围包括（   ）。

    A. 建筑设计技术咨询

    B. 结构工程设计技术咨询

    C. 对本人主持设计的项目进行施工指导和监督

    D. 结构工程设计

    E. 建筑物、构筑物、工程设施等调查和鉴定

59. 房屋拆迁管理部门收到拆迁申请和规定提交的文件后，应对申请内容进行审查，并对拆迁范围进行现场勘察。其审查内容主要有（   ）。

    A. 拆迁范围内的房屋产权是否明确或有争议

    B. 对被拆迁人的补偿安置是否符合政策规定，补偿安置方案是否可行，拆迁期限是否合理

    C. 建设项目是否在经济上、技术方面可行

    D. 拆迁范围内是否有受保护不允许拆除的建筑

    E. 申请人提供的文件是否齐全、有效

60. 房屋拆迁补偿方式主要有（   ）。

    A. 房屋产权调换   B. 房屋作价入股

    C. 货币补偿   D. 生活补偿

    E. 实物补偿

61. 《城市房地产开发经营管理条例》规定，土地使用权出让或划拨前，县级以上地方人民政府城市规划行政主管部门和房地产开发主管部门应当对（   ）事项提出书面意见，作为土地使用权出让或划拨的依据之一。

    A. 基础设施和公共设施的建设要求

    B. 基础设施建成后的产权界定

    C. 房地产开发项目资本金

    D. 房地产开发项目的性质、规模和开发期限

    E. 城市规划设计的条件

62. 从价值量的角度分类，房地产转让可分为有偿和无偿两种方式，其有偿转让主要包括（   ）。

    A. 房地产入股   B. 房地产赠与

C. 房地产继承　　　　　　　　　　　D. 房地产买卖

E. 房地产抵债

63. 商品房买卖合同应包括的主要内容有（　　　）。

A. 工程施工合同及关于施工进度的说明

B. 办理产权登记有关事宜

C. 公共配套建筑的产权归属

D. 当事人名称或姓名和住所

E. 商品房的销售方式

64. 根据《商品房销售管理办法》的规定，商品房销售可以按（　　　）计价。

A. 使用面积　　　　　　　　　　　　B. 建筑面积

C. 套　　　　　　　　　　　　　　　D. 套内建筑面积

E. 单元

65. 《城市房屋租赁管理办法》对租赁合同的内容做了进一步的规定，规定租赁合同应当具备的条款有（　　　）。

A. 转租的约定　　　　　　　　　　　B. 租赁房屋的权属

C. 租金及交付方式　　　　　　　　　D. 租赁用途

E. 当事人姓名或者名称及住所

66. 租赁合同的终止中，自然终止主要包括（　　　）。

A. 因不可抗力致使合同不能继续履行的

B. 租赁合同到期，合同自行终止，承租人需继续租用的，应在租赁期限届满前3个月提出，并经出租人同意，重新签订租赁合同

C. 承租人利用承租的房屋从事非法活动的

D. 将承租的房屋擅自拆改结构或改变承租房屋使用用途的

E. 符合法律规定或合同约定可以解除合同条款的

67. 房屋登记机构应当实地对拟登记的房屋进行实地查看的有（　　　）。

A. 因房屋灭失导致的房屋所有权注销登记

B. 法律、法规规定的应当实地查看的其他房屋登记

C. 房屋所有权初始登记

D. 房屋所有权注销登记

E. 在建工程抵押登记

68. 以下说法中，符合房改售房登记发证规定的是（　　　）。

A. 职工以标准价购买住房，拥有全部产权

B. 以成本价或标准价购买的住房，产权来源为"房改售房"

C. 数人出资购房并要求核发房屋共有权证明，经登记核实后，分别给权利人核发《房屋所有权证》，并注明"共有"字样

D. 对于集资建房、合作建房、单位补贴房、解困房等，原则上应以建房时所订立的协议（或合同）中所规定的产权划分条款为准

E. 职工以成本价购买的住房，产权归个人所有

69. 物业管理的基本特性有（　　　）。

A. 现代化   B. 社会化   C. 市场化   D. 经济化

E. 专业化

70. 物业管理启动阶段的主要工作有( )。

    A. 物业管理规章制度的制定

    B. 用户入住

    C. 首次业主大会的召开和业主委员会的正式成立

    D. 物业的接管验收

    E. 档案资料的建立

71. 具体地说,在物业管理中,业主的义务主要有( )。

    A. 执行业主大会的决议和业主大会授权业主作出的决定

    B. 按照国家有关规定缴纳专项维修资金

    C. 按时缴纳物业服务费用

    D. 监督物业服务企业履行物业服务合同

    E. 遵守管理规约、业主大会议事规则

72. 物业管理的委托方主要有( )。

    A. 业主大会   B. 房地产开发企业

    C. 街道办事处   D. 公房出售单位

    E. 房地产行政主管部门

73. 物业管理经费的来源主要有( )。

    A. 定期收取物业服务费

    B. 政府多方面的扶持

    C. 社会基金募捐

    D. 物业服务企业开展多种经营的收入和利润

    E. 物业共用部位、共用设施设备维修资金

74. 住房公积金财务管理的基本原则是( )。

    A. 建立健全内部财务制度,做好财务管理基础工作

    B. 降低运作风险,保证住房公积金保值增值,确保住房公积金所有者的合法权益不受
       侵犯;厉行节约,制止奢侈浪费

    C. 严格执行住房公积金管理委员会批准的住房公积金归集、使用计划

    D. 严格执行财政部门批准的管理费用预算,控制管理费用支出,努力降低住房公积金
       运作成本

    E. 执行国家有关法律、法规、规章和财政、财务制度

75. 住宅公用部分、公用设备设施维修基金可用于修缮( )。

    A. 承重墙体   B. 楼板   C. 楼梯间   D. 屋顶

    E. 自用阳台

76. 税收所具有的特征主要有( )。

    A. 强制性   B. 合理性   C. 固定性   D. 无偿性

    E. 有偿性

77. 以下属于免征耕地占用税的情形有( )。

    A. 军事设施占用耕地   B. 学校占用耕地

    C. 养老院、医院占用耕地   D. 幼儿园占用耕地

    E. 铁路线路、公路线路占用耕地

78. 印花税的税率有( )。

    A. 1‰   B. 0.5‰   C. 0.3‰   D. 0.05‰

    E. 0.8‰

79. 根据《城市房地产开发经营管理条例》的规定,将验收不合格的房屋交付使用的,下列对其处罚标准表述正确的有( )。

    A. 由县级以上人民政府房地产开发主管部门责令限期返修,并处交付使用的房屋总造价5%以下的罚款

    B. 情节严重的,由工商行政管理部门吊销营业执照

    C. 给购买人造成损失的,应当依法承担赔偿责任

    D. 造成重大伤亡事故或者其他严重后果,构成犯罪的,依法追究刑事责任

    E. 由县级以上人民政府房地产开发主管部门责令限期返修,并处交付使用的房屋总造价2%以下的罚款

80. 根据《商品房销售管理办法》的规定,处罚的标准是处以警告,责令限期改正,并可处以1万元以上3万元以下的罚款的房地产违法行为有( )。

    A. 采取售后包租或者变相售后包租方式销售未竣工商品房的

    B. 房地产中介机构代理销售不符合销售条件的商品房的

    C. 开发企业不按规定使用商品房预售款项的

    D. 返本销售或者变相返本销售商品房的

    E. 未按照规定在商品房现售前将房地产开发项目手册及符合商品房现售条件的有关证明文件报送房地产开发主管部门备案的

三、综合分析题(共20题,每题2分。由单项选择题或多项选择题组成。错选不得分,少选且选择正确的,每个选项得0.5分)

(一)

    A公司负责城市市区危改地块甲的土地一级开发工作,A公司委托B公司承担拆迁业务。土地一级开发后收归市土地储备中心所有,并以住宅用地性质进行国有土地使用权拍卖。该地块的使用权由C公司竞买得到,半年后,C公司将该地块转让给D公司,D公司欲在该地块开发商业地产项目,而不建设住宅。

81. 实施房屋拆迁时,拆迁必须在( )规定的拆迁范围和拆迁期限内进行。

    A. 建设工程规划许可证   B. 建设用地规划许可证

    C. 房屋拆迁许可证   D. 建筑工程施工许可证

82. 《城镇国有土地使用权出让和转让暂行条例》规定,居住用地出让的最高年限为( )年。

    A. 40   B. 50   C. 60   D. 70

83. D公司欲改变土地使用性质,须办理的手续和程序为( )。

    A. 取得土地出让方和市、县人民政府城市规划行政主管部门的同意

    B. 签订土地使用权出让合同变更协议或者重新签订土地使用权出让合同

    C. 将该地块重新进行拍卖

D. 调整土地使用权出让金

84. 对以欺骗手段取得房屋拆迁许可证的，根据《城市房屋拆迁管理条例》的规定，由房屋拆迁管理部门吊销房屋拆迁许可证，并处拆迁补偿安置资金（　　）的罚款。

A. 1%以上3%以下   B. 2%以上3%以下

C. 1%以上4%以下   D. 2%以上4%以下

85. C公司在将该地块使用权转让给D公司的过程中应缴纳（　　）。

A. 印花税   B. 土地增值税   C. 耕地占用税   D. 契税

（二）

李某与某房地产开发公司于2008年5月4日签订了《某市商品房预售合同》，合同载明了李某所购住房的价格为2 400元/m²，面积为100 m²。2008年10月11日，该房屋通过竣工验收。该开发公司于2008年12月18日将李某所购商品住房交付其使用。李某拿到《房屋所有权证》时，发现载明的面积为96 m²。2009年11月，李某又发现屋面有渗漏现象，随即向小区物业管理反映情况。

86. 《商品房预售合同》应由（　　）向政府管理部门登记备案。

A. 李某与该房地产开发公司   B. 李某

C. 委托房地产经纪公司   D. 该房地产开发公司

87. 《商品房预售合同》应向（　　）登记备案。

A. 土地管理部门   B. 房产管理部门

C. 建设管理部门   D. 县以上人民政府

88. 由于李某所购商品住房的面积产生误差，他可以（　　）。

A. 有权退房

B. 要求双倍返还房屋总价款

C. 要求双倍返还房屋面积差额部分价款

D. 要求支付房屋价款差额的利息

89. 开发公司应返还李某（　　）元。

A. 9 600   B. 7 200   C. 12 000   D. 19 200

90. 2009年11月，李某的屋面防水问题应由（　　）履行保修义务。

A. 开发公司   B. 施工单位

C. 物业管理公司   D. 李某自己

（三）

A房地产公司（以下简称A公司）申请征用B乡基本农田以外的耕地50 hm²，建高层住宅小区。支付征用耕地的外偿费用共计4 500万元。开发建设过程中，A公司将此项目整体转给C公司，C公司通过市场分析后，拟将其中5 hm²土地建商业用房，此项目调整方案经规划部门批准。在建设过程中，C公司将该项目抵押给D银行取得建设贷款。C公司经批准预售该住宅。

91. A公司支付的征用耕地的补偿费用包括（　　）。

A. 土地补偿费   B. 安置补助费

C. 土地管理费   D. 地上附着物和青苗补偿费

92. 下列征用集体土地工作程序的表述中，不正确的是（　　）。
    A. 建设单位持经批准的设计任务书初步设计等资料向土地所在地的县级以上人民政府土地管理部门申请
    B. 县级以上人民政府土地行政管理部门受理申请用地后，30日内审查完毕直接报上一级土地管理部门审查
    C. 经批准的建设用地，由被征用土地所在地的市县人民政府组织实施
    D. 征地公告应包括农业人口安置办法的内容

93. A公司转让该项目给C公司需（　　）手续。
    A. 到房屋权属登记机关办理转移登记
    B. 经有批准权的人民政府批准
    C. 办理土地使用权变更登记
    D. 到房地产开发主管部门办理备案

94. C公司要改建商业用房应办理的手续有（　　）。
    A. 向土地管理部门提出改变土地使用性质的申请
    B. 向规划管理部门提出改变土地使用性质的申请
    C. 报原批准用地的人民政府批准
    D. 签订土地使用权转让合同

95. D银行对在建工程项目享有（　　）。
    A. 所有权　　　　　　B. 用益权　　　　　　C. 担保物权　　　　　　D. 债权

（四）

2009年5月，乙房地产开发公司在城市市区取得某地块的土地使用权，王某是该地块的被拆迁人之一。拆迁工作完成后，乙房地产开发公司在该地块上开发建设一商品住宅小区。外地人刘某因工作需要购买了该住宅小区一套住房。

96. 乙房地产开发公司在拆迁时，应向公证机关办理证据保全的被拆迁房屋为（　　）。
    A. 产权不明确的房屋　　　　　　　　　B. 代管房屋
    C. 公益事业房屋　　　　　　　　　　　D. 产权有纠纷正在诉讼的房屋

97. 乙房地产开发公司在拆迁时，与被拆迁人王某达成补偿安置协议后，王某反悔不愿搬迁，下列做法正确的为（　　）。
    A. 乙房地产开发公司应当向拆迁主管部门申请行政裁决
    B. 乙房地产开发公司应当通过司法渠道来解决
    C. 如乙房地产开发公司向人民法院提起民事诉讼，诉讼期间，乙房地产开发公司可以申请人民法院先予执行
    D. 若双方达成仲裁协议，仲裁实行"一裁终局制"

98. 乙房地产开发公司欲将在建工程向银行抵押贷款，该公司章程无相关规定的，需经（　　）同意。
    A. 董事会或股东大会　　　　　　　　　B. 全体股东
    C. 董事长　　　　　　　　　　　　　　D. 总经理

99. 乙房地产开发公司在销售给刘某住房时，应缴纳（　　）。
    A. 房产税　　　　　　B. 契税　　　　　　C. 耕地占用税　　　　　　D. 营业税

100. 乙房地产开发公司与刘某签订的商品房买卖合同的部分内容约定不明确，下列表述中正确的为（　　）。

A. 双方可以签订补充协议

B. 合同未明确房屋交付时间，刘某可以要求在工程竣工验收合格后即刻交付

C. 合同未约定刘某支付房款地点的，在乙房地产开发公司所在地支付

D. 合同未明确房屋质量标准的，按乙房地产开发公司提出的标准执行

实战模拟试卷（一）参考答案

一、单项选择题

1. D	2. A	3. C	4. B	5. D
6. C	7. A	8. D	9. B	10. B
11. A	12. C	13. B	14. A	15. B
16. D	17. C	18. D	19. C	20. D
21. C	22. D	23. A	24. D	25. A
26. B	27. A	28. D	29. C	30. B
31. C	32. A	33. C	34. D	35. D
36. A	37. B	38. C	39. B	40. D
41. A	42. C	43. B	44. A	45. B
46. A	47. A	48. B	49. D	50. C

二、多项选择题

51. ABCD	52. ACE	53. CDE	54. ACE	55. ABDE
56. ACDE	57. ABD	58. BCDE	59. ABDE	60. AC
61. ABDE	62. ADE	63. BCDE	64. BCDE	65. ACDE
66. ABE	67. ABCE	68. BCDE	69. BCE	70. BCDE
71. ABCE	72. ABD	73. ABDE	74. ABE	75. ABCD
76. ACD	77. ABCD	78. ABCD	79. BCDE	80. ADE

三、综合分析题

81. C	82. D	83. ABD	84. A	85. ABD
86. D	87. B	88. AD	89. C	90. A
91. ABD	92. ACD	93. CD	94. ABC	95. C
96. B	97. BCD	98. A	99. BD	100. ABC

实战模拟试卷（二）

一、单项选择题（共 50 题，每题 1 分。每题的备选项中只有 1 个最符合题意）

1. 《城市房地产管理法》规定，房地产交易不包括（　　）。
   A. 房地产转让　　　　　　　　　　B. 房屋租赁
   C. 房地产评估　　　　　　　　　　D. 房地产抵押

2. 房地产估价机构按照专业人员状况、经营业绩和注册资本等条件，资质等级分为（　　）。
   A. 一级、二级、三级　　　　　　　B. 甲、乙、丙级
   C. 一级、二级、三级、四级　　　　D. 甲、乙、丙、丁级

3. 以房产为主的房地产估价收费标准中，房地产价格总额为 5 001 以上至 8 000 万元时，其累进计费率为（　　）。
   A. 5‰　　　　　　B. 2.5‰　　　　　　C. 1.5‰　　　　　　D. 0.4‰

4. 凡已经取得房地产估价师执业资格的可免试的科目是（　　）。
   A. 《房地产经纪实务》　　　　　　B. 《房地产基本制度与政策》
   C. 《房地产经纪概论》　　　　　　D. 《房地产经纪相关知识》

5. 房地产经纪人协理资格证书在（　　）有效。
   A. 在房地产中介公司　　　　　　　B. 在房地产估价机构
   C. 在所在行政区域内　　　　　　　D. 在全国范围内

6. 房地产企业不良行为记录以企业自报为主，房地产企业应在受到行政处罚后（　　）天内将有关信息直接报送系统管理部门；也可通过各级建设（房地产）行政主管部门、房地产中介行业自律组织将行政处罚意见和其他不良行为记录提交系统管理部门。
   A. 3　　　　　　　　B. 5　　　　　　　　C. 10　　　　　　　　D. 15

7. 全民所有制企业、城镇集体所有制企业同农村集体经济组织共同投资兴办的联营企业所使用的集体土地，由（　　）向县级以上人民政府土地管理部门提出用地申请，按照国家建设用地的批准权限，经有批准权的人民政府批准。
   A. 全民所有制企业　　　　　　　　B. 农村集体经济组织
   C. 城镇集体所有制企业　　　　　　D. 联营企业

8. 建设项目施工和地质勘察需要临时使用国有土地或者农民集体所有的土地的，报（　　）批准。
   A. 县级以上人民政府土地行政主管部门
   B. 县级以上人民政府
   C. 市级以上人民政府土地行政主管部门
   D. 国务院

9. 某项目建设总投资 4 000 万元，土地价款 1 500 万元，其中 500 万土地使用权出让金，超过约定动工开发日期 1 年未动工开发，则可征收土地闲置费最高为（　　）万元。
   A. 80　　　　　　　　B. 100　　　　　　　　C. 200　　　　　　　　D. 400

10. 关于国家无偿收回划拨土地使用权原因的表述中，错误的是( )。

    A. 不按批准用途使用土地的

    B. 国家根据城市建设发展的需要和城市规划的要求收回土地使用权的

    C. 土地使用者自动放弃土地使用权的

    D. 未经原批准机关同意，连续 3 年未使用的

11. 关于城乡规划的表述中，错误的是( )。

    A. 是各级政府统筹安排城乡发展建设空间布局、保护生态和自然环境、合理利用自然资源、维护社会公正与公平的重要依据

    B. 是按照法定程序编制和批准的，以图纸和文本为表现形式

    C. 是实现城市经济和社会发展目标的重要手段

    D. 城乡规划不需要经过法定程序审批确立，就具有法规效力

12. 负责对城乡规划编制、审批、实施、修改的监督检查的部门是( )。

    A. 县级以上人民政府及其城乡规划主管部门

    B. 市级以上人民政府及其城乡规划主管部门

    C. 省级人民政府及其城乡规划主管部门

    D. 国务院有关城乡规划主管部门

13. 关于建设工程勘察设计的监督管理的说法中，错误的是( )。

    A. 施工图设计文件未经审查合格的，不得使用

    B. 建设工程勘察、设计单位在建设工程勘察、设计资质证书规定的业务范围内不允许跨部门、跨地区承揽勘察、设计业务

    C. 县级以上地方人民政府建设行政主管部门对本行政区域内的建设工程勘察、设计活动实施监督管理

    D. 国务院住房和城乡建设行政主管部门对全国的建设工程勘察、设计活动实施统一监督管理

14. 城市房屋拆迁估价一般采用的方法是( )。

    A. 假设开发法   B. 收益还原法

    C. 市场比较法   D. 成本评估法

15. 建设单位申请领取建筑工程施工许可证，应当具备的条件不包括( )。

    A. 在城市规划区的建筑工程，已经取得建设工程规划许可证

    B. 施工场地已经基本具备施工条件，需要拆迁的，其拆迁进度符合施工要求

    C. 有满足施工需要的施工图纸及技术资料，施工图设计文件正在审查中

    D. 按照规定应该委托监理的工程已委托监理

16. 工程竣工的验收工作，由( )负责组织实施。

    A. 建设单位   B. 施工单位

    C. 监理单位   D. 设计单位

17. 建设单位应当在工程竣工验收( )个工作日前将验收的时间地点及验收组名单书面通知负责监督该工程的工程质量监督机构。

    A. 3   B. 5   C. 7   D. 10

18. 注册建造师不得具有的行为不包括( )。

    A. 在执业过程中，索贿、受贿或者谋取合同约定费用外的其他利益

    B. 超出执业范围和聘用单位业务范围内从事执业活动

    C. 允许他人以自己的名义从事执业活动

    D. 在两个或者两个以上单位受聘或者执业

19. 关于房地产开发企业资质等级的表述中，错误的是（　　）。

    A. 一级资质的房地产开发企业承担房地产项目建设规模不受限制，可以在全国范围承揽房地产开发项目

    B. 二级及二级以下资质的房地产开发企业只能承担建设面积 50 万 m² 以下的开发建设项目

    C. 二级及二级以下资质的房地产开发企业承担业务的具体范围由省、自治区、直辖市人民政府建设主管部门确定，不得超越资质范围承担开发项目

    D. 房地产开发企业资质按照企业条件为一、二、三、四等四个资质等级

20. 根据《城市房地产转让管理规定》，下列关于房地产转让程序的表述中，错误的是（　　）。

    A. 房地产管理部门核实申报的成交价格，并根据需要对转让的房地产进行现场查勘和评估

    B. 房地产转让当事人按照规定缴纳有关税费

    C. 房地产管理部门对提供的有关文件进行审查，并在 15 日内作出是否受理申请的书面答复，15 日内未做书面答复的，视为同意受理

    D. 房地产转让当事人在房地产转让合同签订后 90 日内持房地产权属证书、当事人的合法证明、转让合同等有关文件向房地产所在地的房地产管理部门提出申请，并申报成交价格

21. 根据《经济适用住房管理办法》的规定，经济适用住房购房人拥有有限产权。购买经济适用住房不满（　　）年，不得直接上市交易，购房人因特殊原因确需转让经济适用住房的，由政府按照原价格并考虑折旧和物价水平等因素进行回购。

    A. 2   B. 3   C. 5   D. 7

22. 根据《城市房地产管理法》的规定，商品房预售应当符合的条件不包括（　　）。

    A. 按提供预售的商品房计算，投入开发建设的资金达到工程建设总投资的 25% 以上，并已经确定施工进度和竣工交付日期

    B. 持有建设工程规划许可证

    C. 已通过竣工验收

    D. 已交付全部土地使用权出让金，取得土地使用权证书

23. 房地产抵押的主要类型中，（　　）是指为担保债务的履行，债务人或者第三人对一定期间内将要连续发生的债权用房地产提供担保的行为。

    A. 最高额抵押   B. 在建工程抵押

    C. 预购商品房贷款抵押   D. 一般房地产抵押

24. 根据登记的（　　）的不同，各国房地产登记制度分为契据登记制和产权登记制两大类型。

    A. 时间和内容   B. 内容和方式

C. 地点和方式   D. 时间和方式

25. 根据《物权法》的规定，关于不动产登记原则的叙述中，错误的是（   ）。

    A. 统一登记的范围、登记机构和登记办法，由法律、行政法规规定

    B. 不动产登记费按照不动产的面积、体积或者价款的比例收取，不得按件收取

    C. 不动产登记，由不动产所在地的登记机构办理

    D. 国家对不动产实行统一登记制度

26. 房屋所有登记是指房屋登记机构根据申请人的申请，将房屋所有权或所有权变动等事项，在登记簿上予以记载的行为。其房屋所有权登记不包括（   ）。

    A. 房屋所有权初始登记   B. 房屋所有权转移登记

    C. 房屋所有权注销登记   D. 房屋所有权查封登记

27. 刘某继承了一套未进行权属登记的房屋，此时他首先应办理房屋（   ）。

    A. 变更登记   B. 总登记   C. 转移登记   D. 初始登记

28. 在办理房屋登记时，要经过受理、申请、审核、发证、记载于登记簿等程序。其顺序正确的是（   ）。

    A. 申请—受理—审核—记载于登记簿—发证

    B. 申请—审核—受理—记载于登记簿—发证

    C. 申请—受理—记载于登记簿—审核—发证

    D. 申请—审核—记载于登记簿—受理—发证

29. 下列房屋登记中，按对应性质房屋登记收费标准的一半收取房屋登记费的是（   ）。

    A. 房屋查封登记   B. 经济适用住房登记

    C. 房屋注销登记   D. 因登记机关错误造成的更正登记

30. 物业管理服务的基本内容按（   ）划分，可分为常规性的公共服务、针对性的专项服务和委托性的特约服务三大类。

    A. 服务的性质和提供的时间   B. 服务的内容和提供的方式

    C. 服务的性质和提供的方式   D. 提供的时间和服务的内容

31. 下列物业管理的工作中，不属于物业管理启动阶段工作的是（   ）。

    A. 物业的接管验收   B. 用户（业主）入住

    C. 档案资料的建立   D. 系统的协调

32. 物业管理实施原则是（   ）。

    A. 业主的自我约束、自我管理

    B. 业主的自我约束

    C. 业主的自我约束、自我管理与物业服务企业统一专业化管理相结合

    D. 物业服务企业统一专业化管理

33. 资质审批部门应当自受理企业申请之日起（   ）个工作日内，对符合相应资质等级条件的企业核发资质证书。

    A. 5   B. 15   C. 20   D. 30

34. 以下不属于物业服务企业义务的是（   ）。

    A. 选聘专业公司承担专项经营服务管理业务

    B. 定期公布物业管理服务费用和代管基金收支账目，接受质询和审计

    C. 接受有关行政主管部门的监督管理

    D. 接受业主委员会和业主及使用人的监督

35. 物业管理区域内物业管理的最高权力机构，同时也是物业管理决策机构的是（   ）。

    A. 业主委员会

    B. 街道办事处

    C. 区、县人民政府房地产行政主管部门

    D. 业主大会

36. 经（   ）以上的业主提议或发生重大事故或者紧急事件需要及时处理的以及业主大会议事规则或者管理规约规定的其他情况时，业主委员会应当组织召开业主大会临时会议。

    A. 10%   B. 20%   C. 30%   D. 40%

37. 在物业管理的招标方式中，对物业服务合同到期后原物业服务企业的再次聘用通常采用的方式是（   ）。

    A. 公开招标   B. 邀请招标

    C. 直接签订合同   D. 议标

38. 《物业服务合同》是（   ）与物业服务企业签订的。

    A. 街道办事处   B. 业主委员会代表全体业主

    C. 房地产行政主管部门   D. 房地产开发企业或公房出售单位

39. 物业服务收费应当遵循（   ）的原则。

    A. 公平、公正、公开

    B. 平等自愿

    C. 独立、客观、公正

    D. 合理、公开以及费用与服务水平相适应

40. 住房公积金归（   ）所有。

    A. 国家   B. 职工个人

    C. 职工个人或职工所在单位   D. 职工所在单位

41. 关于住房公积金缴存基数的表述中，正确的是（   ）。

    A. 缴存基数是职工本人上一年度月平均工资，共有4个部分组成：计时工资、计件工资、奖金、津贴和补贴

    B. 缴存基数不得高于职工工作所在设区城市统计部门公布的上一年度职工月平均工资的2倍

    C. 具体标准统一确定

    D. 职工单位对职工缴存住房公积金的工资基数每年核定一次

42. 我国的住房公积金制度实行（   ）的利率政策，最大限度支持职工贷款购房。

    A. 低存低贷   B. 高存高贷

    C. 高存低贷   D. 低存高贷

43. 税收制度构成要素中，（   ）是确定征税范围的主要界限，也是区别不同税种的主要标志。

    A. 纳税人   B. 课税对象   C. 税率   D. 加成和减免

44. 某市房产税减除幅度为20%，某企业拥有一房产原值3 600万元，净值为2 600万元，

则当年征收房产税为(　　)万元。

    A. 21.36　　　　　　　B. 34.56　　　　　　　C. 37.36　　　　　　　D. 48.6

45. 关于耕地占用税的表述中，错误的是(　　)。

    A. 耕地占用税以纳税人实际占用耕地面积为计税依据，按照规定的适用税额分阶段计算征收

    B. 军事设施占用耕地属于免征耕地占用税范围

    C. 课税对象即占用耕地建房或从事非农业建设的行为

    D. 凡占用耕地建房或从事其他非农业建设的单位和个人，都是耕地占用税的纳税人

46. 土地增值税的扣除项目不包括(　　)。

    A. 土地开发成本、费用　　　　　　　　　　B. 取得土地使用权时所支付的金额

    C. 与转让房地产有关的税金　　　　　　　　D. 契税

47. 土地增值税增值额超过扣除项目金额200%以上的部分，税率为(　　)。

    A. 60%　　　　　　　B. 50%　　　　　　　C. 40%　　　　　　　D. 30%

48. 根据《城市房地产管理法》和《城市房地产开发经营管理条例》的规定，未取得营业执照擅自从事房地产开发业务的，由县级以上人民政府工商行政管理部门责令停止房地产开发经营活动，没收违法所得，可以并处违法所得(　　)倍以下的罚款。

    A. 2　　　　　　　　　B. 3　　　　　　　　　C. 5　　　　　　　　　D. 8

49. 根据《城市房地产开发经营管理条例》的规定，未取得资质等级证书、超越资质等级从事房地产开发经营的，由县级以上人民政府房地产开发主管部门(　　)。

    A. 责令停止房地产开发经营活动，没收违法所得，可以并处违法所得5倍以下的罚款

    B. 责令停止违法行为，没收违法所得，可以并处违法所得5倍以下的罚款

    C. 责令停止违法行为，没收违法所得，可以并处已收取的预付款1%以下的罚款

    D. 责令限期改正，处5万元以上10万元以下的罚款

50. 根据《商品房销售管理办法》的规定，未取得房地产开发企业资质证书，擅自销售商品房的，由县级以上房地产行政主管部门责令停止销售活动，处(　　)的罚款。

    A. 2万元以上3万元以下　　　　　　　　　　B. 1万元以上5万元以下

    C. 3万元以上5万元以下　　　　　　　　　　D. 5万元以上10万元以下

二、多项选择题（共30题，每题2分。每题的备选项中有2个或2个以上符合题意，错选不得分；少选且选择正确的，每个选项得0.5分）

51. 房地产业具有的作用有(　　)。

    A. 可以增加政府财政收入

    B. 可以改善人民的住房条件和生活环境

    C. 不利于优化产业结构，改善投资硬环境，吸引外资，加快改革开放的步伐

    D. 可以为国民经济的发展提供重要的物质条件

    E. 对建筑、建材、化工、轻工、电器等相关产业的发展起不到带动作用

52. 在房地产法律体系中，属于行政规章的是(　　)。

    A.《民法通则》　　　　　　　　　　　　　　B.《商品房销售管理办法》

    C.《城市房地产中介服务管理规定》　　　　　D.《房地产估价机构管理办法》

    E.《城市房地产转让管理规定》

53. 经注册的房地产经纪人有( )情况之一的,由原注册机构注销注册。
    A. 不具有完全民事行为能力
    B. 受刑事处罚
    C. 脱离房地产经纪工作岗位连续1年(含1年)以上
    D. 同时在两个及以上房地产经纪机构进行房地产经纪活动
    E. 严重违反职业道德和经纪行业管理规定

54. 按照建设部《关于建立房地产企业及执(从)业人员信用档案系统的通知》的规定,房地产信用档案的建立范围是( )等专业人员,统称"执(从)业人员"。
    A. 房地产估价师   B. 物业管理企业
    C. 房地产开发企业   D. 房地产监督机构
    E. 房地产经纪人、房地产经纪人协理

55. 征收土地由用地单位支付( )等费用。
    A. 地上附着物和青苗的补偿费   B. 安置补助费
    C. 教育附加费   D. 土地补偿费
    E. 生活补助费

56. 建设单位提出用地申请时,应当填写《建设用地申请表》,所附材料包括( )。
    A. 项目建议书批复文件
    B. 建设项目总平面布置图
    C. 土地行政主管部门出具的建设项目用地预审报告
    D. 建设单位有关资质证明
    E. 项目可行性研究报告批复或者其他有关批准文件

57. 关于《城镇国有土地使用权出让和转让暂行条例》规定的各类用途的国有土地使用权出让最高年限的表述,正确的有( )。
    A. 居住用地70年   B. 综合或其他用地50年
    C. 商业、旅游、娱乐用地40年   D. 工业用地70年
    E. 教育、科技、文化卫生、体育用地70年

58. 《城市房屋拆迁管理条例》规定申请领取房屋拆迁许可证的,应当向房屋所在地的市、县人民政府房屋拆迁管理部门提交的资料包括( )。
    A. 建设项目批准文件   B. 建设用地规划许可证
    C. 国有土地使用权批准文件   D. 拆迁计划和拆迁方案
    E. 建设项目选址意见书

59. 房屋拆迁管理部门在发放《房屋拆迁许可证》时,应当依照《城市房屋拆迁管理条例》的规定向被拆迁人发出房屋拆迁公告。公告要明确( )等。
    A. 拆迁范围   B. 被拆迁人
    C. 拆迁期限   D. 建设项目
    E. 拆迁人

60. 关于城市房屋拆迁估价争议处置的表述中,正确的有( )。
    A. 拆迁人或被拆迁人对估价报告有疑问的,可以向估价机构咨询
    B. 估价专家委员会应当自收到申请之日起15日内,对申请鉴定的估价报告的估价依

据、估价技术路线、估价方法选用、参数选取、估价结果确定方式等估价技术问题出具书面鉴定意见

C. 拆迁当事人另行委托估价机构评估的，受托估价机构应当在 10 日内出具估价报告

D. 拆迁当事人向原估价机构申请复核估价的，该估价机构应当自收到书面复核估价申请之日起 5 日内给予答复

E. 拆迁当事人对估价结果有异议的，自收到估价报告之日起 10 日内，可以向原估价机构书面申请复核估价，也可以另行委托估价机构评估

61. 新设立的房地产开发企业，应当自领取营业执照之日起 30 日内，持（　　）文件到登记机关所在地的房地产开发主管部门备案。

A. 营业执照原件

B. 企业章程

C. 企业法定代表人的身份证明

D. 专业技术人员的资格证书和聘用合同

E. 验资证明

62. 根据《城市房地产管理法》的规定，房地产交易包括（　　）。

A. 房地产赠与　　　　　　　　　　B. 房地产继承

C. 房地产租赁　　　　　　　　　　D. 房地产转让

E. 房地产抵押

63. 商品房销售中应当禁止的行为包括（　　）。

A. 采用变相反本销售方式销售

B. 未解除商品房买卖合同，又将房屋卖给别人

C. 将住宅整体销售

D. 采用反本销售方式销售

E. 将住宅销售给共同购买人

64. 房地产开发企业发布预售商品房广告，不得涉及的内容有（　　）。

A. 装饰装修内容　　　　　　　　　B. 物业管理内容

C. 对购房投资回报的承诺　　　　　D. 办理户口、就业的承诺

E. 贷款服务

65. 房屋租赁政策在一些单行法规及地方性法规中有许多规定，在不与《城市房地产管理法》相抵触及新的法规尚未出台之前，这些政策仍将成为房屋租赁的重要依据，主要有（　　）。

A. 租赁期限内，房屋所有权人转让房屋所有权，原租赁协议终止

B. 租赁期限内，房屋所有权人转让房屋所有权，承租人有优先购买权

C. 承租人在租赁期内死亡，租赁房屋的共有居住人要求维持原租赁关系的，出租人应当继续履行原租赁合同

D. 共有房屋出租时，在同等条件下，其他共有人有优先承租权

E. 租赁期限内，房屋所有权人转让房屋所有权，原租赁协议继续履行

66. 凡经房地产登记机构登记，权利人在房地产方面的权利有（　　），受到国家法律的保护。

A. 地役权   B. 土地使用权

C. 房屋所有权   D. 土地所有权

E. 房地产租赁和抵押权

67. 申请土地注销登记的情形有( )。

A. 国有建设用地使用权转让   B. 依法征收的农民集体土地的

C. 因处分抵押财产而取得土地使用权   D. 依法收回的国有土地的

E. 因自然灾害等原因造成土地权利消灭的

68. 在房屋权属登记信息查询中，对查询人的要求有( )。

A. 及时提供查询   B. 按规定提交查询资料

C. 建立房屋权属登记信息查询制度   D. 更新查询信息

E. 按规定缴纳查询费用

69. 以下关于物业管理的主要法规政策的说法中，正确的有( )。

A. 《城市住宅小区物业管理服务收费暂行办法》进一步规范了物业服务的收费行为，保障了业主和物业服务企业的合法权益

B. 《物业服务定价成本监审办法（试行）的通知》进一步提高了政府制定物业服务收费的科学性，为合理核定物业服务定价成本提供了相应依据

C. 《住宅专项维修资金管理办法》对商品住房及公有住房出售后的共用部位、共用设施设备维修资金的交存、管理、使用等内容作了全面、详细的规定

D. 制定《物业管理条例》的目的是规范物业管理活动，维护业主和物业服务企业的合法权益，改善人民群众的生活和工作环境

E. 《业主大会规程》的目的在于规范业主大会的活动，维护业主的合法权益

70. 新设立的物业服务企业应当自领取营业执照之日起 30 日内，持( )文件向工商注册所在地县（市）人民政府房地产行政主管部门申报临时资质。

A. 企业法定代表人的身份证明

B. 企业章程

C. 物业服务合同复印件

D. 营业执照

E. 物业管理专业人员的职业资格证书和劳动合同，管理和技术人员的职称证书和劳动合同

71. 业主大会应履行的职责主要有( )。

A. 选举、更换业主委员会委员，监督业主委员会的工作

B. 召集业主大会会议，报告物业管理的实施情况

C. 监督管理规约的实施

D. 决定专项维修资金的使用、统筹方案，并监督实施

E. 制定、修改管理规约和业主大会议事规则

72. 物业服务费的定价形式主要有( )。

A. 政府指导价   B. 市场调节价

C. 物业管理企业定价   D. 业主定价

E. 根据相关情况定价

73. 以下关于缴存住房公积金对象的表述中，正确的有（   ）。
    A. 国家机关可以缴存住房公积金
    B. 城镇个体工商户不可以申请缴存住房公积金
    C. 民办非企业单位职工不可缴存住房公积金
    D. 自由职业人员可申请缴存住房公积金
    E. 有条件的地方，城镇单位聘用进城务工人员，单位和职工可缴存住房公积金

74. 房产税的课税对象是房产，包括（   ）。
    A. 建制镇的房产   B. 城市的房产
    C. 农村的房产   D. 县城的房产
    E. 工矿区的房产

75. 我国现行的税率形式有（   ）。
    A. 累进税率   B. 比例税率
    C. 累进定额税率   D. 定额税率
    E. 递减税率

76. 属于城镇土地使用税政策性免税的土地有（   ）。
    A. 宗教寺庙、公园、名胜古迹自用的土地
    B. 由国家财政部门拨付事业经费的单位自用的土地
    C. 房产管理部门在房租调整改革前经租的居民住房用地
    D. 民政部门举办的安置残疾人员占一定比例的福利工厂用地
    E. 国家机关、人民团体、军队自用的土地

77. 关于契税的表述中，正确的有（   ）。
    A. 土地使用权赠与、房屋赠与，参照土地使用权出售、房屋买卖的市场价格核定
    B. 契税的课税对象是发生产权转移的土地、房屋
    C. 纳税环节是在纳税义务发生以前，办理契证或房屋产权证之后
    D. 契税的税率为1%～3%
    E. 在我国境内转移土地、房屋权属，承受的单位和个人为契税的纳税人

78. 教育费附加是随（   ）附证并专门用于教育的一种特别目的税。
    A. 所得税   B. 营业税
    C. 城市维护建设税   D. 消费税
    E. 增值税

79. 根据《商品房销售管理办法》的规定，房地产中介机构代理销售不符合销售条件的商品房的，其处罚标准有（   ）。
    A. 处以2万元以上3万元以下罚款   B. 处以1万元以上3万元以下的罚款
    C. 责令限期改正   D. 处以警告
    E. 责令停止销售

80. 根据《商品房销售管理办法》，未按照规定在商品房现售前将房地产开发项目手册及符合商品房现售条件的有关证明文件报送房地产开发主管部门备案的，处罚的标准有（   ）。
    A. 处以2万元以上3万元以下的罚款   B. 处以1万元以上3万元以下的罚款

C. 责令限期改正   D. 通报批评

E. 处以警告

三、综合分析题（共 20 题，每题 2 分。由单项选择题或多项选择题组成。错选不得分，少选且选择正确的，每个选项得 0.5 分）

（一）

A 房地产开发企业（以下简称 A 公司）有一房地产开发项目，该项目由商品住宅和商业营业用房两部分组成，商业营业用房已竣工，住宅已作为在建工程设定抵押。B 房地产中介机构独家代理销售该项目。

81. 在代理过程中，B 房地产中介机构针对 A 公司目前资金紧张、销售状况不理想的现状，作了如下项目策划，其中违反国家有关规定的有（   ）。

     A. 将部分住宅项目转让

     B. 对商业营业用房实行返本销售

     C. 对商业营业用房向买受人按合同标的额的 25% 收取定金

     D. 以职工购房名义申请个人住房贷款，借款资金由 A 公司支配使用，并按期替借款人还款

82. B 房地产中介机构与 A 公司在协商签订房地产委托代理合同时，对代理费收取有下列设想，其中正确的有（   ）。

     A. 向 A 公司收取代理费

     B. 向 A 公司、买受人各收取一半代理费

     C. 免收 A 公司代理费，向买受人收取手续费

     D. A 公司确定销售基价，超出销售基价部分归 B 房地产中介机构

83. A 公司办理商品房预售许可证须提交的资料包括（   ）。

     A. 土地使用权证书及建设工程规划许可证

     B. 商品房预售方案

     C. 投入资金达到工程建设总投资 25% 以上的证明

     D. 商品房销售委托书

84. 销售商品住宅时，A 公司应当（   ）。

     A. 偿还贷款，解除在建工程抵押关系

     B. 经抵押权人同意

     C. 经房地产权属登记机关同意

     D. 通知抵押权人，并告知买受人销售的商品房已设定抵押

85. B 房地产中介机构销售商品房时，应当向买受人出示（   ）。

     A. 商品房预售方案   B. 土地使用权出让合同

     C. 商品房预售许可证   D. 商品房销售委托书

86. B 房地产中介机构在发布房地产广告时，作出以下承诺，不正确的有（   ）。

     A. 提供代办权证服务   B. 保证有升值或投资回报

     C. 提供贷款服务   D. 为入住者办理户口、升学等事项

（二）

2009 年国家加强了对土地市场的治理整顿，国务院要求在 8 月 31 日前清理协议出让土

地历史遗留项目。某开发商于 2007 年 6 月取得一块城市规划区内的国有土地使用权,土地使用权出让合同约定 2007 年 10 月动工,但至 2009 年 8 月 31 日前一直未动工。

87. 开发商未按约定动工期限开发土地,根据国家有关法规可作以下处理( )。

    A. 无偿收回土地使用权

    B. 强制收回土地使用权,但给予适当补偿

    C. 可以征收相当于土地使用权出让金 20% 以下的土地闲置费

    D. 延长开发建设期限,但最长不得超过两年

88. 开发商拟转让该地块土地使用权,受让方欲改变原出让合同约定的土地用途,下列表述正确的有( )。

    A. 必须得到出让方和规划行政主管部门的同意

    B. 必须签订土地使用权出让合同变更协议或重新签订土地使用权出让合同

    C. 转让方应当将所获得收益中的土地收益上缴国家

    D. 相应调整土地使用权出让金

89. 如对该地块上的房屋进行拆迁,下列表述中不正确的有( )。

    A. 开发商必须申请办理房屋拆迁许可证

    B. 必须委托专业拆迁单位实施拆迁

    C. 开发商必须与被拆迁人签订房屋拆迁协议后,方可拆迁

    D. 必须经拆迁行政裁决后,才能进入强制拆迁程序

90. 对房地产开发项目,一般由获得土地使用权的开发企业委托规划设计单位进行( )。

    A. 控制性详细规划   B. 修建性详细规划

    C. 房屋结构设计   D. 建筑设计

(三)

赵某想回乡下安享晚年,将其在某市市区一处居住了几十年的合法房产赠与郝某。在办理了有关手续后,郝某搬进该房屋居住。后来郝某将该房屋抵押给丙银行,得到贷款 50 万元,半年后又将该房屋抵押给丁银行,得到贷款 20 万元。在抵押期间,未经丙、丁银行同意,郝某便将该房屋出租给王某,但将抵押事实书面告知了王某。郝某到期无力归还贷款,但与王某的租赁合同还未到期。

91. 赵某赠与郝某房产应当自事实发生之日起( )日内申请办理登记。

    A. 30   B. 60   C. 90   D. 120

92. 针对郝某获赠赵某房产这一行为,当事人应缴纳( )。

    A. 房产税   B. 契税   C. 城镇土地使用税   D. 耕地占用税

93. 下列关于郝某抵押房屋的表述中,正确的为( )。

    A. 应签订书面抵押合同,并办理抵押登记

    B. 郝某和丙、丁银行应在抵押合同签订之日后的 30 日内办理房地产抵押登记

    C. 不管是否办理了抵押登记,丙银行对抵押房屋都具有优先受偿权

    D. 其抵押合同自签订之日起生效

94. 下列关于郝某将抵押后的房屋出租的表述中,正确的为( )。

    A. 在未征得丙、丁银行同意的情况下,郝某不能将已抵押的房屋出租

B. 在抵押权实现后，郝某与王某的租赁合同对受让人无约束力

C. 在抵押权实现后，王某如有损失，郝某应赔偿

D. 丙、丁银行有权要求郝某让王某搬出，但应赔偿王某损失

95. 郝某到期无力归还贷款，则丙、丁银行有权（　　）。

A. 占用抵押物

B. 扣押抵押物

C. 与郝某协议折价或以郝某抵押房产拍卖、变卖抵偿贷款

D. 要求处分郝某抵押的房产

（四）

张某在某小区有一房产，经具有一级资质的 A 房地产估价机构（以下简称 A 机构）估价为 100 万元。后张某将其转让给董某，得房价款 60 万元。几年后，该小区被政府划入拆迁范围，由 B 房地产开发公司（以下简称 B 公司）进行住宅开发。开发完成后，B 公司将住宅的销售委托给 C 房地产经纪公司（以下简称 C 公司）。

96. A 机构具备一级房地产估价机构资质的条件为（　　）等。

A. 单位名称有"房地产估价"或"房地产评估"字样

B. 从事房地产估价活动连续 8 年以上，取得房地产估价机构二级资质 2 年以上

C. 专职注册房地产估价师的股份或者出资额合计不低于 60%

D. 有固定的经营服务场所

97. 张某与董某在办理转移登记时，应提交（　　）等文件。

A. 房地产权属证书　　　　　　　　B. 转让合同

C. 房地产估价报告　　　　　　　　D. 双方的身份证明

98. 在向房地产管理部门申报价格时，房地产管理部门认为其成交价格明显低于市场价格，便通知交易双方按其确认的评估价格 100 万元缴纳税费，张某与董某不服，要求重新评估。下列表述中，正确的为（　　）。

A. 若重新评估的结果为 100 万元左右，则重新评估的费用由张某与董某支付

B. 若重新评估的结果为 60 万元左右，则重新评估的费用由房地产管理部门支付

C. 若重新评估的结果为 100 万元左右，则张某与董某应到相关部门将合同中的成交价格改为重新评估的价格

D. 若董某与张某对重新评估的价格仍有异议，可以向人民法院提起诉讼

99. 若董某同 B 公司未达成拆迁补偿安置协议，可以向（　　）申请裁决。

A. 房屋拆迁管理部门　　　　　　　B. 县级以上人民政府

C. 人民法院　　　　　　　　　　　D. 仲裁机构

100. C 公司代理销售商品住宅，则下列表述中，正确的为（　　）。

A. B、C 公司必须签订书面委托合同

B. C 公司应向购买人出示商品房的有关证明文件和商品房销售委托书

C. C 公司可以适当收取佣金以外的其他费用

D. 商品房销售合同以 C 公司的名义与购房者签订

实战模拟试卷（二）参考答案

一、单项选择题

1. C	2. A	3. D	4. B	5. C
6. C	7. D	8. A	9. B	10. D
11. D	12. A	13. B	14. C	15. C
16. A	17. C	18. D	19. B	20. C
21. C	22. C	23. A	24. B	25. B
26. D	27. C	28. A	29. B	30. C
31. D	32. C	33. C	34. A	35. D
36. B	37. D	38. B	39. D	40. B
41. D	42. A	43. B	44. B	45. A
46. D	47. A	48. C	49. D	50. D

二、多项选择题

51. ABD	52. BCDE	53. ABDE	54. ABCE	55. ABDE
56. BCDE	57. ABC	58. ABCD	59. ACDE	60. ACD
61. BCDE	62. CDE	63. ABD	64. BE	65. BCDE
66. ABCE	67. BDE	68. BE	69. BCDE	70. ABDE
71. ADE	72. AB	73. ADE	74. ABDE	75. ABD
76. ABE	77. ABE	78. BDE	79. ADE	80. BCE

三、综合分析题

81. BCD	82. A	83. ABC	84. ABD	85. CD
86. BD	87. C	88. ABD	89. B	90. BCD
91. C	92. B	93. AD	94. A	95. C
96. AD	97. ABD	98. C	99. B	100. AB

实战模拟试卷（三）

一、单项选择题（共 50 题，每题 1 分。每题的备选项中只有 1 个最符合题意）

1. 在房地产法的调整对象中，（　　）与其他几种关系不同，具有的典型特征是其主体法律地位的不平等。
   A. 房地产开发关系
   B. 房地产交易关系
   C. 物业管理关系
   D. 房地产行政管理关系

2. 新成立的房地产估价机构的资质等级按照（　　）等级核定，并设 1 年暂定期。
   A. 最高
   B. 因情况而定
   C. 最低
   D. 中等

3. 房地产估价采用（　　）计收费用。
   A. 差额定率分档累进
   B. 全额定率分档累进
   C. 全额定率累进
   D. 差额定率累进

4. 房地产中介服务行业信用档案按照（　　）的原则进行，逐步实现房地产中介服务行业信用档案系统覆盖全行业的目标。
   A. 分区规划、总体建设、总体实施、信息共享
   B. 分区规划、分级建设、分步实施、信息共享
   C. 统一规划、总体建设、总体实施、信息共享
   D. 统一规划、分级建设、分步实施、信息共享

5. 房地产经纪管理的主要措施不包括（　　）。
   A. 全面推行房地产经纪机构备案公示制度
   B. 建立健全房地产经纪信息公开制度
   C. 严格实施房地产经纪人员职业资格制度
   D. 建立商品房交易结算资金管理制度

6. 建设用地单位支付的各种劳动力的就业补助和应发的各种补偿及其他费用，应按有关规定管理和使用。其中用于土地开发和农业发展费用的是（　　）。
   A. 征地管理费用
   B. 耕地占用税
   C. 土地复垦费
   D. 菜田基金

7. 某建设项目征收乙农村集体经济组织耕地 900 亩，该集体村民 3 000 人，土地 2 500 亩，耕地前 3 年每亩产值分别为 1 100 元、1 000 元、1 200 元，则每一个需要安置的农业人口的安置补助费最高不得超过（　　）元。
   A. 1 800
   B. 13 750
   C. 13 125
   D. 53 272

8. 关于临时用地的表述中，正确的是（　　）。
   A. 临时用地上可以修建永久性建筑物
   B. 临时用地不需要签订土地使用合同
   C. 临时用地的期限一般不超过 2 年
   D. 临时用地的用地不受约束

9. 国有建设用地使用权出让方式中，适用于需要优化土地布局、重大工程的较大地块的出让的方式是（　　）。

    A. 招标方式
                 B. 拍卖方式

    C. 协议方式
                 D. 挂牌方式

10. 下列土地中，不属于闲置土地的是（　　）。

    A. 已投资额占总投资额不足 25% 且未经批准中止开发建设连续满 1 年的

    B. 已动工开发建设但开发建设的面积占应动工开发建设总面积不足 1/3

    C. 未经开发的土地

    D. 土地使用者依法取得土地使用权后，未经原批准用地的人民政府同意，超过规定的期限未动工开发建设的建设用地

11. 关于无偿收回土地使用权的表述中，正确的是（　　）。

    A. 在城市规划区范围内，以出让等有偿使用方式取得土地使用权进行房地产开发的闲置土地，满 1 年未动工开发时，可以无偿收回土地使用权

    B. 依照规定收回国有土地使用权的，由省级人民政府土地行政主管部门报经原批准用地的人民政府批准后予以公告

    C. 因不可抗力或者政府、政府有关部门的行为或者动工开发必需的前期工作造成动工开发迟延的除外

    D. 已经办理审批手续的非农业建设占用耕地，连续 1 年未使用的，经原批准机关批准，由县级以上人民政府无偿收回土地使用者的土地使用权

12. 《城市房屋拆迁管理条例》的调整对象是在（　　）上实施房屋拆迁，并需要对被拆迁人补偿、安置的活动。

    A. 国有土地
                 B. 城市国有土地

    C. 城市规划区内国有土地
        D. 城市规划区内土地

13. 特殊情况的拆迁补偿、安置中，对于拆除未到期限的临时建筑，应当按使用期限的（　　）参考剩余年限给予适当补偿。

    A. 市场价值
                 B. 成本价值

    C. 残存价值
                 D. 重置价值

14. 建筑工程施工许可管理的范围表述中，正确的是（　　）。

    A. 工程投资额在 20 万元以下或者建筑面积在 300 m² 以下的建筑工程，可以不申请办理施工许可证

    B. 必须申请领取施工许可证的建筑工程未取得施工许可证的，一律不得开工

    C. 按照国务院规定的权限和程序批准开工报告的建筑工程，必须再领取施工许可证

    D. 在中国境内从事各类房屋建筑的施工，建设单位在开工前应当向工程所在地的市级以上人民政府建设行政主管部门申请领取施工许可证

15. 发证机关在收到建设单位报送的《建筑工程施工许可证申请表》和所附证明文件后，对于符合条件的，应当自收到申请之日起（　　）日内颁发施工许可证。

    A. 5
          B. 10
          C. 15
          D. 30

16. 关于房屋建筑工程质量保修责任的表述中，错误的是（　　）。

    A. 房屋建筑工程在保修期限内出现质量缺陷，建设单位或者房屋建筑所有人应当向施

　　工单位发出保修通知

　　B. 保修完后，由建设单位或者房屋建筑所有人组织验收

　　C. 施工单位不按工程质量保修书约定保修的，建设单位可以另行委托其他单位保修，由原施工单位承担相应责任

　　D. 保修费用由原施工单位承担

17. 房屋建筑工程保修期从（　　）之日起计算。

　　A. 房屋交付使用　　　　　　　　　　　　B. 工程完工

　　C. 工程竣工　　　　　　　　　　　　　　D. 工程竣工验收合格

18. 工程建设监理的基本工作"两管"是指监理活动中的（　　）。

　　A. 合同管理和质量管理　　　　　　　　　B. 质量管理和进度管理

　　C. 合同管理和信息管理　　　　　　　　　D. 信息管理和进度管理

19. 项目投资资本金以工业产权、非专利技术作价出资的比例不得超过投资项目资本金总额的（　　），国家对采用高新技术成果有特别规定的除外。

　　A. 10%　　　　　　B. 20%　　　　　　C. 30%　　　　　　D. 40%

20. 根据《房地产广告发布暂行规定》，下列表述中错误的是（　　）。

　　A. 房地产广告中涉及面积的，必须是使用面积

　　B. 房地产广告中涉及贷款服务的，应当载明提供贷款的银行名称及贷款额度、年期

　　C. 房地产广告中不得利用其他项目的形象、环境作为本项目的效果

　　D. 房地产广告中涉及的交通、商业、文化教育设施及其他市政条件等，如在规划或者建设中，应当在广告中注明

21. 商品房销售计价方式不包括（　　）。

　　A. 按套内建筑面积计价　　　　　　　　　B. 按套（单元）计价

　　C. 按分摊面积比例计价　　　　　　　　　D. 建筑面积计价

22. 关于房地产抵押合同的表述中，错误的是（　　）。

　　A. 主债权债务合同无效，担保合同无效，但法律另有规定的除外

　　B. 抵押权人需在房地产抵押后限制抵押人出租、出借或者改变抵押物用途的，无须在合同中约定

　　C. 《城市房地产管理法》、《物权法》等法律均规定房地产抵押合同必须采用书面形式

　　D. 担保合同被确认无效后，债务人、担保人、债权人有过错的，应当根据其过错各自承担相应的民事责任

23. 以（　　）的房地产抵押的，必须经董事会或者股东大会通过，但企业章程另有约定的除外。

　　A. 集体所有制企业

　　B. 中外合资企业、合作经营企业和外商独资企业

　　C. 享受国家优惠政策购买

　　D. 股份有限公司、有限责任公司

24. 关于房屋租金的表述中，错误的是（　　）。

　　A. 房屋租金是承租人为取得一定期限内房屋的使用权而付给房屋所有权人的经济补偿

　　B. 房屋租金可分为成本租金、商品租金、市场租金

C. 市场租金是在商品租金的基础上,根据供求关系而形成的

D. 商品租金是由市场租金加上保险费、地租和利润等八项因素构成的

25. 产权登记制的理论基础是( ),这一理论认为当事人订立的有关房地产权利的转移或他项权利的设定合同的效力只是一种债的效力。

    A. 对抗要件主义   B. 成立要件主义

    C. 非成立要件主义   D. 非对抗要件主义

26. 根据《物权法》的规定,关于不动产登记载体的表述中,错误的是( )。

    A. 不动产权属证书,即不动产的所有权证、使用权证等,是登记机构颁发给权利人作为其享有权利的证明,是不动产登记簿所记载内容的外在表现形式

    B. 不动产权属证书记载的事项,应当与不动产登记簿一致

    C. 如记载不一致的,除有证据证明不动产权属证书确有错误外,以不动产权属证书为准

    D. 不动产登记簿是法律规定的不动产物权登记机构管理的、不动产物权登记档案,是物权归属和内容的根据

27. 为了保全一项请求而进行的不动产登记是( ),该项请求权所要达到的目的是在将来发生不动产物权变动。

    A. 预告登记   B. 更正登记

    C. 正式登记   D. 异议登记

28. 房屋登记规定中,关于房屋更正登记和异议登记的表述,正确的是( )。

    A. 房屋登记簿记载无误的,可以更正,但有限制更正的条件,并书面通知申请人

    B. 利害关系人认为房屋登记簿记载的事项错误,而权利人不同意更正的,利害关系人可以申请异议登记

    C. 需要更正房屋权属证书内容的,无需书面通知权利人换领房屋权属证书

    D. 房屋登记机构发现房屋登记簿的记载错误,涉及房屋权利归属和内容的,应当书面通知有关权利人在规定期限内办理更正登记

29. 物业管理定义的表明内容不包括( )。

    A. 物业管理是由业主通过选聘物业服务企业的方式来实现的

    B. 物业管理的内容是对物业进行维修、养护、管理,对相关区域内的环境卫生和秩序进行维护

    C. 物业管理活动的依据是物业服务合同

    D. 物业管理的目的是保证和发挥物业的使用功能,使其保值增值

30. 物业管理的基本特性中,物业管理的最主要的特点是( )。

    A. 社会化   B. 市场化   C. 专业化   D. 经济化

31. 2004年1月,中国物业管理协会印发了《普通住宅小区物业管理服务等级标准》(试行)通知,其目的是( )。

    A. 规范物业管理活动,维护业主和物业服务企业的合法权益,改善人民群众的生活和工作环境

    B. 对商品住房及公有住房出售后的共用部位,共用设施设备维修资金的交存、管理、使用等内容作了全面、详细的规定

C. 规范物业管理市场秩序，推动物业管理市场竞争

D. 在于提高物业管理服务水平，督促物业服务企业提供质价相符的服务，引导业主正确评判物业服务企业服务质量，树立等价有偿的消费观念，促进物业管理规范发展

32. 二级物业管理企业的资质证书的办法与管理归( )负责。

A. 省、自治区人民政府建设主管部门、直辖市人民政府房地产主管部门

B. 国务院建设主管部门

C. 设区的市的人民政府房地产主管部门

D. 县级人民政府房地产主管部门

33. 物业服务企业的权利不包括( )。

A. 制止违反物业管理制度的行为

B. 定期公布物业管理服务费用和代管基金收支账目，接受质询和审计

C. 要求委托人协助管理

D. 选聘专业公司承担专项经营服务管理业务

34. 关于业主在物业管理中的地位表述中，正确的是( )。

A. 业主转让建筑物内的住宅、经营性用房，只能对专有部分享有的权利转让

B. 业主对建筑物内的住宅、经营性用房等专有和共有部分都享有所有权

C. 业主是物业管理市场的协调主体

D. 单个业主最基本的权利就是依法享有所拥有物业的各项权利和参与物业管理、要求物业服务企业依据物业服务合同提供相应的管理与服务的权利

35. 物业使用人和业主在权利上的最大区别是( )。

A. 物业使用人没有对物业的最终处置权

B. 业主没有对物业的最终处置权

C. 物业使用人不拥有物业的所有权

D. 物业使用人不是物业管理服务的对象

36. 业主大会筹备组的筹备工作内容应当在首次业主大会会议召开( )日前以书面形式在物业管理区域内公告。

A. 5   B. 10   C. 15   D. 30

37. 关于业主大会议事规则的表述中，错误的是( )。

A. 业主大会议事规则是每一个业主通过民主的程序和方法参与物业管理并正确行使自己权利的必要条件

B. 它的制定原则基于物业管理的"业主自治"

C. 业主大会议事规则是《业主大会规程》中首次提出的

D. 业主大会议事规则由业主经过民主协商和表决通过，约定业主大会的议事方式、表决程序、业主投票权确定办法、业主委员会的组成和委员任期等事项

38. 物业服务费实行包干制的，其构成不包括( )。

A. 物业服务成本   B. 服务企业的酬金

C. 物业服务企业的利润   D. 法定税费

39. 业主交存的住宅专项维修资金属于( )所有。

A. 售房单位   B. 全体业主共同

C. 物业管理企业   D. 业主

40. 以下不属于住房公积金所具有的作用是（   ）。
    A. 增加职工工资中的住房消费含量，实现分配体制的转换
    B. 建立了职工个人住房资金递减机制，增强了职工解决住房问题的能力，调整了职工消费结构，确保了职工住房消费支出
    C. 促进政策性住房信贷体系的建立
    D. 有利于扩大住房消费，增加住房有效需求

41. 缴存住房公积金的比例不应低于、高于分别为（   ）。
    A. 2%；4%   B. 3%；5%   C. 4%；8%   D. 5%；12%

42. 职工可以提取住房公积金的情形不包括（   ）。
    A. 与单位终止劳动关系未再就业、部分或者全部丧失劳动能力以及遇到其他突发事件，造成家庭生活严重困难的
    B. 完全丧失劳动能力并与单位终止劳动关系
    C. 偿还开店亏本所欠债务的提取
    D. 偿还购房贷款本息时的提取

43. 以下对个人住房公积金的免税表述中，错误的是（   ）。
    A. 单位和职工个人缴存住房公积金的月平均工资不得超过职工工作地所在设区城市上一年度职工月平均工资的2倍，具体标准按照各地有关规定执行
    B. 个人实际领（支）取原提存的住房公积金时，免征个人所得税
    C. 个人住房公积金的利息所得免征个人所得税
    D. 单位和个人分别在不超过职工本人上一年度月平均工资12%的幅度内，其实际缴存的住房公积金，允许在个人应纳税所得额中扣除

44. 城镇土地使用税实行分类分级的（   ）税率。
    A. 累进定额   B. 幅度定额
    C. 累进   D. 比例

45. 以县为单位，人均耕地在3亩以上的地区，耕地占用税为（   ）元/m²。
    A. 10~50   B. 8~40   C. 6~30   D. 5~25

46. 关于契税减免规定的表述中，错误的是（   ）。
    A. 纳税人承受荒山、荒沟、荒滩、荒丘土地使用权用于农、林、牧、渔业生产的，免税
    B. 自2008年11月1日起，对个人首次购买90平方米及以下普通住房的，契税税率暂统一下调到3%
    C. 城镇职工按规定第一次购买公有住房的，免税
    D. 因不可抗力灭失住房而重新购买住房的，免税

47. 某城市房地产项目转让收入4 000万元，其应该缴纳的营业税、城市建设维护税、教育费附加合计为（   ）万元。
    A. 100   B. 200   C. 220   D. 140

48. 根据《房地产开发企业资质管理规定》，企业在商品住宅销售中不按照规定发放《住宅质量保证书》和《住宅使用说明书》的，由原资质审批部门予以警告，责令限期改正，

降低资质等级。并可处以( )的罚款。

A. 1万元以上2万元以下 B. 1万元以上3万元以下

C. 3万元以上5万元以下 D. 5万元以上10万元以下

49. 根据《城市房屋拆迁管理条例》的规定，由房屋拆迁管理部门吊销拆迁许可证，并处拆迁补偿安置资金1%以上3%以下的罚款的房地产违法行为是( )。

A. 违法转让拆迁业务

B. 以欺骗手段取得房屋拆迁许可证

C. 无证承担委托拆迁业务

D. 伪造、涂改、转让《房屋拆迁资格证书》

50. 根据( )的规定，房地产中介服务机构代理销售不符合销售条件的商品房的，由县级以上人民政府房地产开发主管部门处以警告。责令停止销售，并可处以2万元以上3万元以下罚款。

A. 《注册房地产估价师管理办法》 B. 《城市房地产管理法》

C. 《城市房地产中介服务管理规定》 D. 《商品房销售管理办法》

二、多项选择题（共30题，每题2分。每题的备选项中有2个或2个以上符合题意，错选不得分；少选且选择正确的，每个选项得0.5分）

51. 房地产开发经营业具有( )等特点。

A. 带动力强 B. 周期短

C. 产业关联度高 D. 单件性

E. 回报率低

52. 房地产中介服务是( )等活动的总称。

A. 房地产经营 B. 房地产估价

C. 房地产开发 D. 房地产咨询

E. 房地产经纪

53. 以下符合房地产经纪人执业资格考试报名条件的有( )。

A. 取得大专学历，工作满6年，其中从事房地产经纪业务工作满3年

B. 取得双学士学位或研究生班毕业，工作满4年，其中从事房地产经纪业务工作满1年

C. 取得大学本科学历，工作满4年，其中从事房地产经纪业务工作满2年

D. 取得硕士学位，工作满2年，从事房地产经纪业务工作满1年

E. 取得博士学位，从事房地产经纪业务工作满1年

54. 房地产经纪人享有的权利主要有( )。

A. 依法发起设立房地产经纪机构

B. 协助房地产经纪人处理经纪有关事务并获得合理的报酬

C. 接受职业继续教育，不断提高业务水平

D. 指导房地产经纪人协理进行各种经纪业务

E. 要求委托人提供与交易有关的资料

55. 国有土地的范围包括( )。

A. 城市市区的土地

B. 宅基地和自留地

C. 因国家组织移民、自然灾害等原因，农民成建制地集体迁移后不再使用的原属于迁移农民集体所有的土地

D. 农村集体经济组织全部成员转为城镇居民的，原属于其成员集体所有的土地

E. 农村和城市郊区中已经依法没收、征收、征购为国有的土地

56. 征收土地公告应包括的内容有( )。

    A. 被征收土地的所有权人、位置、地类和面积

    B. 征地补偿标准和农业人口安置途径

    C. 被征收土地所在地的气候状况

    D. 办理征地补偿的期限、地点

    E. 征收批准机关、文号、时间和用途

57. 《国有建设用地使用权出让合同》示范文本的内容包括( )。

    A. 当事人的名称和住所   B. 土地使用期限

    C. 期限届满的处理、不可抗力的处理   D. 出让宗地竖向界限

    E. 宗地平面界址图

58. 城乡规划包括( )。

    A. 城镇体系规划   B. 村庄规划

    C. 镇规划、乡规划   D. 城市规划

    E. 小区规划

59. 关于城市规划的编制与审批的表述中，正确的有( )。

    A. 编制城乡规划必须遵守国家有关标准，具备国家规定的勘察、测绘、气象、地震、水文、环境等基础资料

    B. 城市人民政府组织编制城市总体规划

    C. 城市人民政府城乡规划主管部门根据城市总体规划的要求，组织编制城市的控制性详细规划，经本级人民政府批准后，报本级人民代表大会常务委员会和上一级人民政府备案

    D. 城乡规划批准前，审批机关应当组织专家和有关部门进行审查

    E. 城市总体规划、镇总体规划以及乡规划和村庄规划的编制，应当依据国民经济和社会发展规划，并与土地利用总体规划相衔接

60. 凡在我国境内投资兴建的房地产开发项目，包括外国独资、合资、合作的开发项目都必须实行报建制度，其报建内容包括( )。

    A. 工程名称、建设地点

    B. 投资规模、资金来源、当年投资额

    C. 投资计划与销售计划

    D. 开工、竣工日期

    E. 工程规模

61. 负责监督该工程的工程质量监督机构应当对( )等情况进行现场监督，发现有违反建设工程质量管理规定行为的，责令改正，并将对工程竣工验收的监督情况作为工程质量监督报告的重要内容。

A. 工程竣工验收的组织形式　　　　　　B. 工程竣工验收的验收程序

C. 工程竣工验收的验收意见　　　　　　D. 执行验收标准

E. 工程竣工验收的验收地点

62. 《城市房地产管理法》规定的房地产交易基本制度有(　　　)。

A. 房地产抵押制度　　　　　　　　　　B. 房地产成交价格申报制度

C. 房地产转让制度　　　　　　　　　　D. 房地产价格评估制度

E. 房地产价格评估人员资格认证制度

63. 房地产转让合同是指房地产转让当事人之间签订的用于明确双方权利、义务关系的书面协议。房地产转让时，法律规定应当签订书面转让合同。合同的内容由当事人协商拟定，一般应包括(　　　)。

A. 双方当事人的姓名或者名称、住所及联系方式

B. 成交价格及支付方式

C. 房地产权属证书的名称和编号

D. 城市规划设计的条件

E. 房地产交付使用的时间

64. 出卖人订立商品房买卖合同时，具有(　　　)情形之一，导致合同无效或者被撤销、解除的，买受人可以请求返还已付购房款及利息、赔偿损失，并可以请求出卖人承担不超过已付购房款一倍的赔偿责任。

A. 故意隐瞒没有取得商品房预售许可证明的事实

B. 故意隐瞒所售房屋已经抵押的事实

C. 故意隐瞒所售房屋周边的地理环境

D. 故意隐瞒所售房屋已经出卖给第三人

E. 故意隐瞒为拆迁补偿安置房屋的事实

65. 房屋权属登记必经的程序包括(　　　)。

A. 受理登记　　　　　　　　　　　　　B. 公告

C. 记载于登记簿　　　　　　　　　　　D. 权属审核

E. 颁发权属证书

66. 《城市房地产管理法》规定的必备条款包括(　　　)。

A. 租赁期限　　　　　　　　　　　　　B. 租赁用途

C. 变更和解除合同的条件　　　　　　　D. 违约责任

E. 房屋的修缮责任

67. 根据《房屋登记办法》规定，可以由当事人单方申请的情形有(　　　)。

A. 因继承、受遗赠取得房屋权利

B. 权利人没有放弃房屋权利

C. 《房屋登记办法》所列变更登记情形之一

D. 因合法建造房屋取得房屋权利

E. 因人民法院、仲裁委员会的生效法律文书取得房屋权利

68. 房屋权属登记信息查询中，对查询机构的要求有(　　　)。

A. 更新查询信息

B. 指定专人负责查询工作

C. 不得毁坏查询设备

D. 保守国家机密、个人隐私和商业秘密

E. 建立房屋权属登记信息查询制度

69. 根据物业管理在房地产开发、建设和使用过程中不同时期的地位、作用、特点及工作内容，物业管理的主要环节有（　　）。

A. 物业管理的日常运作阶段　　　　　　B. 物业管理的前期准备阶段

C. 物业管理的审批阶段　　　　　　　　D. 物业管理的策划阶段

E. 物业管理的启动阶段

70. 物业服务企业申请核定资质等级，在申请之日前1年内有（　　）行为之一的，资质审批部门不予批准。

A. 发生重大责任事故的

B. 将一个物业管理区域内的部分物业管理业务委托给他人的

C. 擅自改变物业管理用房用途的

D. 物业服务合同终止时，不按规定移交物业管理用房和有关资料的

E. 聘用未取得物业管理职业资格证书的人员从事物业管理活动的

71. 具体地说，在物业管理中，业主具有的权利有（　　）。

A. 提出制定和修改管理规约、业主大会议事规则的建议

B. 监督业主委员会的工作

C. 遵守管理规约、业主大会议事规则

D. 执行业主大会的决议和业主大会授权业主委员会作出的决定

E. 按照物业服务合同的约定，接受物业服务企业提供的服务

72. 物业服务合同的签订要点主要有（　　）。

A. 协商一致的原则　　　　　　　　　　B. 宜细不宜粗的原则

C. 无偿奉献的原则　　　　　　　　　　D. 不应有无偿无限期的承诺

E. 具有无限期的承诺

73. 职工可以提取住房公积金的情形有（　　）。

A. 职工购买、建造、翻建、大修自住住房时的提取

B. 出境定居

C. 职工暂时失业的

D. 职工死亡或者被宣告死亡的

E. 房租超出家庭工资收入规定比例时的提取

74. 关于住房公积金的使用表述中，正确的有（　　）。

A. 职工对住房公积金的使用具体表现在申请个人住房贷款

B. 个人住房贷款是住房公积金使用的中心内容和主要形式

C. 住房公积金管理中心运作住房公积金的基本要求是在安全的基础上，注重社会效益和经济效益

D. 住房公积金管理中心不可将住房公积金余额用于购买国债

E. 住房公积金管理中心可以向单位或个人提供担保

75. 土地增值税的纳税人包括( )。

A. 受赠中国境内的房地产的社会团体

B. 出售中国境内的房地产的个人

C. 继承中国境内的房地产的外国人

D. 出售中国境内的房地产的外国人

E. 继承中国境内的房地产的个人

76. 以下属于耕地占用税减税情形的有( )。

A. 农村居民占用耕地新建住宅

B. 铁路线路、公路线路占用耕地

C. 飞机场跑道、停机坪、港口占用耕地

D. 某企业建设工厂占用耕地

E. 房地产开发商建设住房占用耕地

77. 关于城镇土地使用税的表述中,正确的有( )。

A. 课税对象是城市、县城、建制镇和工矿区内的土地

B. 计税依据是纳税人实际占用的土地

C. 纳税期限为按年计征,一次缴纳

D. 房产管理部门在房租调整改革前经租的居民住房用地属于政策性免税范围

E. 在城市、县城、建制镇、工矿区范围内使用土地的单位和个人,为城镇土地使用税的纳税人

78. 关于印花税税目的表述中,正确的有( )。

A. 产权转移书据(含土地使用权出让合同、土地使用权转让合同、商品房销售合同)

B. 权利、许可证照

C. 产权转移书据(不含土地使用权出让合同、土地使用权转让合同、商品房销售合同)

D. 营业账簿

E. 各种合同及具有合同性质的各种凭证

79. 关于廉租住房、经济适用住房建设的税收政策的表述中,错误的是( )。

A. 企事业单位、社会团体以及其他组织转让旧房作为廉租住房、经济适用住房房源且增值额未超过扣除项目金额20%的,免征土地增值税

B. 对廉租住房经营管理单位购买住房作为廉租住房、经济适用住房经营管理单位回购经济适用住房继续作为经济适用住房房源的,免征印花税

C. 对个人购买经济适用住房,在法定税率基础上减半征收契税

D. 对廉租住房、经济适用住房经营管理单位与廉租住房、经济适用住房相关的印花税以及廉租住房承租人、经济适用住房购买人涉及的印花税减收

E. 对廉租住房、经济适用住房建设用地以及廉租住房经营管理单位按照政府规定价格、向规定保障对象出租的廉租住房用地,免征城镇土地使用税

80. 根据《房屋登记办法》的规定,处罚的标准是由房屋登记机构予以收缴;构成犯罪的,依法追究刑事责任的房地产违法行为是( )。

A. 提交错误、虚假的材料申请房屋登记

B. 房屋登记机构及工作人员过失行为

C. 非法印制、伪造、变造房屋权属证书或者登记证明

D. 使用非法印制、伪造、变造的登记证明

E. 使用非法印制、伪造、变造的房屋权属证书

三、综合分析题（共20题，每题2分。由单项选择题或多项选择题组成。错选不得分，少选且选择正确的，每个选项得0.5分）

（一）

某市乙房地产公司（以下简称乙公司）在报纸上刊登一则广告，广告中宣称："本公司首次独家举办销售让利活动，为你提供防盗门、地下车库、屋顶花园……"。陈某看到广告后，与乙公司签订了购房合同，并交付购房定金5万元，合同约定房价为每平方米建筑面积3 000元，2009年2月交房。随后，陈某一次性支付余款19万元。至2009年4月，该房仍未竣工。陈某到现场发现，该房已更改为坡屋顶，乙公司已无法提供屋顶花园，并将房价上调。陈某遂要求退房，让乙公司返还定金，赔偿损失。

81. 乙公司的广告是（ ）。

A. 要约   B. 要约邀请   C. 承诺   D. 邀请

82. 乙公司发布房地产广告应提供（ ）。

A. 该公司资质证书   B. 该项目预售许可证

C. 该项目位置示意图   D. 该项目土地使用权证书

83. 陈某在（ ）的情况下，有权退房。

A. 购房合同约定，逾期未能交付，双方可以解除合同

B. 购房合同未对合同约定面积与产权登记面积发生误差的处理方式进行约定

C. 规划部门批准规划变更，影响商品房使用功能，开发企业在变更确立之日后第14日，书面通知陈某

D. 签订的房屋预售合同，未到管理部门登记备案

84. 如乙公司违约，根据定金罚则，陈某可得到返还定金（ ）万元。

A. 2.5   B. 5   C. 10   D. 15

85. 下列关于陈某与乙公司解除合同的表述中，正确的有（ ）。

A. 定金责任不能替代赔偿责任

B. 赔偿损失时，赔偿额应减去定金罚则处罚金额

C. 赔偿损失，不应计算房价上涨因素

D. 赔偿损失，应该计算房价上涨因素

（二）

吴某以住房抵押贷款方式购买一别墅，房价600万元，向丙银行贷款300万元，还款期限20年。房屋交付使用后，吴某领取了房屋所有权证书和国有土地使用权证书，又以该别墅作抵押物，向丁银行贷款200万元，还款期限为5年。

86. 下列关于吴某与丙、丁银行签订的抵押合同性质的表述中，正确的为（ ）。

A. 抵押合同是购房合同的从合同 B. 抵押合同是要式合同

C. 抵押合同是单务合同   D. 抵押合同是实践合同

87. 对该别墅先后两次抵押，下列表述中，正确的为(   )。

    A. 吴某向丁银行抵押必须经丙银行同意

    B. 吴某应向丁银行告知已抵押的情况

    C. 两个抵押权设定的抵押期限必须一致

    D. 两个抵押权中必须有一个向登记机关申请登记

88. 有关吴某抵押房地产表述中，正确的为(   )。

    A. 抵押给丙银行后，吴某不得擅自转让该别墅

    B. 如果吴某未办理抵押登记，抵押权人不能对抗第三人

    C. 在抵押关系存续期间，吴某应当维护该别墅的安全完好

    D. 吴某签订抵押合同后，该别墅院内新增的房屋属于抵押财产

89. 如果两个抵押合同都办理了抵押登记，下列表述中，正确的为(   )。

    A. 两个抵押权按抵押登记时间顺序清偿债务

    B. 如吴某发生违约，丙、丁银行不分顺序都有权向法院提出诉讼拍卖该别墅

    C. 拍卖该别墅的价款不足抵偿债务的部分，抵押权人仍可向吴某追偿

    D. 该别墅如果灭失所得的赔偿金，不属抵押财产

(三)

某市有关政策规定，只有具有本市户口的居民才可以购买经济适用住房，王某没有本市户口，遂与具有本市户口的赵某书面协议商定：王某出资 20 万元以赵某名义购买 N 公司经济适用住房一套，王某实际占有、使用，房屋登记于赵某名下。后赵某以该住房作抵押向银行贷款 15 万元。贷款到期后，赵某无力偿还，现在银行要求处置该住房以实现抵押权，王某以自己为房屋实际所有人，要求有关部门确认赵某抵押该住房无效。

90. 赵某与 N 公司签订购房合同，如合同合法生效，则赵某应具备的条件为(   )。

    A. 赵某是 18 周岁以上的自然人

    B. 赵某是 16 周岁以上的自然人，以自己的劳动收入为主要生活来源

    C. 赵某 15 周岁，因受赠有巨额财产

    D. 赵某属完全民事行为能力人

91. 现在该套经济适用住房所有权应归属(   )。

    A. 王某   B. 赵某   C. 赵某贷款银行   D. N 公司

92. 下列表述中，正确的有(   )。

    A. 王某与赵某之间的协议无效

    B. 赵某与 N 公司签订的购房合同无效

    C. 房屋权属登记机关应当为王某，赵某核发《房屋共有权证》

    D. 房屋权属登记机关应当为王某该发《房屋他项权利证》

93. 王某向房屋权属登记机关申请权属登记，房屋权属登记机关应该(   )。

    A. 办理变更登记   B. 办理转移登记

    C. 办理注销登记   D. 不予受理

94. 下列表述中，正确的有(   )。

    A. 如赵某取得房屋所有权，王某有优先购买权

B. 如赵某取得房屋所有权，王某有优先受偿权

C. 如抵押合同有效，银行有优先受法权

D. 如抵押合同有效，处置该住房时，从处置该住房所得公款中扣除应缴纳的土地使用权出让金后，银行可优先受偿

(四)

周某向乙公司购买一套预售商品住宅，商品房预售合同约定房屋建筑面积为 150 m²，房价按建筑面积计算，单价为 2 000 元/m²，对房屋面积误差处理方式未做约定。周某签订了商品房预售合同，缴纳了 5 000 元的定金，支付了 6 万元首付款，其余款向当地住房公积金中心申请了住房公积金贷款。

95. 借款合同签订后，住房公积金贷款利率标准( )。
    A. 借款期内固定不变
    B. 借款期内可以浮动
    C. 随中国人民银行的利率调整而调整
    D. 银行与借款人协商可以适当调整

96. 周某缴纳的 5 000 元定金( )。
    A. 是一种担保方式
    B. 是对违约行为的惩罚
    C. 可以充抵购房款
    D. 能够与违约金同时并用

97. 周某缴纳的住房公积金缴存比例一般不得低于其上一年度月平均工资的( )。
    A. 3%
    B. 5%
    C. 8%
    D. 10%

98. 周某购房过程中，必须缴纳的税费包括( )。
    A. 契税
    B. 产权登记费
    C. 公证费
    D. 律师费

99. 如该住宅产权登记面积为 142 m²，根据《商品房销售管理办法》的规定( )。
    A. 周某有权退房
    B. 周某不退房，乙公司返还房价款 16 000 元
    C. 周某不退房，乙公司返还房价款 23 000 元
    D. 周某不退房，乙公司返还房价款 32 000 元

100. 周某如果最终成为该住宅的业主，根据建设部、财政部《住宅共用部位共用设施设备维修基金管理办法》的规定，周某应缴纳的物业共用部位、共用设施设备维修基金的标准为购房款的( )。
    A. 1%
    B. 1%~2%
    C. 2%~3%
    D. 2%~4%

实战模拟试卷（三）参考答案

一、单项选择题

1. D	2. C	3. A	4. D	5. B
6. B	7. B	8. C	9. A	10. C
11. C	12. C	13. C	14. B	15. C
16. D	17. D	18. C	19. B	20. A
21. C	22. B	23. D	24. D	25. B
26. C	27. A	28. B	29. D	30. B
31. D	32. A	33. B	34. D	35. A
36. C	37. C	38. B	39. D	40. B
41. D	42. C	43. A	44. B	45. D
46. C	47. C	48. A	49. B	50. D

二、多项选择题

51. ACD	52. BDE	53. ACDE	54. ADE	55. ACDE
56. ABDE	57. ABC	58. ABCD	59. ABCE	60. ABDE
61. ABD	62. BDE	63. ABCE	64. ABDE	65. ACDE
66. ABE	67. ACDE	68. ABE	69. ABDE	70. ACDE
71. ABE	72. BD	73. ABDE	74. ABC	75. BD
76. ABC	77. ABE	78. ABDE	79. ACE	80. CDE

三、综合分析题

81. A	82. ABD	83. ACD	84. C	85. AD
86. ABD	87. B	88. ABC	89. ABC	90. BD
91. B	92. A	93. D	94. CD	95. B
96. ABC	97. B	98. AB	99. AC	100. C

实战模拟试卷 （四）

一、单项选择题 （共 50 题，每题 1 分。每题的备选项中只有 1 个最符合题意）

1. 在国民经济产业分类中，房地产业属于（   ），是为了生产和生活服务的部门。

   A. 第一产业   B. 第二产业

   C. 第三产业   D. 第四产业

2. 《城市房屋拆迁管理条例》属于房地产法律体系中的（   ）。

   A. 国务院发布的房地产方面的行政法规

   B. 全国人民代表大会及其常务委员会颁布的法律

   C. 地方性法规

   D. 行政规章

3. 房地产估价分支机构设立条件不包括（   ）。

   A. 估价质量管理、估价档案管理、财务管理等各项内部管理制度健全

   B. 在分支机构所在地有 1 名以上专职注册房地产估价师

   C. 分支机构负责人应当是注册后从事房地产估价工作 3 年以上并无不良执业记录的专职注册房地产估价师

   D. 有固定的经营服务场所

4. 房地产估价机构信用档案的主要内容不包括（   ）。

   A. 机构基本情况   B. 估价项目基本情况

   C. 估价项目基本情况   D. 科研能力表现

5. 房地产中介服务行业信用档案的组织建立与对信息进行维护和更新的部门分别是（   ）。

   A. 政府；系统管理部门

   B. 系统管理部门；房地产中介服务机构

   C. 房地产中介服务机构；政府

   D. 房地产中介服务结构；系统管理部门

6. 对土地进行登记造册，核发证书的部门主要是（   ）。

   A. 市县人民政府   B. 县级以上人民政府

   C. 县级以上人民政府土地管理部门   D. 市县人民政府土地管理部门

7. 临时使用土地的期限，最多不得超过（   ）年，并不得改变批准的用途，不得从事生产性、营业性或其他经营性的活动，不得修建永久性建筑。

   A. 1   B. 2   C. 3   D. 4

8. 建设单位提出预审申请时，应当提交的材料不包括（   ）。

   A. 申请预审的正式文件

   B. 单独选址的建设项目，拟占用地质灾害防治规划确定的地质灾害易发区内土地的，还应当提供地质灾害危险性评估报告

   C. 建设项目可行性研究报告，其中不包含土地利用的章节

D. 项目建议书批复文件

9. 关于《国有建设用地使用权出让合同》的履行的表述中，错误的是（   ）。

A. 用地单位改变土地利用条件及用途，只需要取得市、县人民政府城市规划行政管理部门的同意，变更或重新签订出让合同并相应调整地价款

B. 项目固定资产总投资、投资强度和开发投资总额应达到合同约定标准

C. 满 2 年未动工开发的，可以无偿收回土地使用权

D. 超过出让合同约定的动工开发日期满 1 年未动工开发的，可以征收相当于土地使用权出让金 20% 以下的土地闲置费

10. 城乡规划是以（   ）为根本任务。

A. 促进经济社会全面协调可持续发展

B. 促进土地科学使用

C. 促进人居环境根本改善

D. 协调城乡空间布局

11. 关于临时性建设规划管理的表述中，错误的是（   ）。

A. 在城市、镇规划区内进行临时建设的，应当经城市、县人民政府城乡规划主管部门批准

B. 临时建设影响近期建设规划或控制性详细规划的实施以及交通、市容、安全等的，不得批准

C. 临时建设应当在批准的使用期限内自行拆除

D. 临时建设和临时用地规划管理的具体办法，由国务院制定

12. 建设单位未在建设工程竣工验收后 6 个月内向城乡规划主管部门报送有关竣工验收资料的，由所在地城市、县人民政府城乡规划主管部门责令限期补报；逾期不补报的，处（   ）的罚款。

A. 5 000 元以上 10 000 元以下   B. 10 000 元以上 50 000 元以下

C. 1 000 元以上 5 000 元以下   D. 50 000 元以上 100 000 元以下

13. 关于注册结构工程师制度的表述中，错误的是（   ）。

A. 注册结构工程师分为一级注册结构工程师与二级注册结构工程师

B. 注册结构工程师考试实行全国统一大纲、统一命题、统一组织的办法，原则上每年举行 1 次

C. 取得注册结构工程师资格证书者，要从事结构工程业务的，须申请注册

D. 注册结构工程师每一个注册期为 2 年，有效期届满需要继续注册的，应当在期满前 30 日内申请延期注册

14. 城市房屋拆迁补偿中，拆除非公益事业房屋的附属物，（   ）。

A. 不作产权调换，由拆迁人给予货币补偿

B. 作产权调换

C. 不予补偿

D. 由拆迁人选择补偿方式

15. 下列原则中，属于建设工程质量管理原则的是（   ）。

A. 国家不鼓励采用先进的科学技术和管理方法

B. 县级以上人民政府及其有关部门不得超越权限审批建设项目或者擅自简化基本建设程序

C. 从事建设工程活动，必须严格执行基本建设程序，坚持先设计、后勘察、再施工的原则

D. 市级以上人民政府建设行政主管部门和其他有关部门负责对建设工程质量实行监督管理

16. 建设工程质量监督管理机构中，（ ）按照国务院规定的职责，组织稽查特派员，对国家出资的重大建设项目实施监督检查。

A. 国务院发展改革部门
B. 国务院建设工程质量监督部门
C. 国务院建设行政主管部门
D. 国务院国有资产监督管理机构

17. 关于建筑业企业资质的管理表述中，错误的是（ ）。

A. 获得专业承包资质的企业，可以承接施工总承包企业分包的专业工程或者建设单位按照规定发包的专业工程

B. 获得劳务分包资质的企业，可以承接施工总承包企业或者专业承包企业分包的劳务作业

C. 承担施工总承包的企业只可以对所承接的工程全部自行施工

D. 获得施工总承包资质的企业，可以对工程实行施工总承包或者对主体工程实行施工承包

18. 《城市房地产开发经营管理条例》对房地产开发企业设立、管理有明确的规定，设立房地产开发企业应符合的条件不包括（ ）。

A. 有符合公司法人登记的名称和组织机构

B. 有适应房地产开发经营需要的固定的办公用房

C. 注册资本50万元以上

D. 有4名以上持有资格证书的房地产专业、建筑工程专业的专职技术人员，2名以上持有资格证书的专职会计人员

19. 商品房交付使用时，房地产开发企业应当根据规定，向买受人提供（ ），并在合同中就保修范围、保修期限、保修责任等内容作出约定。

A. 《住宅质量保证书》和《住宅使用说明书》

B. 《住宅质量说明书》和《住宅使用保证书》

C. 《住宅使用保证书》和《房地产开发项目手册》

D. 《住宅使用说明书》和《住宅质量说明书》

20. 房地产开发企业协助购买人办理土地使用权变更和房屋所有权登记手续，房地产开发企业应当在商品房交付使用之日起（ ）日内，将需要由其提供的办理房屋权属登记的资料报送房屋所在地房地产行政主管部门。

A. 10
B. 15
C. 30
D. 60

21. 关于商品房销售代理的表述中，错误的是（ ）。

A. 受托房地产中介服务机构在代理销售商品房时，不得收取佣金以外的其他费用

B. 房地产专业性强、涉及的法律多，因此对房地产销售人员的资格有一定的要求，必须经过专业培训取得相应的资格后，才能从事商品房销售业务

    C. 实行销售代理可以签订委托合同

    D. 房地产销售代理是指房地产开发企业或其他房地产拥有者将物业销售业务委托给依法设立并取得工商营业执照的房地产中介服务机构代为销售的经营方式

22. 房屋租金的主要形式不包括( )。

    A. 商品租金
                    B. 成本租金

    C. 市场租金
                    D. 折旧租金

23. 同一财产向两个以上债权人抵押,拍卖、变卖抵押物所得的价款按照( )清偿。

    A. 要求债权的先后顺序
        B. 抵押登记的先后顺序

    C. 债权人的债权比例
        D. 抵押合同签订的先后顺序

24. 关于租赁房屋的修缮责任的表述中,错误的是( )。

    A. 房屋修缮责任人对房屋及其设备应当及时、认真地检查、修缮,保证房屋的使用安全

    B. 租用房屋从事生产经营活动的,修缮责任由出租人确定

    C. 房屋修缮责任人对形成租赁关系的房屋确实无力修缮的,可以与另一方当事人合修,责任人因此付出的修缮费用,可以折抵租金或由出租人分期偿还

    D. 出租住宅用房的自然损坏的,由出租人负责修复

25. 契据登记制度的理论基础是( ),这一理论认为房地产权利的变更、他项权利的设定,在当事人订立合约之时就已生效。

    A. 成立要件主义
        B. 非成立要件主义

    C. 非对抗要件主义
        D. 对抗要件主义

26. 房屋抵押权登记是指房屋登记机构根据抵押当事人申请,依法将抵押权设立、转移、变动等的事项在登记簿上予以记载的行为。房屋抵押权登记分为( )。

    A. 一般抵押登记和特殊抵押登记

    B. 最低额抵押登记和最高额抵押登记

    C. 一般抵押登记和最高额抵押登记

    D. 特殊抵押登记和最低额抵押登记

27. 房屋登记的基本要求不包括( )。

    A. 按房屋基本单元进行登记

    B. 以共同申请为原则,以单方申请为例外

    C. 保证房地产权利人的合法权益

    D. 以查验申请资料为主,实施必要的实地查看

28. 房屋权属登记时,房屋面积按( )进行登记。

    A. 建筑面积
                    B. 使用面积

    C. 套内建筑面积或使用面积
        D. 套内建筑面积

29. 《房屋登记办法》规定:国有土地范围内成套住房,以( )为基本单元进行登记。

    A. 楼层
          B. 单元
          C. 间
          D. 套

30. 办理房屋登记程序中,关于申请的表述,错误的是( )。

    A. 房屋登记申请人只可以是自然人

    B. 申请人应当对提交的申请登记证明材料的真实性、有效性和合法性承担责任

C. 申请房屋登记时，申请人应当按照《房屋登记办法》的要求，向房屋登记机构提交申请材料

D. 申请登记材料应当提供原件

31. 住房按套收取房屋登记费时，每套收费标准为（ ）元。

    A. 20   B. 50   C. 80   D. 100

32. 下列工作中，属于物业管理策划阶段工作的内容是（ ）。

    A. 制定物业管理方案   B. 物业管理人员的选聘和培训

    C. 档案资料的建立   D. 物业管理规章制度的制定

33. 在物业管理的主要法规政策中，制定（ ）的目的是规范物业管理活动，维护业主和物业服务企业的合法权益，改善人民群众的生活和工作环境。

    A.《业主大会规程》   B.《物业服务企业财务管理规定》

    C.《住宅专项维修资金管理办法》   D.《物业管理条例》

34. 新设立的物业服务企业，其资质等级按照最低等级核定，并设（ ）的暂定期。

    A. 3个月   B. 6个月   C. 9个月   D. 1年

35. 物业管理市场的协调主体是（ ）。

    A. 物业服务企业   B. 政府及其行业行政管理部门

    C. 物业使用人   D. 业主

36. 申请核定资质等级的物业服务企业时，下列不属于应提交的材料是（ ）。

    A. 物业管理专业人员的职业资格证书和劳动合同，管理和技术人员的职称证书和劳动合同，工程、财务负责人的职称证书和劳动合同

    B. 企业章程

    C. 营业执照

    D. 企业资质等级申报表

37. 选聘、解聘物业服务企业属于（ ）的职责。

    A. 业主大会   B. 业主

    C. 居民委员会   D. 业主委员会

38. 由业主共同决定的事项中，应当经专有部分占建筑物总面积三分之二以上的业主且占总人数三分之二以上的业主同意的事项包括（ ）。

    A. 制定和修改业主大会议事规则

    B. 制定和修改建筑物及其附属设施的管理规约

    C. 筹集和使用建筑物及其附属设施的维修资金

    D. 选举业主委员会或者更换业主委员会成员

39. 按（ ），物业管理的委托方有房地产开发企业、公房出售单位和业主大会三类主体。

    A. 物业产权归属和物业管理委托的时间

    B. 物业产权归属和物业管理委托的地点

    C. 物业管理委托的内容和物业管理委托的方式

    D. 物业管理委托的方式和物业管理委托的时间

40.《前期物业管理招投标管理暂行办法》规定：投标人少于（ ）个的，经物业所在地的区、县人民政府房地产行政主管部门批准，可以采用协议方式，即议标，选聘具有相应

资质的物业服务企业。

    A. 2   B. 3   C. 5   D. 7

41. 我国的住房公积金缴存比例实行动态调整机制，具体缴存比例由（　　）拟订。

    A. 中国人民银行   B. 本级政府

    C. 省、自治区、直辖市人民政府   D. 住房公积金管理委员会

42. 住房公积金汇缴年度为（　　）。

    A. 上年 7 月 1 日至当年 6 月 30 日   B. 上年 6 月 30 日至当年 7 月 1 日

    C. 当年 1 月 1 日至当年 12 月 31 日   D. 上年 12 月 31 日至当年 12 月 31 日

43. 税收的关键特征是（　　）。

    A. 强制性   B. 无偿性   C. 固定性   D. 社会性

44. 根据课税对象性质的不同，全部税种可分为（　　）。

    A. 流转税、收益税

    B. 流转税、收益税、财产税、资源税和行为目的税

    C. 收益税、财产税、资源税

    D. 财产税、资源税和行为目的税

45. 产权属于国家所有的房屋，其房产税（　　）。

    A. 由经营管理的单位和个人缴纳   B. 由房屋的所有者缴纳

    C. 无需缴纳   D. 由城市房地产主管部门缴纳

46. 以县为单位，人均耕地在 1 亩以下（含 1 亩）的地区，耕地占用税为（　　）元/m²。

    A. 10～50   B. 8～40   C. 6～30   D. 5～25

47. 土地使用权交换、房屋交换，以（　　）为契税计税依据。

    A. 市场价格   B. 评估价格

    C. 交换的价格差额   D. 成交价格

48. 自 2010 年 1 月 1 日起，个人将购买不足 5 年的非普通住房对外销售的，全额征收（　　）。

    A. 房产税   B. 耕地占用税

    C. 契税   D. 营业税

49. 自 2008 年 11 月 1 日起，对个人销售或购买住房暂免征收（　　）。

    A. 印花税   B. 房产税   C. 耕地占用税   D. 营业税

50. 根据《城市房屋拆迁单位管理规定》的规定，对无证承担委托拆迁业务的，房屋拆迁管理部门（　　）。

    A. 可以给予警告、通报批评、责令停止拆迁、没收违法所得、吊销证书、罚款等处罚

    B. 责令停止拆迁，给予警告，并处已经拆迁房屋建筑面积每平方米 20 元以上 50 元以下的罚款

    C. 责令改正，没收违法所得，并处合同约定的拆迁服务费 25% 以上 50% 以下的罚款

    D. 吊销拆迁许可证，并处拆迁补偿安置资金 1% 以上 3% 以下的罚款

二、多项选择题（共 30 题，每题 2 分。每题的备选项中有 2 个或 2 个以上符合题意，错选不得分；少选且选择正确的，每个选项得 0.5 分）

51. 在房地产法律体系中，属于国务院发布的房地产方面的行政法规的是（　　）。

A. 《城市房地产开发经营管理条例》　　　　B. 《住房公积金管理条例》

C. 《城市商品房预售管理办法》　　　　　　D. 《城市房地产转让管理规定》

E. 《土地管理法》

52. 二级房地产估价机构具体的条件有(　　)。

A. 取得三级房地产估价机构资质后从事房地产估价活动连续 4 年以上

B. 在申请核定资质等级之日前 3 年平均每年完成估价标的物建筑面积 30 万 m² 以上或土地面积 15 万 m² 以上

C. 有 15 名以上的专职注册房地产估价师

D. 有限责任公司的股份或者合伙企业的出资额中专职注册房地产估价师的股份或出资总额不低于 60%

E. 有固定的经营服务场所

53. 房地产估价分支机构备案,应当提交的材料有(　　)。

A. 分支机构的营业执照复印件

B. 房地产估价机构资质证书正本复印件

C. 出资证明复印件(加盖申报机构公章)

D. 拟在分支机构执业的专职注册房地产估价师注册证书复印件

E. 分支机构及设立该分支机构的房地产估价机构负责人的身份证明

54. 中国房地产估价师与房地产经纪人学会主要通过(　　)工作开展行业自律管理。

A. 建立行业内部的自律规则,制止低价竞争和价格垄断行为,维护行业内部公平竞争

B. 制定行业规范和从业人员道德规范,实施房地产估价师继续教育工作

C. 制定行规行约,进行行业自律性服务管理,维护行业内部的公平竞争,规范行业行为,促进行业地位的提高,树立良好的行业形象

D. 参与房地产估价机构资质管理规定和标准的制定工作,实施跟踪管理

E. 开展行业自律情况的调研工作,为政府制定有关政策提供意见和建议

55. 妥善安置被征地单位和农民的原则有(　　)。

A. 对征收的土地要适当补偿

B. 对征地造成的剩余农民劳动力要适当安排

C. 要给征地单位妥善安排生活用地

D. 对因征地给农民造成的损失要适当补助

E. 要妥善安置征地范围内的拆迁户

56. 关于抢险救灾等急需使用土地的表述中,正确的有(　　)。

A. 属于临时用地的,灾后应当恢复原状并交还原土地使用者使用,不再办理用地审批手续

B. 属于永久性建设用地的,建设单位应当在灾情结束后 6 个月内申请补办建设用地审批手续

C. 必须办理用地审批手续

D. 可以先行使用土地

E. 属于永久性建设用地的,建设单位应当在灾情结束后 3 个月内申请补办建设用地审批手续

57. 对国有企业改革中涉及的划拨土地使用权,(   )情况应采取土地出让或出租方式处置。

   A. 国有企业改造或改组为有限责任或股份有限公司以及组建企业集团的

   B. 国有企业兼并非国有企业的

   C. 国有企业改组为股份合作制的

   D. 非国有企业兼并国有企业的

   E. 国有企业租赁经营的

58. 有(   )情形之一的,组织编制机关方可按照规定的权限和程序修改省域城镇体系规划、城市总体规划、镇总体规划。

   A. 行政区划调整确需修改规划的

   B. 下级人民政府制定的城乡规划发生变更,提出修改规划要求的

   C. 因国务院批准重大建设工程确需修改规划的

   D. 经评估确需修改规划的

   E. 上级人民政府制定的城乡规划发生变更,提出修改规划要求的

59. 拆迁补偿安置协议的主要内容包括(   )。

   A. 补偿方式和补偿金额   B. 安置房面积和安置地点

   C. 搬迁期限   D. 搬迁过渡方式和过渡期限

   E. 补偿地点和补偿时间

60. 在正常使用下,房屋建筑工程的最低保修期限为(   )。

   A. 电气系统、给排水管道、设备安装为 5 年

   B. 装修工程为 2 年

   C. 地基基础和主体结构工程,为设计文件规定的该工程的合理使用年限

   D. 供热与供冷系统,为 2 个采暖期、供冷期

   E. 屋面防水工程、有防水要求的卫生间、房间和外墙面的防渗漏,为 5 年

61. 建设监理委托合同主要的形式有(   )。

   A. 信件式合同   B. 非正式合同

   C. 标准合同   D. 正式合同

   E. 由委托方发出的执行任务的委托通知单

62. 监理工程师应当按照工程监理规范的要求,采取(   )等形式,对建设工程实施管理。

   A. 抽样检验   B. 旁站   C. 自检   D. 巡视

   E. 平行检验

63. 根据《城市房地产管理法》和《城市房地产转让管理规定》的规定,下列房地产不得转让的有(   )。

   A. 依法收回土地使用权的

   B. 权属有争议的

   C. 依法登记领取权属证书的

   D. 共有房地产,其他共有人书面同意的

   E. 司法机关和行政机关依法裁定、决定查封或以其他形式限制房地产权利的

64. 公民、法人或其他组织对享有所有权的房屋和国家授权管理和经营的房屋可以依法出

租。但有( )情形之一的房屋不得出租。

A. 共有房屋未取得共有人同意的　　　　B. 权属有争议的

C. 抵押,未经抵押权人同意的　　　　　D. 符合安全标准的

E. 依法取得《房屋所有权证》的

65. 房屋成本租金主要有( )组成。

A. 地租和利润　　　B. 维修费　　　C. 保险费　　　D. 折旧费

E. 融资利息和税金

66. 申请土地变更登记的情形有( )。

A. 依法征收的农民集体土地的

B. 因处分抵押财产而取得土地使用权

C. 因人民法院、仲裁机构的生效法律文书致使原土地权利消灭的

D. 非住宅国有建设用地使用权期限届满,国有建设用地使用权人未申请续期或者申请
续期未获批准的

E. 国有建设用地使用权转让

67. 下列房屋登记中,不收取房屋登记费的有( )。

A. 因登记机关错误造成的更正登记

B. 房屋注销登记

C. 经济适用住房登记

D. 房屋查封登记

E. 因房屋坐落的街道或门牌号码变更、权利人名称变更而申请的房屋变更登记

68. 房地产权利人因( )等事项应当申请房地产权属转移登记。

A. 法定名称变化　　　　　　　　　　B. 房屋继承

C. 房屋用途变化　　　　　　　　　　D. 房屋买卖

E. 房屋交换

69. 物业管理行业的发展,对于顺利实现我国第三步战略目标,全面建设小康社会具有积极
的促进作用。其作用主要有( )。

A. 规范发展物业管理有利于维护社区稳定,推动精神文明建设

B. 规范发展物业管理有利于促进人民群众生活水平的提高

C. 规范发展物业管理有利于提高人民群众居住质量,改善城市面貌

D. 规范发展物业管理有利于促进财富增值,培育民主意识

E. 规范发展物业管理有利于增加就业,扩大居民消费

70. 物业管理的前期准备阶段的工作包括( )。

A. 物业管理人员的选聘和培训

B. 物业的接管验收

C. 物业管理规章制度的制定

D. 制定临时管理规约及有关制度

E. 物业服务企业内部机构的设置与人员编制的拟定

71. 物业服务企业具有的特点有( )。

A. 依法定程序设立

B. 以物业管理为主业

C. 具有独立的事业法人地位的经济组织

D. 独立核算

E. 自主经营、自负盈亏

72. 业主筹备成立业主大会的,应当由(　　)组成业主大会筹备组。

A. 业主代表 　　　　　　　　　　　　B. 街道办事处

C. 建设单位 　　　　　　　　　　　　D. 物业管理企业代表

E. 区、县人民政府房地产行政主管部门

73. 住房公积金的特点主要有(　　)。

A. 义务性 　　　　　B. 盈利性 　　　　　C. 私有性 　　　　　D. 互助性

E. 保障性

74. 住房公积金的提取和使用的原则包括(　　)。

A. 定向使用的原则 　　　　　　　　　B. 经济适用原则

C. 安全运作的原则 　　　　　　　　　D. 严格时限的效率原则

E. 规范合理的原则

75. 职工可以提取住房公积金的情形有(　　)。

A. 支付物业管理费 　　　　　　　　　B. 购买自主住房

C. 偿还自住购房贷款本息 　　　　　　D. 翻建自住房屋

E. 出境定居

76. 我国现行房地产业税种有(　　)。

A. 契税

B. 耕地占用税

C. 土地增值税

D. 城市维护建设税

E. 个人所得税

77. 房产税的征税范围包括(　　)。

A. 城市 　　　　　B. 县城 　　　　　C. 建制镇 　　　　　D. 乡镇

E. 工矿区

78. 应缴纳契税的行为有(　　)。

A. 房屋抵押

B. 房屋买卖

C. 房屋赠与

D. 国有土地使用权出让

E. 土地使用权转让

79. 关于企业所得税的表述中,正确的有(　　)。

A. 个人独资企业、合伙企业适用《企业所得税法》

B. 企业每一纳税年度的收入总额,减除不征税收入、免税收入、各项扣除以及允许弥补的以前年度亏损后的余额,为应纳税所得额

C. 企业所得税的税率为25%

D. 企业的应纳税所得额乘以适用税率,减除依照《企业所得税法》关于税收优惠的规定减免和抵免的税额后的余额,为应纳税额

E. 在中华人民共和国境内,企业和其他取得收入的组织(以下统称企业)为企业所得税的纳税人

80. 关于个人出售、购买住房税收优惠政策的表述中，正确的有（　　）。

    A. 个人购买自用普通住宅，暂减半征收契税

    B. 对出售自有住房并拟在现住房出售后 1 年内按市场价重新购房的纳税人，其购房金额小于原住房销售额的，免征个人所得税

    C. 允许单套建筑面积和价格标准适当浮动，但向上浮动的比例不得超过上述标准的 20%

    D. 对个人转让自用达 5 年以上，并且是唯一家庭生活用房的所得，免征个人所得税

    E. 个人自建自用住房销售时免征营业税

三、综合分析题（共 20 题，每题 2 分。由单项选择题或多项选择题组成。错选不得分，少选且选择正确的，每个选项得 0.5 分）

（一）

A 房地产开发公司将一块以出让方式获得的土地使用权转让给 B 房地产开发公司，土地用途为住宅用地，3 年后该项目建成，由甲物业管理公司实施物业管理。

81. 若 A 公司受让土地后，自出让合同约定的动工开发日期满 1 年未开发，政府可征收相当于该地块土地使用权出让金（　　）以下的土地闲置费。

    A. 5%　　　　　　B. 10%　　　　　　C. 20%　　　　　　D. 25%

82. A 公司转让该项目必须符合的条件为（　　）等。

    A. 经城市规划管理部门同意

    B. 经县级以上人民政府建设部门批准

    C. 已支付全部土地使用权出让金，取得土地使用权证

    D. 投入房屋建设工程的资金应达到全部开发投资总额的 25% 以上

83. 如 B 公司把住宅建成后现房销售，则须具备的条件为（　　）等。

    A. 已通过竣工验收　　　　　　　　　B. B 公司具有企业法人执照

    C. 燃气设施具备交付使用条件　　　　D. 取得商品房销售许可证

84. 若甲物业管理公司擅自利用物业共用部位、共用设施设备进行经营，对其的处罚可能为（　　）等。

    A. 责令限期改正　　　　　　　　　　B. 吊销资质证书

    C. 处 5 万元以上 20 万元以下的罚款　　D. 依法追究刑事责任

85. 按规定，业主享有的权利为（　　）等。

    A. 参加业主大会会议　　　　　　　　B. 监督业主委员会的工作

    C. 选举业主委员会委员，并享有被选举权　　D. 自由支配维修基金

（二）

乙房地产开发公司开发建设某住宅小区。2009 年 1 月该小区竣工验收。王某于 2010 年 1 月购买该小区一套住宅，与乙房地产开发公司签订商品房买卖合同时提出，为少交契税，建议将部分购房款单独列为装修费用。乙房地产开发公司未表示反对。半年后，王某认为合同中单独列出的装修费用远高于实际装修所需费用，向法院提起诉讼。

86. 王某所购住宅屋面防水的最低保修期限为（　　）年。

    A. 2　　　　　　　　B. 3　　　　　　　　C. 4　　　　　　　　D. 5

87.《城市房地产管理法》规定国家实行（　　）制度。

    A. 房地产成交价格申报   B. 契税登记

    C. 公民购房资格认证   D. 房地产价格评估

88. 商品房买卖合同属于（　　）。

    A. 不要式合同   B. 要式合同

    C. 非典型合同   D. 典型合同

89. 王某购房时，应当缴纳（　　）。

    A. 房产税   B. 契税

    C. 个人所得税   D. 城镇土地使用税

90. 下列关于王某与乙房地产开发公司签订的商品房合同中装修费用条款效力的表述中，正确的是（　　）。

    A. 显失公平，可变更，有效

    B. 是双方当事人真实意思表示，有效

    C. 以合法形式掩盖非法目的，无效

    D. 恶意串通，损害国家利益，无效

（三）

    A 房地产开发公司（以下简称 A 公司）获得了某城市规划区内的一地块的土地使用权，用于商品房项目建设。该地块的拆迁范围内包括李某的住房及一处社会福利院。李某由于不在本市居住，长期将其住房出租给赵某居住，房屋拆迁时，双方约定的房屋租赁期限尚余 5 年。

91. A 公司可以（　　）方式获得该地块土地使用权。

    A. 拍卖   B. 招标   C. 划拨   D. 转让

92. 下列关于 A 公司办理该项目报建手续的表述中，正确的有（　　）。

    A. A 公司在签订了土地使用权出让合同后，应向该市建设行政主管部门申请项目选址意见书

    B. A 公司在签订土地使用权出让合同前，应先向该市规划主管部门申请项目选址意见书和建设用地规划许可证

    C. A 公司在签订土地使用权出让合同后，应向该市规划主管部门申请项目选址意见书和建设用地规划许可证

    D. A 公司在签订土地使用权出让合同前，应先向该市规划主管部门申领项目选址意见书和建设用地批准书。在出让合同签订后，再申领建设用地规划许可证

93. 李某在本市没有其他房屋，若李某与赵某继续保持租赁关系，则 A 公司与李某签订的房屋拆迁补偿安置协议的内容应包括（　　）。

    A. 货币安置方式   B. 安置房面积和地点

    C. 搬迁期限   D. 搬迁过渡方式

94. 如果李某欲获得货币补偿，则李某应当（　　）。

    A. 与赵某保持租赁关系   B. 要求政府安置赵某

    C. 要求 A 公司安置赵某   D. 与赵某协商解除房屋租赁关系

95. 下列关于拆迁补偿安置该福利院的表述中，正确的有（　　）。

    A. 根据本市拆迁管理部门的要求进行货币补偿

    B. 根据本市规划主管部门的要求进行重新建设

    C. 若进行货币补偿，由于缺少可比实例，采用成本法评估较为科学

    D. 若进行货币补偿，由于缺少可比实例，采用收益法评估较为科学

（四）

    A 房地产开发公司（以下简称 A 公司）以出让方式取得某住宅项目用地，委托拆迁后形成净地。A 公司委托 B 房地产经纪机构（以下简称 B 机构）代理该楼盘的销售。在预售过程中，A 公司报请城市规划管理部门批准更改了原规划。被拆迁人王某预购了该项目一套住宅。在建设过程中，A 公司因资金紧张，将该项目部分用地转让给 C 公司。

96. B 机构代理 A 公司申请商品房预售许可证，必须提交的要件除授权委托书、土地使用权证书外，还包括（　　）等。

    A. 建设用地规划许可证　　　　　　　　B. 施工许可证

    C. 建设工程规划许可证　　　　　　　　D. 房屋拆迁许可证

97. 被拆迁人王某向 B 机构咨询有关拆迁问题，下列回答中，不正确的为（　　）。

    A. 城市规划区内实施房屋拆迁的均需申领房屋拆迁许可证

    B. 房屋拆迁货币补偿金额，按照被拆除房屋的区位、用途、建筑面积等因素，以房地产市场评估价格确定

    C. 拆除违章建筑不予补偿

    D. 拆除超过批准期限的临时建筑不予补偿

98. 对买受人而言，商品房的保修期自（　　）之日起计算。

    A. 工程竣工　　　　　　　　　　　　　B. 工程质量验收合格

    C. 商品房交付　　　　　　　　　　　　D. 房屋产权过户登记

99. A、C 公司应当在办理完土地使用权变更登记手续之日起（　　）日内持转让合同到房地产开发主管部门备案。

    A. 7　　　　　　　　　　B. 15　　　　　　　　　　C. 30　　　　　　　　　　D. 60

100. 下列关于规划变更的表述中，正确的为（　　）。

    A. A 公司应当自变更确立之日起 7 日内，书面通知买受人

    B. A 公司如果未在规定的时限内通知买受人，买受人有权选择退房，且应由 A 公司承担违约责任

    C. 规划、设计变更导致商品房的结构形式、户型、空间尺寸、朝向变化，以及出现合同约定的其他影响商品房质量和使用功能情形的，买受人必须在变更通知到达之日起 10 日内做出是否退房的书面答复

    D. 买受人在变更通知到达之日起规定的时限内未做出是否退房的书面答复的，视同接受规划、设计变更以及由此引起的房价款的变更

实战模拟试卷（四）参考答案

一、单项选择题

1. C	2. A	3. B	4. D	5. A
6. B	7. B	8. C	9. A	10. A
11. D	12. B	13. D	14. A	15. B
16. A	17. C	18. C	19. A	20. D
21. C	22. D	23. B	24. B	25. D
26. C	27. C	28. A	29. D	30. A
31. C	32. A	33. D	34. D	35. B
36. B	37. A	38. C	39. A	40. B
41. D	42. A	43. B	44. B	45. A
46. A	47. C	48. D	49. A	50. A

二、多项选择题

51. AB	52. ABDE	53. ABDE	54. ABDE	55. ABDE
56. ABD	57. ACDE	58. ACDE	59. ABCD	60. BCDE
61. ACDE	62. BDE	63. ABE	64. ABC	65. BDE
66. BE	67. ABD	68. BDE	69. ACDE	70. ACE
71. ABDE	72. AC	73. ADE	74. ACD	75. BCDE
76. ABC	77. ABCE	78. BCDE	79. BCDE	80. ACDE

三、综合分析题

81. C	82. ABC	83. ABC	84. AC	85. ABC
86. B	87. AD	88. BD	89. B	90. CD
91. ABD	92. C	93. BCD	94. D	95. ABC
96. BC	97. CD	98. C	99. C	100. BD

实战模拟试卷（五）

一、单项选择题（共 50 题，每题 1 分。每题的备选项中只有 1 个最符合题意）

1. 在房地产的行业中，（　　）主要是帮助房地产出售者、出租人寻找到房地产的购买者、承租人，或者帮助房地产的购买者、承租人寻找到其欲购买、承租的房地产，是房地产市场运行的润滑剂。

   A. 房地产开发经营业　　　　　　　　　　B. 房地产经纪业

   C. 物业管理业　　　　　　　　　　　　　D. 房地产估价业

2. 新设立的房地产估价分支机构，应当自领取分支机构营业执照之日起（　　）日内，到分支机构工商注册所在地的省、自治区人民政府建设行政主管部门、直辖市人民政府房地产行政主管部门备案。

   A. 5　　　　　　　　B. 10　　　　　　　　C. 15　　　　　　　　D. 30

3. 在房地产中介服务中，不属于房地产经纪内容的是（　　）。

   A. 房地产居间

   B. 房地产代理

   C. 主要以居间为主兼有行纪色彩的房地产包销

   D. 主要以代理为主兼有行纪色彩的房地产包销

4. 房地产经纪中的房屋买卖代理收费，按成交价格总额的（　　）计收。

   A. 0.5%～2.5%　　　　B. 2.5%　　　　C. 3%～5%　　　　D. 3%

5. 房地产中介服务机构的业务管理不包括（　　）。

   A. 承办业务管理　　　　　　　　　　　　B. 中介服务行为的管理

   C. 财务管理　　　　　　　　　　　　　　D. 经济管理

6. 按照依法、合理保护企业商业秘密和分类、分级管理原则，房地产中介服务机构、执（从）业人员信用档案分为（　　）。

   A. 公示信息和授权查询信息　　　　　　　B. 限制信息和不限制信息

   C. 授权查询信息和保密信息　　　　　　　D. 公示信息和保密信息

7. 关于征收耕地补偿费用中的安置补助费的表述，错误的是（　　）。

   A. 安置补助费，按照需要安置的农业人口数计算

   B. 每一个需要安置的农业人口的安置补助费标准，为该耕地被征收前 3 年平均年产值的 4 至 6 倍

   C. 需要安置的农业人口数，按照被征收的耕地数量除以征地前被征地单位平均每人占有耕地的数量计算

   D. 每公顷被征收耕地的安置补助费，最高不得超过被征收前 3 年平均年产值的 10 倍

8. 具有自由度大，不利于公平竞争特点。并且这种方式适用于公共福利事业和非盈利性的社会团体、机关单位用地和某些特殊用地的出让方式是（　　）。

   A. 协议方式　　　　　　　　　　　　　　B. 招标方式

C. 挂牌方式   D. 拍卖方式

9. 国有建设用地使用权终止的情形不包括(　　)。

    A. 土地使用权因土地使用权出让合同规定的使用年限届满、提前收回而终止

    B. 因土地使用者不履行土地使用权出让合同而收回土地使用权而终止

    C. 土地使用权因土地灭失而终止

    D. 因土地使用者的抛弃而终止

10. 已经办理审批手续的非农业建设占用耕地,(　　)年以上未动工建设的,应当按照省、自治区、直辖市的规定缴纳闲置费。

    A. 1   B. 2   C. 3   D. 4

11. 在城镇体系规划中,(　　)规划的内容应当包括城镇空间布局和规模控制,重大基础设施的布局,为保护生态环境、资源等需要严格控制的区域。

    A. 全国城镇体系   B. 省域城镇体系

    C. 市域(镇域)城镇体系   D. 县域城镇体系

12. 下列关于城乡规划管理的说法中,错误的是(　　)。

    A. 城市规划管理是一项政府行政职能,它包括城市规划编制审批管理和实施监察管理两部分

    B. 城乡规划的编制和管理经费不需要纳入本级财政预算

    C. 随着,我国城市规划走上了法制轨道,城市规划综合调控作用得到充分发挥,城市规划监管体制和机制不断创新,并逐步建立了绿线、紫线、蓝线、黄线管理制度

    D. 经依法批准的城市规划,是城市建设和规划管理的依据,未经法定程序不得修改

13. 我国注册建筑师分为(　　)。

    A. 一级、二级   B. 一级、二级、三级

    C. 甲级、乙级、预乙级   D. 甲级、乙级

14. 《城市房屋拆迁管理条例》规定的拆迁货币补偿的基本原则是(　　),采取的办法是根据被拆迁房屋的区位、用途、建筑面积等因素,用房地产市场评估的办法确定。

    A. 等价有偿   B. 公平、公开

    C. 协商一致   D. 平等自愿

15. 关于抵押房屋的补偿、安置的表述中,正确的是(　　)。

    A. 要认定抵押的合理性

    B. 能解除抵押合同的,补偿款付给被拆迁人,付款前无需经抵押权人认可

    C. 不能解除抵押关系的,按照常规的清偿顺序进行清偿,不足清偿抵押权人的,抵押权人按照《担保法》及有关法律规定,向抵押人进行追偿

    D. 应当及时通知抵押权人,一般是接受抵押的银行

16. 建设工程竣工验收的条件不包括(　　)。

    A. 勘察、设计单位对勘察、设计文件及施工过程中由设计单位签署的设计变更通知书进行了检查,并提出质量检查报告

    B. 建设单位已按合同约定支付工程款

    C. 建设行政主管部门及其委托的工程质量监督机构等有关部门责令整改的问题部分整改完毕

D. 对于委托监理的工程项目，监理单位对工程进行了质量评估，具有完整的监理资料，并提出工程质量评估报告

17. 在保修期内，因房屋建筑工程质量缺陷造成房屋所有人、使用人或者第三方人身、财产损害的，房屋所有人、使用人或者第三方可以向（　　）提出赔偿要求。

A. 工程质量监督机构   B. 建设单位

C. 设计单位   D. 施工单位

18. 关于建设工程监理的表述中，错误的是（　　）。

A. 建设监理是对建设前期的工程咨询、建设实施阶段的招标投标、勘察设计、施工验收，直至建设后期的运转保修在内的各个阶段的管理与监督

B. 我国目前建设监理主要是项目实施阶段的监理

C. 监理范围可以是工程建设的全过程监理，也可以是阶段监理

D. 建设监理是委托性的，业主只能委托一个单位监理

19. 工程建设监理一般的程序为①按工程建设进度、分专业编制工程建设监理细则；②编制工程建设监理规划；③建设监理业务完成后，向项目法人提交工程建设监理档案资料；④参与工程竣工验收，签署建设监理意见；⑤按照建设监理细则进行建设监理；其顺序正确的是（　　）。

A. ①②③④⑤   B. ②①③④⑤

C. ①②④⑤③   D. ②①⑤④③

20. 房地产交易行为是平等的民事主体之间的民事行为，应当遵循（　　）等原则。

A. 独立、自主、客观   B. 自愿、公平、诚实信用

C. 公平、公正、公开   D. 公正、公开、透明

21. 商品房预售人应当在签约之日起30日内持商品房预售合同到县级以上人民政府（　　）部门办理登记备案手续。

A. 房地产管理   B. 房地产管理或土地管理

C. 土地管理   D. 房地产管理和土地管理

22. 《合同法》规定，租赁期限不得超过（　　）年，超过其规定的，超过部分无效。

A. 5   B. 10   C. 20   D. 30

23. 申请房屋租赁登记备案应当提交的证明文件不包括（　　）。

A. 书面租赁合同   B. 当事人的合法身份证件

C. 居委会同意出租的证明   D.《房屋所有权证书》

24. 关于房屋的转租的表述中，错误的是（　　）。

A. 转租期间，原租赁合同变更、解除或者终止，不影响转租合同

B. 房屋转租，应当订立转租合同

C. 承租人在租赁期限内，如房屋承租人将承租房屋的部分或全部转租给他人，在符合其他法律、法规规定的前提下，还必须征得房屋出租人的同意

D. 承租人经出租人同意，可以依法将承租房屋转租。出租人可以从转租中获得收益

25. 房地产登记制度的类型中，具有登记机构对登记申请采取实质审查，登记权利的现状；登记有公信力即登记簿上所载事项，对抗善意第三人，在法律上有绝对的效力特点是（　　）。

A. 契据登记制　　　　　　　　　　　　B. 产权登记制

C. 权利登记制　　　　　　　　　　　　D. 托伦斯登记制

26. 集体土地所有权人依法以集体建设用地使用权入股、联营等形式兴办企业的,当事人应当持有(　　),申请集体建设用地使用权初始登记。

    A. 原国有土地使用证、土地资产处置批准文件和其他相关证明材料

    B. 农用地使用合同

    C. 批准权的人民政府的批准用地文件

    D. 批准权的人民政府的批准文件和相关合同

27. 房屋的翻、改建或添建而使房屋面积增加或减少、部分房屋拆除,房屋所有权人应申请房屋的(　　)登记。

    A. 变更　　　　　　B. 注销　　　　　　C. 转移　　　　　　D. 初始

28. 在办理房屋登记的程序中,不属于必经程序的是(　　)。

    A. 颁发权属证书　　　　　　　　　　　B. 受理登记申请

    C. 权属审核　　　　　　　　　　　　　D. 公告

29. 关于基于判决、仲裁的房屋登记的表述中,错误的是(　　)。

    A. 登记机构予以登记的,应当在房屋登记簿中记载基于人民法院或者仲裁委员会生效的法律文书予以登记的事实

    B. 人民法院、仲裁委员会的生效法律文书确定的房屋权利归属或权利内容与房屋登记簿记载的权利状况不一致的,房屋登记机构应当按照当事人的申请,办理相应的登记

    C. 因人民法院或者仲裁委员会生效的法律文书取得房屋所有权,人民法院协助执行通知书要求房屋登记机构予以登记的,房屋登记机构应当予以办理

    D. 司法机关、仲裁委员会发生法律效力的文件证明当事人以隐瞒真实情况、提交虚假材料等非法手段获取房屋登记的,房屋登记机构可以撤销原房屋登记,收回房屋权属证书、登记证明或者公告作废,同时包括房屋权利为他人善意取得

30. 非住房登记的房屋权利人按规定申请并完成一次登记的为一件,收费标准为每件(　　)元。

    A. 200　　　　　　　B. 350　　　　　　C. 400　　　　　　D. 550

31. 物业管理企业的资质管理实行(　　)制度。

    A. 分级审批　　　　　　　　　　　　　B. 分类分级审批

    C. 分类审批　　　　　　　　　　　　　D. 集中审批

32. 一级资质审批前,应当由省、自治区人民政府建设主管部门或者直辖市人民政府房地产主管部门审查,审查期限为(　　)个工作日。

    A. 5　　　　　　　　B. 10　　　　　　　C. 15　　　　　　　D. 20

33. 业主大会是物业管理区域内代表和维护全体业主在物业管理活动中的合法权益的组织。其中(　　)是业主大会的执行机构。

    A. 业主委员会　　　　　　　　　　　　B. 物业管理企业

    C. 业主代表会　　　　　　　　　　　　D. 房地产行政主管部门

34. 业主大会成立后,制定、修改管理规约和业主大会议事规则由(　　)决定。

    A．房地产开发商　　　　　　　　　　B．业主大会

    C．房地产行政主管部门　　　　　　　D．业主委员会

35．关于业主委员会产生的表述中，错误的是（　　）。

    A．一个物业管理区域应当成立一个业主委员会，人数为6～10名的双数

    B．业主委员会应当自选举产生之日起30日内，向物业所在地的街道办事处和区、县人民政府房地产行政主管部门备案

    C．业主委员会应当自选举产生之日起3日内召开首次业主委员会会议，推选产生业主委员会主任1人，副主任1～2人

    D．业主大会应当在首次会议召开时选举产生业主委员会

36．下列管理部门中，不属于三级物业服务企业资质证书的颁发和管理的部门是（　　）。

    A．直辖市人民政府房地产主管部门

    B．省、自治区人民政府建设主管部门

    C．设区的市的人民政府房地产主管部门

    D．县级人民政府房地产主管部门

37．《前期物业服务合同》是（　　）与物业管理企业之间签订的。

    A．业主委员会代表全体业主　　　　　B．房地产开发企业或公房出售单位

    C．居民委员会　　　　　　　　　　　D．房地产行政主管部门

38．在物业管理经费的筹集中，（　　）应是物业管理经费长期稳定的主要来源。

    A．物业共用部位、共用设施设备维修资金

    B．政府多方面的扶持

    C．开发建设单位给予一定的支持

    D．物业管理服务收费

39．一般较高档的物业适合选择（　　）的计费方式。

    A．酬金制　　　　　B．包干制　　　　　C．回扣制　　　　　D．提成制

40．商品住宅的业主、非住宅的业主按照所拥有物业的建筑面积交存住宅专项维修资金，每平方米建筑面积交存首期住宅专项维修资金的数额为当地住宅建筑安装工程每平方米造价的（　　）。

    A．1%～3%　　　　B．3%～5%　　　　C．8%～10%　　　　D．5%～8%

41．关于住房公积金缴存对象的表述中，错误的是（　　）。

    A．外商投资企业可以缴存住房公积金

    B．城镇个体工商户可申请缴存住房公积金

    C．自由职业人员不可申请缴存住房公积金

    D．民办非企业单位职工可以缴存住房公积金

42．住房公积金月缴存额为（　　）。

    A．住房公积金月缴存额＝（职工本人上一年度月平均工资×职工住房公积金缴存比例）－（职工本人上一年度月平均工资×单位住房公积金缴存比例）

    B．住房公积金月缴存额＝（职工本人上一年度月平均工资×职工住房公积金缴存比例）＋（职工本人上一年度月平均工资×单位住房公积金缴存比例）

    C．住房公积金月缴存额＝（职工本人本年度月平均工资×职工住房公积金缴存比例）

　　　　+（职工本人上一年度月平均工资×单位住房公积金缴存比例）

　　D. 住房公积金月缴存额＝（职工本人本年度月平均工资×职工住房公积金缴存比例）

　　　　－（职工本人上一年度月平均工资×单位住房公积金缴存比例）

43. 个人住房公积金贷款利率实行一年一定，于每年（　　），按相应档次利率确定年度利率水平。

　　A. 1 月 1 日　　　　　B. 6 月 30 日　　　　C. 7 月 1 日　　　　D. 12 月 31 日

44. 税收区别于其他财政收入形式的重要特征是（　　）。

　　A. 强制性　　　　　B. 无偿性　　　　　C. 固定性　　　　　D. 有偿性

45. 我国现行的税率形式不包括（　　）。

　　A. 比例税率　　　　　　　　　　　　　　B. 累进税率

　　C. 累进定额税率　　　　　　　　　　　　D. 定额税率

46. 某经营性房产的房产原值为 360 000 元，年租金收入 46 000 元，则征收房产税金额为（　　）元。

　　A. 5 520　　　　　　B. 4 520　　　　　　C. 452　　　　　　D. 552

47. 关于土地增值税的表述中，错误的是（　　）。

　　A. 土地增值税的扣除项目包括土地开发成本、费用

　　B. 土地增值税的课税对象是有偿转让房地产所取得的土地增值额

　　C. 征税范围包括国有土地、地上建筑物、其他附着物及通过继承、赠予等方式无偿转让的房地产

　　D. 凡有偿转让国有土地使用权、地上建筑物及其他附着物（简称房地产）并取得收入的单位和个人为土地增值税的纳税人，外商投资企业和外籍人员包括在内

48. 契税的税率为（　　）。

　　A. 1%～3%　　　　　B. 3%～5%　　　　　C. 5%～8%　　　　　D. 8%～10%

49. 根据《房地产开发企业资质管理规定》，企业不按照规定办理变更手续的，由原资质审批部门予以警告，责令限期改正，并可处以（　　）的罚款。

　　A. 5 000 元以上 1 万元以下　　　　　　　B. 1 万元以上 2 万元以下

　　C. 1 万元以上 3 万元以下　　　　　　　　D. 5 万元以上 10 万元以下

50. 根据《城市房屋拆迁管理条例》的规定，由房屋拆迁管理部门责令停止拆迁，给予警告，并处已经拆迁房屋建筑面积每平方米 20 元以上 50 元以下的罚款的房地产违法行为是（　　）。

　　A. 以欺骗手段取得房屋拆迁许可证

　　B. 未按房屋拆迁许可证确定的拆迁范围实施房屋拆迁、委托不具有拆迁资格的单位实施拆迁以及擅自延长拆迁期限

　　C. 违法转让拆迁业务

　　D. 未取得房屋拆迁许可证自行拆迁

二、多项选择题（共 30 题，每题 2 分。每题的备选项中有 2 个或 2 个以上符合题意，错选不得分；少选且选择正确的，每个选项得 0.5 分）

51. 房地产业关联度高、带动力强，是经济发展的（　　）产业，是我国新的发展阶段的一个重要支柱产业。

A. 基础性　　　　　　B. 公正性　　　　　　C. 独立性　　　　　　D. 客观性

E. 先导性

52. 房地产估价机构主要的组成方式有（　　）。

A. 股份制　　　　　　B. 个体制　　　　　　C. 合伙制　　　　　　D. 无限责任制

E. 有限责任制

53. 申请注册的人员必须同时具备的条件有（　　）。

A. 取得房地产经纪人执业资格证书

B. 无犯罪记录

C. 身体健康，能坚持在注册房地产经纪人岗位上工作

D. 经所在经纪机构考核合格

E. 同时在两个及以上房地产经纪机构进行房地产经纪活动

54. 关于房地产经纪人、房地产经纪人协理的义务说法正确的有（　　）。

A. 遵守法律、法规、行业管理规定和职业道德规范

B. 接受职业继续教育，不断提高业务水平

C. 不得受聘于两个或者两个以上房地产经纪机构执行业务

D. 为委托人保守商业秘密

E. 向委托人披露相关信息，充分保障委托人的权益，完成委托业务

55. 国家编制土地利用总体规划，规定土地用途，将土地分为（　　）。

A. 农用地　　　　　　B. 建设用地　　　　　　C. 荒地　　　　　　D. 盐碱地

E. 未利用地

56. 关于征地补偿费用，用于菜田开发建设和土地的调整和治理的有（　　）。

A. 菜田基金　　　　　　　　　　　　B. 防洪费

C. 征地管理费用　　　　　　　　　　D. 土地荒芜费

E. 耕地占用税

57. 根据《城市房地产管理法》和《城镇国有土地使用权出让和转让暂行条例》的规定，以划拨方式取得的土地使用权（　　）。

A. 可以转让　　　　　　　　　　　　B. 可以出租

C. 可以抵押　　　　　　　　　　　　D. 一律不得收回

E. 除法律、法规另有规定外，没有使用期限的限制

58. 城市规划管理中的报建审批管理的主要内容包括（　　）。

A. 核发建筑工程施工许可证　　　　　B. 核发建设项目选址意见书

C. 核发可行性研究报告　　　　　　　D. 核发建设用地规划许可证

E. 核发建设工程规划许可证

59. 工程竣工验收合格后，建设单位应当及时提出工程竣工验收报告。其工程竣工验收报告主要包括（　　）。

A. 隐蔽工程的检查情况

B. 工程竣工验收意见

C. 建设单位执行基本建设程序情况

D. 对工程勘察、设计、监理等方面的评价

E. 工程竣工验收时间、程序、内容和组织形式

60. 工程建设监理的基本工作"三控"是指监理工程师在工程建设全过程中的（　　）。

   A. 工程投资控制
   B. 工程进度控制
   C. 工程劳务控制
   D. 工程施工控制
   E. 工程质量控制

61. 下列建设工程中，必须进行监理的工程有（　　）。

   A. 国家重点建设工程
   B. 大、中型公用事业工程
   C. 成片开发建设的住宅小区工程
   D. 农民自建房屋工程
   E. 利用外国政府或者国际组织贷款、援助资金的工程

62. 《住宅使用说明书》应当对住宅的结构、性能和各部位（部件）的类型、性能、标准等作出说明，并提出使用注意事项，一般应当包含的内容有（　　）。

   A. 装修、装饰注意事项
   B. 开发单位、设计单位、施工单位、勘察单位
   C. 门、窗类型，使用注意事项
   D. 上水、下水、电、燃气、热力、通信、消防等设施配置的说明
   E. 承重墙、保温墙、防水层、阳台等部位注意事项的说明

63. 市、县房地产交易管理机构的主要任务有（　　）。

   A. 执行国家有关房地产交易管理的法律法规、部门规章，并制定具体实施办法
   B. 办理房地产交易登记、鉴证及权属转移初审手续
   C. 征收与房地产交易有关的税款
   D. 为房地产交易提供洽谈协议，交流信息，展示行情等各种服务
   E. 建立定期市场信息发布制度，为政府宏观决策和正确引导市场发展服务

64. 出卖人交付使用的房屋套内建筑面积或者建筑面积与商品房买卖合同约定面积不符，合同有约定的，按照约定处理；合同没有约定或者约定不明确的，按照（　　）原则处理。

   A. 面积误差比绝对值在5％以内（含5％），按照合同约定的价格据实结算，买受人请求解除合同的，不予支持
   B. 面积误差比绝对值超出3％，买受人请求解除合同、返还已付购房款及利息的，不予支持
   C. 面积误差比绝对值超出5％，买受人请求解除合同、返还已付购房款及利息的，应予支持
   D. 面积误差比绝对值超出3％，买受人请求解除合同、返还已付购房款及利息的，应予支持
   E. 面积误差比绝对值在3％以内（含3％），按照合同约定的价格据实结算，买受人请求解除合同的，不予支持

65. 《房屋登记办法》规定，以房屋设定抵押的，当事人应持（　　）文件到房地产所在地的房地产管理部门申请抵押权登记。

   A. 申请人的身份证明
   B. 房屋所有权证书或房地产权证书
   C. 居委会开出的证明
   D. 登记申请书
   E. 主债权合同

66. 经审核后,登记申请符合( )条件的,房屋登记机构应当予以登记,将申请登记事项记载于房屋登记簿。

    A. 申请变更登记的房屋与申请人提交的规划证明材料记载一致,申请其他登记的房屋与房屋登记簿记载一致

    B. 申请登记的内容与有关材料证明事实一致

    C. 申请登记的事项与房屋登记簿记载的房屋权利不冲突

    D. 不存在《房屋登记办法》规定的不予登记的情形

    E. 申请人与依法提交的材料记载的主体一致

67. 根据《房屋登记办法》的规定,不予登记的情形包括( )。

    A. 申请登记事项与房屋登记簿记载一致的

    B. 申请登记房屋具有独立利用价值的

    C. 房屋已被依法征收、没收,原权利人申请登记的

    D. 违法建筑申请登记的

    E. 申请人不能提供合法、有效的权利来源证明文件或者申请登记的房屋权利与权利来源证明文件不一致的

68. 物业管理服务的基本内容按服务的性质和提供的方式可分为( )。

    A. 针对性的专项服务   B. 委托性的特约服务

    C. 日常性的公共服务   D. 专门性的公共服务

    E. 常规性的公共服务

69. 物业管理的策划阶段的工作主要包括( )。

    A. 制定临时管理规约及有关制度

    B. 物业管理的早期介入

    C. 物业服务企业内部机构的设置与人员编制的拟定

    D. 选聘物业服务企业

    E. 制定物业管理方案

70. 物业服务企业的义务主要包括( )。

    A. 制止违反物业管理制度的行为

    B. 接受业主委员会和业主及使用人的监督

    C. 定期公布物业管理服务费用和代管基金收支账目,接受质询和审计

    D. 选聘专业公司承担专项经营服务管理业务

    E. 履行物业服务合同,提供物业管理服务

71. 业主大会筹备组应当做好的筹备工作有( )。

    A. 参照政府主管部门制定的示范文本,拟订《业主大会议事规则》(草案)和《管理规约》(草案)

    B. 确定业主委员会委员候选人产生办法及名单

    C. 确认业主身份,确定业主在首次业主大会会议上的投票权数

    D. 选举业主委员会或者更换业主委员会成员

    E. 确定首次业主大会会议召开的时间、地点、形式和内容

72. 住房公积金可用于( )。

A. 建造房屋　　　　　　　　　　　B. 大修自住住房

C. 炒股资金　　　　　　　　　　　D. 购买住房

E. 投资房地产

73. 《物业服务收费管理办法》规定：业主与物业服务企业可以采取(　　)等形式约定物业服务费用。

A. 提成制　　　　　B. 酬金制　　　　　C. 包干制　　　　　D. 回扣制

E. 审批制

74. 住房公积金管理中心对住房公积金的运作形式有(　　)。

A. 为个人购房提供担保

B. 为住房置业担保机构提供担保

C. 发放房地产开发企业流动资金贷款

D. 发放职工个人住房贷款

E. 购买国债

75. 以下房产中，属于免征房产税的有(　　)。

A. 国家机关、人民团体、军队自用的房产，同时也包括其营业用房及出租的房产

B. 由国家财政部门拨付事业经费的单位自用的房产

C. 宗教寺庙、公园、名胜古迹自用的房产

D. 个人所有非营业用的房产

E. 对售出前房地产开发企业已使用或出租、出借的商品房

76. 关于个人所得税的表述中，正确的有(　　)。

A. 财产转让所得，以转让财产的收入减除财产原值和合理费用后的余额，为应纳税所得额

B. 对住房转让所得征收个人所得税时，以实际成交价格为转让收入

C. 财产租赁所得，财产转让所得，适用比例税率，税率为10%

D. 个体工商户的生产、经营所得不需要缴纳个人所得税

E. 个人所得税的纳税人为在中国境内有住所或者无住所而在境内居住满1年的，从中国境内和境外取得的所得的个人

77. 对廉租住房经营管理单位按照政府规定价格、向规定保障对象出租廉租住房的租金收入，免征(　　)。

A. 营业税　　　　　B. 房产税　　　　　C. 契税　　　　　D. 土地增值税

E. 印花税

78. 根据房地产管理有关法律法规和规章规定，房地产开发经营管理中的违法行为主要表现的方面有(　　)。

A. 违规预售商品房

B. 涂改、出租、出借、转让、出卖资质证书

C. 企业在商品住宅销售中按照规定发放《住宅质量保证书》和《住宅使用说明书》

D. 将验收合格的房屋交付使用

E. 未取得营业执照擅自从事房地产开发业务

79. 根据有关法规、规章的规定，违反城市房屋拆迁管理的行为主要有(　　)。

A. 无证承担委托拆迁业务

B. 委托具有拆迁资格的单位实施拆迁

C. 未取得房屋拆迁资格证自行拆迁

D. 未按房屋拆迁许可证确定的拆迁范围实施房屋拆迁

E. 违法转让拆迁业务

80. 根据《物业管理条例》的规定，建设单位在物业管理区域内不按照规定配置必要的物业管理用房的，处罚的标准是由县级以上地方人民政府房地产行政主管部门（　　）。

A. 责令限期改正　　　　　　　　　　　B. 处 10 万元以上 50 万元以下的罚款

C. 1 万元以上 10 万元以下的罚款　　　D. 没收违法所得

E. 给予警告

三、综合分析题（共 20 题，每题 2 分。由单项选择题或多项选择题组成。错选不得分，少选且选择正确的，每个选项得 0. 5 分）

（一）

周×委托×房地产经纪公司购买一套商品住房供自己居住。该房地产经纪公司的执业房地产经纪人李×经过比较，推荐了×房地产开发公司开发的内销商品住宅，周×同意购买。于是李×与×房地产开发公司于 2009 年 4 月 12 日签订《×市内销商品房预售合同》。周×将佣金交给李×，并将全部购房款交给×房地产开发公司，该开发公司于 2009 年 10 月 18将周×所购商品住房交付其使用。

81. 周×与×房地产经纪公司之间的业务关系属于（　　）。

A. 代理　　　　　　B. 居间　　　　　　C. 经纪　　　　　　D. 代办

82. 李×与周×在进行业务洽谈时，应事先确定的事项有（　　）。

A. 拟采用的经纪合同类型

B. 佣金标准

C. 服务标准

D. 周×与×房地产经纪公司的佣金分成

83. 李×在与×房地产开发公司进行业务洽谈时为确保周×了解和掌握该开发公司的主体资格、生产经营状况及信誉，应查验公司的（　　）证件。

A. 营业执照　　　　　　　　　　　　　B. 商品房预售许可证

C. 建筑工程施工许可证　　　　　　　　D. 售楼说明书

84. 《商品房预售合同》应由（　　）向政府管理部门登记备案。

A. 周×　　　　　　　　　　　　　　　B. 李×

C. ×房地产经纪公司　　　　　　　　　D. ×房地产开发公司

85. 周×取得所购商品住房所有权的日期为（　　）的日期。

A. 商品房预售合同签订　　　　　　　　B. 商品房预售合同生效

C. 周×所购商品房住房竣工　　　　　　D. 取得房屋权属证明

（二）

A 房地产开发公司（以下简称 A）在甲省乙市建设丙住宅小区。丙住宅小区占地 40 hm²，其中 5 hm² 的土地在城市市区内，其余土地为基本农田。2010 年 6 月 A 取得当地房地产管理部门颁发的商品房预售许可证，并委托 B 房地产经纪公司（以下简称 B）代理出售。同年 7 月 C 签订了购买该小区丁套商品房预售合同，并在合同中约定"房屋建筑面积为 100 m²。房屋交付后如产权登记面积与合同约定面积发生差异时，按照《商品房销售管理办法》有关规定处理"。同年 8 月 A 经有关部门批准调整了原规划设计，丁套房屋的建筑面积变更为 105 m²，并书面通知了 C。该小区综合验收合格后，经房产测绘单位实测丁套房屋的套内建筑面积为 83 m²，套内阳台建筑面积为 3 m²，分摊的共有建筑面积为 21 m²。

86. A 以出让方式获得丙小区土地使用权应当由（　　）批准。

    A. 乙市土地管理部门　　　　　　　　　　B. 乙市人民政府

    C. 甲省人民政府　　　　　　　　　　　　D. 国务院

87. A 预售商品房时，应当具备（　　）等条件。

    A. 取得土地使用权证

    B. 投入资金达到工程建设总投资 20%

    C. 取得建设工程规划许可证

    D. 取得商品房预售许可证

88. B 代理预售商品房必须向购房人出示（　　）。

    A. 商品房预售许可证　　　　　　　　　　B. 商品房销售广告

    C. 房屋综合验收合格证明　　　　　　　　D. A 出具的商品房销售委托合同

89. 签订的商品房预售合同应当向（　　）行政主管部门备案。

    A. 工商　　　　　　B. 土地　　　　　　C. 房产　　　　　　D. 建设

90. C 收到 A 规划设计变更书面通知之日起（　　）日内未作出书面同意的视为接受。

    A. 5　　　　　　　　B. 10　　　　　　　C. 15　　　　　　　D. 20

91. A 在销售商品房时应当缴纳（　　）。

    A. 营业税　　　　　　　　　　　　　　　B. 城市维护建设税

    C. 契税　　　　　　　　　　　　　　　　D. 房产税

（三）

王某欲购买一套商品住房。看中了某个商品住宅项目找到该项目售楼处，向销售人员咨询了如下问题。假设你是该销售人员，予以回答：

92. 购买其中标价 3 000 元/m²、面积为 100 m² 的一套住房，如果按要求交付了 20% 的首付款，余款全部向银行抵押贷款，贷款期为 10 年，按月等额偿还，月还款额为（　　）元（假定银行贷款年利率为 5%）。

    A. 2 000.0　　　　　B. 2 500.0　　　　　C. 2 546.6　　　　　D. 2 590.0

93. 购买上述住房所需的贷款额不知能否足额贷到，银行确定其最高贷款金额的依据是（　　）。

    A. 不超过按照最高偿还比率计算出的金额

    B. 不超过按照最高贷款价值比率计算出的金额

    C. 不超过住房公积金的最高贷款限额

    D. 不超过购房首付款的 3 倍

94. 购买上述住房的购房款可以采用下列方式支付，如果不考虑支付能力，对购房人最有利的付款方式是（　　）（假定年折现率为 5％）。

　　A. 现在一次性付款价格优惠 5％

　　B. 首付 20％，余款分两期每隔半年支付一次

　　C. 首付 10 万元，余款分两期每隔半年支付一次

　　D. 一年后一次性付款不给优惠

95. 向银行申请抵押贷款，银行通常要求借款人购买有关保险，其理由是（　　）。

　　A. 用以抵押的房地产有可能毁损、灭失

　　B. 用以抵押的房地产的价值有可能因经济不景气而降低

　　C. 借款人有可能死亡丧失劳动能力

　　D. 借款人可能因失业等而不能获得预期收入

（四）

　　某市甲房地产开发公司（以下简称甲公司）拟开发建设一大型商业用房；通过出让方式获得 5 hm² 土地，支付土地出让金 4 200 万元。甲公司为了融资，将该土地使用权抵押给乙建设银行；获得 2 500 万元贷款，并办理了抵押登记。当工程建设一段时间后，甲公司归还了乙建设银行的贷款，又将该在建工程（经评估该在建工程建筑物部分的价值为 3 000 万元）抵押给丙工商银行，并办理了抵押登记，获得了一部分资金。商业用房建成后，由于市场行情原因，该物业未能出售，甲公司改为一部分自主经营，一部分出租抵押贷款到期并经展期一年后仍无力还款，抵押权人依法定程序，拍卖该商场，并由丁公司竞得，拍卖价款为 2.1 亿元。请回答以下问题：

96. 甲公司将该土地使用权抵押给乙建设银行，办理抵押登记时，除提交抵押当事人的法人资格证明，抵押登记申请书外，还需提交（　　）。

　　A. 房屋所有权证　　　　　　　　　　B. 国有土地使用权证

　　C. 抵押合同　　　　　　　　　　　　D. 国有土地使用权出让合同

97. 甲公司和乙建设银行的抵押关系应在当地（　　）办理抵押登记。

　　A. 土地管理部门　　　　　　　　　　B. 房产管理部门

　　C. 建设主管部门　　　　　　　　　　D. 银行管理部门

98. 甲公司和丙工商银行的抵押关系应在（　　）办理抵押登记。

　　A. 土地管理部门　　　　　　　　　　B. 房地产管理部门

　　C. 建设行政主管部门　　　　　　　　D. 规划行政主管部门

99. 拍卖该房地产，并由丁公司竞得，那么需办理（　　）手续。

　　A. 签订商品房买卖合同　　　　　　　B. 办理注销登记

　　C. 办理变更登记　　　　　　　　　　D. 办理转移登记

100. 甲公司转让该房地产时，应当缴纳（　　）。

　　A. 土地增值税　　　B. 契税　　　C. 土地使用税　　　D. 营业税

实战模拟试卷（五）参考答案

一、单项选择题

1. B	2. D	3. C	4. A	5. D
6. A	7. D	8. A	9. B	10. A
11. B	12. B	13. A	14. A	15. D
16. C	17. B	18. D	19. D	20. B
21. D	22. C	23. C	24. A	25. C
26. D	27. A	28. D	29. D	30. D
31. A	32. D	33. A	34. B	35. A
36. D	37. B	38. D	39. A	40. D
41. C	42. B	43. A	44. C	45. C
46. A	47. C	48. B	49. A	50. D

二、多项选择题

51. AE	52. CE	53. ABCD	54. ABDE	55. ABE
56. ABD	57. ABCE	58. BDE	59. BCDE	60. ABE
61. ABCE	62. ACDE	63. ABDE	64. DE	65. ABDE
66. BCDE	67. CDE	68. ABE	69. ABDE	70. BCE
71. ABCE	72. ABD	73. BC	74. DE	75. BCD
76. ABE	77. AB	78. ABE	79. ADE	80. ABDE

三、综合分析题

81. A	82. ABC	83. ABC	84. D	85. D
86. D	87. ACD	88. AD	89. BC	90. C
91. AB	92. C	93. AB	94. A	95. ACD
96. BC	97. A	98. B	99. ABD	100. AD

实战模拟试卷（六）

一、单项选择题（共50题，每题1分。每题的备选项中只有1个最符合题意）

1. 关于房地产业与建筑业的表述中，错误的是（ ）。
   A. 这两个产业又有着非常密切的关系，因为它们的业务对象都是房地产
   B. 在房地产开发活动中，房地产业与建筑业往往是甲方与乙方的合作关系，房地产业是房地产开发建设的甲方，建筑业是乙方
   C. 在房地产开发活动中，建筑业是策划者、组织者和承担发包任务
   D. 建筑业是物质生产部门，属于第二产业；房地产业兼有生产（开发）、经营、服务和管理多种性质，属于第三产业

2. 房地产中介服务机构在领取营业执照后的（ ）个月内，应当到登记机关所在地的县级以上房地产行政主管部门备案。
   A. 1   B. 2   C. 3   D. 6

3. 按照（ ），房地产咨询收费分为口头咨询费和书面咨询费。
   A. 房地产价格总额大小   B. 服务形式
   C. 服务范围   D. 服务内容

4. 负责拟定房地产经纪人协理从业资格考试大纲部门是（ ）。
   A. 住房与城乡建设部   B. 人力资源与社会保障部
   C. 国务院   D. 国务院发展与改革委员会

5. 关于房地产中介服务行业信用档案管理中的组织实施的表述，错误的是（ ）。
   A. 住房和城乡建设部组织建立一级房地产估价机构及执业人员信用档案系统
   B. 中国房地产估价师与房地产经纪人学会为房地产中介服务行业信用档案的系统管理部门
   C. 住房和城乡建设部负责起草相关的信用信息管理制度
   D. 中国房地产估价师与房地产经纪人学会负责一级房地产估价机构和房地产中介执业人员信用档案的日常管理工作，包括有关信用信息的征集、登记、审核、更新等工作

6. 我国实施社会主义公有制的土地范围包括（ ）。
   A. 国有土地   B. 全部土地
   C. 城市建成区内土地   D. 城市规划区内土地

7. 关于征收土地批准权限的规定表述中，正确的是（ ）。
   A. 征收土地实行一级审批制度，即国务院审批
   B. 基本农田，基本农田以外的耕地超过35公顷的，其他土地超过70公顷的，由国务院审批
   C. 其他用地和已经批准农用地转用范围内的具体项目，由国务院审批并备案
   D. 征收农用地的，无需办理农用地转用手续

8. 土地使用权出让具体的内容不包括（　　）。
   A. 土地使用权出让也称批租或土地一级市场，由国家垄断，任何单位和个人不得出让土地使用权
   B. 土地使用者只有向国家支付了全部土地使用权出让金后才能领取土地使用权证书
   C. 集体土地可以不需要征收而直接出让
   D. 土地使用权出让是国家以土地所有者的身份与土地使用者之间关于权利义务的经济关系，具有平等、自愿、有偿、有限期的特点

9. 地上房屋等建筑物、构筑物依法抵押的，（　　）。
   A. 视具体情况是否抵押土地使用权
   B. 承租土地使用权不可随之抵押
   C. 承租土地使用权可随之抵押
   D. 承租土地使用权必须随之抵押

10. 对于闲置土地的处置方式的表述中，错误的是（　　）。
    A. 改变土地用途，办理有关手续后继续开发建设
    B. 延长开发建设时间，但最长不得超过3年
    C. 安排临时使用，待原项目开发建设条件具备后，重新批准开发，土地增值的，由政府收取增值地价
    D. 政府采取招标、拍卖等方式确定新的土地使用者，对原建设项目继续开发建设，并对原土地使用者给予补偿

11. 关于城市总体规划的表述中，错误的是（　　）。
    A. 城市总体规划的内容应当包括城市、镇的发展布局，功能分区，用地布局，综合交通体系
    B. 城市总体规划的规划期限一般为20年
    C. 分为控制性总体规划和修建性总体规划
    D. 城市总体规划还应当对城市更长远的发展作出预测性安排

12. 城市规划区的具体范围，由城市人民政府在编制的（　　）中划定。
    A. 城镇体系规划　　　　　　　　　　B. 城市总体规划
    C. 城市规范性规划　　　　　　　　　D. 城市分区规划

13. 根据《城市房屋拆迁管理条例》规定，产权不明确的房屋在被拆除前，拆迁人还应当就该房屋的有关事项向（　　）办理证据保全。
    A. 法院　　　　　　　　　　　　　　B. 公安机关
    C. 公证机关　　　　　　　　　　　　D. 县级以上房屋管理委员会

14. 城市房屋拆迁估价，是指为确定被拆迁房屋货币补偿金额，根据被拆迁房屋的区位、用途、建筑面积等因素，对其房地产（　　）进行的评估。
    A. 残存价格　　　　　　　　　　　　B. 市场价格
    C. 投资价格　　　　　　　　　　　　D. 重置价格

15. 城市拆迁估价应当坚持的原则是（　　）。
    A. 独立、客观、公正、合法　　　　　B. 合理、合法、有效
    C. 公开、公平、公正　　　　　　　　D. 诚实信用

16. 施工单位的质量责任和义务不包括（　　）。
    A. 施工单位对建设工程的施工质量负责
    B. 施工单位应当将施工图设计文件提交有资格的施工图设计文件审查机构审查
    C. 施工单位必须建立、健全施工质量的检验制度，严格工序管理，作好隐蔽工程的质量检查和记录
    D. 施工单位应当依法取得相应等级的资质证书，并在其资质等级许可的范围内承揽工程

17. 关于建设工程质量监督管理实施的表述中，错误的是（　　）。
    A. 县级以上地方人民政府建设行政主管部门和其他有关部门应当加强对有关建设工程质量的法律、法规和强制性标准执行情况的监督检查
    B. 建设工程发生质量事故，有关单位应当在 48 小时内向当地建设行政主管部门和其他有关部门报告
    C. 有关单位和个人对县级以上人民政府建设行政主管部门和其他有关部门进行的监督检查应当支持与配合，不得拒绝或者阻碍建设工程质量监督检查人员依法履行公务
    D. 建设工程质量监督管理，可以由建设行政主管部门或者其他有关部门委托的建设工程质量监督机构具体实施

18. 房地产中表示项目位置，应以从该项目到达某一具体参照物的现有交通干道的（　　）表示。
    A. 心理距离　　　　　　　　　　　B. 实际距离
    C. 空间距离　　　　　　　　　　　D. 时间距离

19. 下列情况中，可以发布房地产广告的是（　　）。
    A. 取得预售许可证后的商品房　　　B. 权属有争议的
    C. 违反国家有关规定建设的房屋　　D. 经验收不合格的房屋

20. 经济适用住房的土地使用权全部是（　　）供给。
    A. 协议　　　　　　B. 划拨　　　　　　C. 拍卖　　　　　　D. 招标

21. 《商品房销售管理办法》规定，商品房现售应当符合的条件不包括（　　）。
    A. 现售商品房的房地产开发企业应当具有企业法人营业执照和房地产开发企业资质证书
    B. 取得土地使用权证书或使用土地的批准文件
    C. 取得房地产的整体房屋所有权证书
    D. 持有建设工程规划许可证和施工许可证

22. 签订、变更、终止租赁合同的，房屋租赁当事人应当在租赁合同签订后（　　）日内，持有关证明文件到市、县人民政府房地产管理部门办理登记备案手续。
    A. 10　　　　　　　B. 15　　　　　　　C. 20　　　　　　　D. 30

23. 抵押人未经抵押权人同意将已抵押的房屋出租的，抵押权实现后，（　　）。
    A. 租赁合同对受让人不具有约束力
    B. 租赁合同是否有效经双方协商决定
    C. 租赁合同是否有效由受让人决定
    D. 租赁合同在有效期内对抵押物的受让人继续有效

24. 在房地产抵押的主要类型中，（   ）是指为担保债务的履行，债务人或者第三人不转移房地产的占有，将该房地产抵押给债权人的行为。

    A. 在建工程抵押　　　　　　　　　　B. 最高额抵押

    C. 一般房地产抵押　　　　　　　　　D. 预购商品房贷款抵押

25. 房地产登记的根本目的和出发点是（   ）。

    A. 保证交易安全，减少交易成本

    B. 保护房地产权利人的合法权益

    C. 房地产权属登记管理是房地产管理的基础工作

    D. 权属登记管理为城市规划、建设、管理提供科学依据

26. 根据《物权法》的规定，关于登记机构的职责表述中，正确的是（   ）。

    A. 申请登记的不动产的有关情况需要进一步证明的，登记机构不可以要求申请人补充材料

    B. 登记机构因登记错误，给他人造成损害的，不承担赔偿责任

    C. 登记机构可以要求对不动产进行评估

    D. 登记机构应当履行的职责为查验申请人提供的权属证明和其他必要材料；就有关登记事项询问申请人

27. 因土地权利的消灭等而进行的登记是（   ）。

    A. 转移登记　　　　　　　　　　　　B. 变更登记

    C. 初始登记　　　　　　　　　　　　D. 注销登记

28. 在办理房屋登记的程序中，对审核的叙述中，错误的是（   ）。

    A. 权属审核一般要经过初审、复审和审批

    B. 主要是审核查阅登记簿、申请人提交的各种证件，核实房屋现状、权属来源等

    C. 审核是房屋登记机构对受理的申请登记事项进行审查核实，作出准予登记或者不予登记决定的行为

    D. 房屋登记机构将申请登记事项记载于房屋登记簿之前，申请人不得撤回登记申请

29. 在房屋登记的规定中，关于最高额抵押登记的表述中，正确的是（   ）。

    A. 对符合规定条件的最高额抵押权设立登记，房屋登记机构只需要将抵押当事人、登记时间记载于房屋登记簿，不需要将债务人的名称（姓名）记载于房屋登记簿，并明确记载其为最高额抵押权

    B. 最高额抵押权担保的债权确定前，债权人转让部分债权的，房屋登记机构可以办理最高额抵押权转移登记

    C. 当事人协议确定或者人民法院、仲裁委员会生效的法律文书确定了债权数额的，房屋登记机构可以依照当事人一方的申请将债权数额确定的事实记载于房屋登记簿

    D. 对符合规定条件的最高额抵押权确定登记，登记机构不需要将最高额抵押权担保的债权已经确定的事实记载于房屋登记簿

30. 向一个以上房屋权利人核发房屋权属证书时，每增加一本证书加收证书工本费（   ）元。

    A. 10　　　　　　　B. 30　　　　　　　C. 60　　　　　　　D. 80

31. 物业管理服务的基本内容按服务的性质和提供的方式划分中，具有物业服务企业事先设

立服务项目，并将服务内容与质量、收费标准公布，当住用人需要这种服务时，可自行
选择特点的是（　　）。

A. 常规性的公共服务　　　　　　　　　　B. 针对性的专项服务

C. 委托性的特约服务　　　　　　　　　　D. 日常性的公共服务

32. 物业管理策划阶段的工作不包括（　　）。

A. 制定物业管理方案　　　　　　　　　　B. 制定临时管理规约及有关制度

C. 物业管理人员的选聘和培训　　　　　　D. 物业管理的早期介入

33. 为进一步提高政府制定物业服务收费的科学性，为合理核定物业服务定价成本提供相应
依据的物业管理的法律政策是（　　）。

A.《前期物业服务合同（示范文本）》

B.《普通住宅小区物业管理服务等级标准》（试行）

C.《物业服务定价成本监审办法（试行）的通知》

D.《物业服务企业财务管理规定》

34. 物业服务企业资质等级分为（　　）。

A. 一级、二级、三级　　　　　　　　　　B. 甲级、乙级、丙级

C. 甲级、乙级、暂定级　　　　　　　　　D. 一级、二级、三级、四级

35.《前期物业管理招标投标管理暂行办法》规定，前期物业管理招标投标应当遵循的原则
是（　　）。

A. 公开、公平、公正和诚实信用　　　　　B. 独立、客观、公正

C. 权责一致　　　　　　　　　　　　　　D. 平等自愿

36. 物业服务合同按（　　）可分为房地产开发企业或公房出售单位与物业服务企业签订的
《前期物业服务合同》和业主委员会代表全体业主与物业服务企业签订的《物业服务合
同》。

A. 服务的范围和签订的先后顺序　　　　　B. 服务的范围和委托人的不同

C. 委托人的不同和服务收费的标准　　　　D. 委托人的不同和签订的先后顺序

37. 业主委员会应当自选举产生之日起（　　）日内，向物业所在地的街道办事处和区、县人
民政府房地产行政主管部门备案。

A. 5　　　　　　　　　B. 10　　　　　　　　C. 15　　　　　　　　D. 30

38. 关于物业管理招投标的内涵的表述中，错误的是（　　）。

A. 物业管理招投标包括物业管理招标和物业管理投标两部分

B. 物业管理招标是指物业所有人通过制定符合其管理服务要求和标准的招标文件，通
过招投标确定物业服务企业的过程

C. 物业管理招投标实质是一种市场单向选择行为

D. 物业管理招投标是物业管理招标行为和物业管理投标行为的有机结合，通过招投
标，物业管理供需主体在平等互利的基础上建立起一种新型的劳务商品关系

39. 物业服务计费方式中，（　　）是物业服务公司按照与业主双方约定的物业管理收费标准
来收费，而不论管理好坏、经营盈亏，物业公司收费标准不变的一种合作模式。

A. 包干制　　　　　　　B. 酬金制　　　　　　C. 薪金制　　　　　　D. 提成制

40. 以下不属于住房公积金所具有的特点是（　　）。

    A. 互助性   B. 私有性   C. 保障性   D. 义务性

41. 每年( )结息后，住房公积金管理中心要向职工发送住房公积金对账单，与单位和职
    工对账。职工对缴存情况有异议的，可以向住房公积金管理中心和受委托银行申请
    复议。

    A. 6 月 30 日   B. 7 月 1 日   C. 12 月 31 日   D. 1 月 1 日

42. 县城、建制镇和工矿区的土地使用税，每平方米的年幅度税额为( )。

    A. 0.9~18 元   B. 0.6~12 元   C. 1.5~30 元   D. 1.2~24 元

43. 纳税人缴纳土地使用税确有困难需要定期减免的，由( )审核后，报国家税务局
    批准。

    A. 县人民政府税务主管部门   B. 市人民政府税务主管部门

    C. 设区的市人民政府税务主管部门   D. 省、自治区、直辖市税务机关

44. 某房地产项目实现销售收入 6 000 万元，扣除项目金额 3 000 万元，则应征收土地增值
    税总额为( )万元。

    A. 0   B. 900   C. 1 050   D. 1 300

45. 以下不属于免征土地增值税情形的是( )。

    A. 对建造普通标准住宅出售的，增值额超过扣除项目金额 20% 的

    B. 因城市实施规划而搬迁，由纳税人自行转让原房地产的

    C. 国家建设的需要而搬迁，由纳税人自行转让原房地产的

    D. 因国家建设需要依法征收、收回的房地产

46. 契税是在土地、房屋权属发生转移时，对( )征收的一种税。

    A. 卖方   B. 交易双方

    C. 交易的任何一方   D. 产权承受人

47. 按规定，由承受人自转移合同签订之日起( )日内，向土地、房屋所在地的契税征收
    机关办理纳税申报，并在契税征收机关核定的期限内交纳税款。

    A. 5   B. 10   C. 15   D. 30

48. 根据《房地产开发企业资质管理规定》，涂改、出租、出借、转让、出卖资质证书的，
    由原资质审批部门公告资质证书作废，收回证书，并可处以( )的罚款。

    A. 1 万元以上 2 万元以下   B. 1 万元以上 3 万元以下

    C. 2 万元以上 3 万元以下   D. 3 万元以上 5 万元以下

49. 根据《房地产开发企业资质管理规定》，企业开发建设的项目工程质量低劣，发生重大
    工程质量事故的，处罚的标准是( )。

    A. 由原资质审批部门降低资质等级；情节严重的吊销资质证书，并提请工商行政管理
        部门吊销营业执照

    B. 由原资质审批部门予以警告，责令限期改正，降低资质等级。并可处以 1 万元以上
        2 万元以下的罚款

    C. 由原资质审批部门予以警告，责令限期改正，并可处以 5 000 元以上 1 万元以下的
        罚款

    D. 由原资质审批部门公告资质证书作废，收回证书，并可处以 1 万元以上 3 万元以下
        的罚款

50. 根据《城市房地产开发经营管理条例》和《城市商品房预售管理办法》的规定，开发企业未取得《商品房预售许可证》预售商品房的，由县级以上人民政府房地产开发主管部门（　　）。
    A. 责令停止房地产开发经营活动，没收违法所得，可以并处违法所得 5 倍以下的罚款
    B. 责令停止销售活动，处 5 万元以上 10 万元以下的罚款
    C. 责令停止违法行为，没收违法所得，可以并处已收取的预付款 1% 以下的罚款
    D. 责令改正，处工程合同价款的 2% 以上 4% 以下的罚款；造成损失的，依法承担赔偿责任

二、**多项选择题**（共 30 题，每题 2 分。每题的备选项中有 2 个或 2 个以上符合题意，错选不得分；少选且选择正确的，每个选项得 0.5 分）

51. 房地产法的调整对象包括（　　）。
    A. 房地产咨询关系
    B. 物业管理关系
    C. 房地产开发关系
    D. 房地产行政管理关系
    E. 房地产交易关系

52. 房地产中介服务机构应当具备的条件包括（　　）。
    A. 有必要的财产和经费
    B. 有固定的服务场所
    C. 有足够数量的专业人员
    D. 有自己的名称和组织机构
    E. 有必要的建筑设备

53. 下列属于房地产信息类咨询的有（　　）。
    A. 市场调查
    B. 投资项目可行性研究论证
    C. 市场信息分析
    D. 政策咨询
    E. 营销策划

54. 房地产经纪人应当具备的职业技术能力有（　　）。
    A. 能够熟练掌握和运用与房地产经纪业务相关的法律、法规和行业管理的各项规定
    B. 有一定的交际能力
    C. 具有一定的房地产经济理论和相关经济理论水平，并具有丰富的房地产专业知识
    D. 熟悉房地产市场的流通环节，具有熟练的实务操作的技术和技能
    E. 具有丰富的房地产经纪实践经验和一定资历，熟悉市场行情变化，有较强的创新和开拓能力，能创立和提高企业的品牌

55. 在现阶段，按照国家有关规定，取得国有土地使用权的途径主要方式包括（　　）。
    A. 通过土地或房地产租赁方式取得
    B. 通过行政划拨方式取得
    C. 通过房地产转让方式取得
    D. 通过国家出让方式取得
    E. 通过集体土地出让取得

56. 以划拨方式取得国有土地使用权的，市、县人民政府土地行政主管部门向用地单位颁发（　　），依照规定办理土地登记。
    A.《国有土地划拨决定书》
    B. 土地所有权证
    C. 土地使用证
    D.《建设用地批准书》
    E.《国有土地征用决定书》

57. 国有土地有偿使用的方式主要有（　　）。

A. 国有土地租赁 B. 国有土地划拨

C. 国有土地使用权作价入股 D. 国有土地使用权作价出资

E. 土地使用权出让

58. 注册建筑师的执业范围包括(   )。

A. 建筑设计

B. 建筑设计技术咨询

C. 建筑物调查与鉴定

D. 建筑工程招投标

E. 本人主持设计的项目进行施工指导和监督

59. 根据《城市房屋拆迁管理条例》的规定,房屋拆迁管理部门的监督管理职责包括(   )。

A. 房屋拆迁许可证的审批、延期拆迁的审批

B. 拆迁委托合同的备案管理

C. 暂停办理有关手续通知书的发放

D. 拆迁机构和拆迁方式的确定

E. 受理强制拆迁的申请、建设项目转让的管理

60. 在正常情况下,房屋建筑工程的最低保修期限为2年的有(   )。

A. 装修工程

B. 设备安装

C. 屋面防水工程、有防水要求的卫生间、房间和外墙面的防渗漏

D. 电气系统

E. 给排水管道

61. 《商品住宅实行质量保证书和住宅使用说明书制度的规定》规定,商品住宅的最低保修期限为1年的项目是(   )。

A. 门窗翘裂、五金件损坏 B. 卫生洁具

C. 墙面、顶棚抹灰层脱落 D. 灯具、电器开关

E. 屋面防水

62. 《城市房地产转让管理规定》规定,可以不办理出让手续的情况有(   )。

A. 按照国务院住房制度改革有关规定出售公有住宅的

B. 私有住宅转让后仍用于居住的

C. 同一宗土地上部分房屋转让而土地使用权可以分割转让的

D. 转让的房地产可以确定土地使用权出让年限、土地用途和其他条件的

E. 经城市规划行政主管部门批准,转让的土地用于城市基础设施用地和公益事业用地

63. 《城市商品房预售管理办法》规定,房地产开发企业申请办理《商品房预售许可证》,应当向市、县人民政府房地产管理部门提交的证件及资料有(   )。

A. 商品房预售许可申请表

B. 开发企业的《营业执照》和资质等级证书

C. 投入资金开发建设达到工程建设总投资30%以上的证明

D. 物业管理单位已经落实的证明

E. 工程施工合同及关于施工进度的说明

64. 由于出卖人的原因，买受人在（　　）期限届满未能取得房屋权属证书的，除当事人有特殊约定外，出卖人应当承担违约责任。
    A. 商品房买卖合同的标的物为尚未建成房屋的，自房屋交付使用之日起 60 日
    B. 商品房买卖合同的标的物为已竣工房屋的，自合同订立之日起 90 日
    C. 商品房买卖合同的标的物为已竣工房屋的，自合同订立之日起 60 日
    D. 商品房买卖合同的标的物为尚未建成房屋的，自房屋交付使用之日起 90 日
    E. 商品房买卖合同约定的办理房屋所有权登记的期限

65. 由于租赁双方的原因而使合同终止的情形主要有（　　）。
    A. 公有住宅用房无正当理由闲置 12 个月以上的
    B. 故意损坏房屋的
    C. 将承租的房屋擅自转租的
    D. 无正当理由，拖欠房租 10 个月以上的
    E. 将承租的房屋擅自转让、转借他人或私自调换使用的

66. 根据国土资源部颁布的《土地登记办法》的规定，土地登记种类中的土地其他登记包括（　　）。
    A. 土地更正登记
    B. 土地初始登记
    C. 土地预告登记
    D. 土地注销登记
    E. 土地查封登记

67. 自受理登记申请之日起，房屋登记机构应当于（　　）时限内，将申请登记事项记载于房屋登记簿或者作出不予登记的决定。
    A. 抵押权、地役权登记，10 个工作日
    B. 预告登记、更正登记，30 个工作日
    C. 异议登记，1 个工作日
    D. 法律、法规对登记时限另有规定的，从其规定
    E. 国有土地范围内房屋所有权登记，30 个工作日

68. 物业管理的日常运作阶段的工作主要有（　　）。
    A. 系统的协调
    B. 选聘物业服务企业
    C. 日常综合服务与管理
    D. 物业管理规章制度的制定
    E. 档案资料的建立

69. 申请核定资质等级的物业服务企业，应当提交的材料有（　　）。
    A. 营业执照
    B. 企业资质证书正、副本
    C. 物业管理专业人员的职业资格证书和劳动合同，管理和技术人员的职称证书和劳动合同，工程、财务负责人的职称证书和劳动合同
    D. 企业资质等级申报表
    E. 物业服务合同原件

70. 物业服务企业的权利包括（　　）。
    A. 制止违反物业管理制度的行为

B. 选聘专业公司承担专项经营服务管理业务

C. 接受业主委员会和业主及使用人的监督

D. 定期公布物业管理服务费用和代管基金收支账目，接受质询和审计

E. 依照物业服务合同和有关规定收取物业服务费

71. 业主委员会应履行的职责包括(　　)。

A. 代表业主与业主大会选聘的物业服务企业签订物业服务合同

B. 选聘、解聘物业服务企业

C. 监督管理规约的实施

D. 及时了解业主、物业使用人的意见和建议，监督和协助物业服务企业履行物业服务合同

E. 召集业主大会会议，报告物业管理的实施情况

72. 住房公积金管理的基本原则包括(　　)。

A. 安全运作　　　　　　　　　　　B. 住房公积金管理中心运作

C. 银行专户存储　　　　　　　　　D. 住房公积金管理委员会决策

E. 财政监督

73. 住房公积金财务管理的主要任务有(　　)。

A. 建立职工住房公积金明细账，记载职工个人住房公积金的缴存、提取等情况

B. 执行国家有关法律、法规、规章和财政、财务制度

C. 依法办理住房公积金委托贷款业务，防范风险

D. 建立健全内部财务制度，做好财务管理基础工作

E. 编制住房公积金和住房公积金管理中心管理费用年度预决算

74. 关于住房公积金利率政策的表述中，正确的有(　　)。

A. 住房公积金的存、贷款利率由中国人民银行提出，经征求住建部意见后，报国务院批准执行

B. 职工住房公积金自存入职工住房公积金个人账户之日起计息，按月结息

C. 职工当年缴存的住房公积金按结息日挂牌公告的活期存款利率计息

D. 上年结转的按结息日挂牌公告的3个月整存整取存款利率计息

E. 个人住房公积金贷款利率实行一月一定

75. 由省级税务机关确定是否免税的用地有(　　)。

A. 民政部门举办的安置残疾人员占一定比例的福利工厂用地

B. 宗教寺庙、公园、名胜古迹自用的土地

C. 个人所有的居住房屋及院落的用地

D. 房产管理部门在房租调整改革前经租的居民住房用地

E. 免税单位的职工家属的宿舍用地

76. 关于印花税的表述中，错误的有(　　)。

A. 税率有：1‰、0.8‰、0.3‰、0.1‰、0.05‰

B. 印花税的税目包括权利、许可证照

C. 自2008年11月1日起，对个人销售或购买住房暂免征收印花税

D. 许可证照、房屋产权证、工商营业执照、商标注册证、专利证、土地使用证按件贴

花 3 元

E. 印花税的纳税人为在中国境内设立、领受税法规定应税凭证的单位和个人

77. 2008 年 3 月 1 日起，房屋租赁市场税收按（　　）规定执行。

A. 对个人出租住房，不区分用途，在 3% 税率的基础上减半征收营业税，按 4% 的税率征收房产税，免征城镇土地使用税

B. 对个人出租、承租住房签订的租赁合同，免征印花税

C. 对企事业单位、社会团体以及其他组织按市场价格向个人出租用于居住的住房，减按 4% 的税率征收房产税

D. 对个人出租、承租住房签订的租赁合同，免征契税

E. 对个人出租住房取得的所得减按 10% 的税率征收个人所得税

78. 根据《城市房屋拆迁单位管理规定》的规定，房屋拆迁管理部门可以给予警告、通报批评、责令停止拆迁、吊销证书、没收违法所得、罚款等处罚的房地产违法行为（　　）。

A. 无证承担委托拆迁业务

B. 违法转让拆迁业务

C. 未取得房屋拆迁许可证自行拆迁

D. 以欺骗手段取得房屋拆迁许可证

E. 伪造、涂改、转让《房屋拆迁资格证书》

79. 根据《物业管理条例》的规定，住宅物业的建设单位未通过招、投标的方式选聘物业服务企业或者未经批准，擅自采用协议方式选聘物业服务企业的，处罚的标准是由县级以上地方人民政府房地产行政主管部门（　　）。

A. 责令限期改正

B. 没收违法所得

C. 处 5 万元以上 20 万元以下的罚款

D. 给予警告

E. 可以并处 10 万元以下的罚款

80. 根据《物业管理条例》的规定，处罚的标准是由县级以上地方人民政府房地产行政主管部门责令限期改正，给予警告，并按照本条第二款的规定个人处 1 000 元以上 1 万元以下的罚款；单位处 5 万元以上 20 万元以下的罚款的房地产违法行为有（　　）。

A. 未经业主大会同意，物业服务企业擅自改变物业管理用房的用途

B. 擅自改变物业管理区域内按照规划建设的公共建筑和共用设施用途

C. 擅自占用、挖掘物业管理区域内道路、场地，损害业主共同利益

D. 业主以业主大会或者业主委员会的名义，从事违反法律、法规的活动

E. 擅自利用物业共用部位、共用设施设备进行经营

三、综合分析题（共 20 题，每题 2 分。由单项选择题或多项选择题组成。错选不得分，少选且选择正确的，每个选项得 0.5 分）

（一）

2009 年 1 月，A 房地产开发公司征用 B 乡基本农田以外的耕地 25 hm²，拟建一经济适用住房小区，支付土地补偿费和安置补助费、青苗补偿费等共计 2 000 万元，2009 年 6 月 A 公司将项目整体转让给 C 公司，C 公司通过市场分析后，决定调整开发方案，即拿出 5 hm²

的土地用于开发商品住宅，其余仍用于经济适用住房的开发，并按规定补交了800万元的地价。C公司采取先建商品住宅的方式开发，当商品住宅建设一段时间后，C公司用在建工程（建筑物的价值约为3 000万元）作抵押从甲建行获得了一部分资金，2009年9月，C公司开始预售该商品住宅。2010年6月，王某从C公司手中购得一套经济适用住房。请回答以下问题：

81. A公司转让该项目给C公司需办理（   ）手续。

    A. 签订房地产开发项目转让合同

    B. 办理公证

    C. 办理土地使用权变更登记

    D. 到房地产开发主管部门办理备案手续

82. C公司调整开发方案应（   ）。

    A. 向土地管理部门提出改变土地使用性质的申请

    B. 向规划部门提出改变土地使用性质的申请

    C. 签订土地使用权出让合同

    D. 报原批准用地的人民政府批准

83. C公司与甲建行的抵押关系需要办理（   ），方为有效。

    A. 签订抵押合同   B. 办理公证

    C. 办理抵押登记   D. 经房地产估价机构评估

84. 公司预售商品住宅，除了提交土地使用权证、营业执照以及资质证书外，还需要提供（   ）。

    A. 建设工程规划许可证

    B. 投入建设资金达到工程建设总投资25%以上的证明

    C. 商品房预售方案

    D. 银行的同意出售的书面证明

85. A房地产开发公司支付的青苗补偿费应归（   ）所有。

    A. B乡政府   B. 青苗所有者

    C. 安置单位   D. 平均分配给个人

（二）

    王×与乙房地产经纪机构（以下简称乙）签订房地产经纪合同，约定将其房屋委托给乙出售，期限是自合同签订之日起至2010年1月21日止。乙在合同期限内未将房屋卖出，王×也未与乙办理继续委托手续。2010年5月10日，乙为王×物色到买家并以王×的名义与丙签订了房屋买卖合同，2010年5月20日，乙通知了王×，王×当日办理了产权过户等手续。

86. 乙以王×的名义与丙签订房屋买卖合同属于（   ）行为。

    A. 无权代理   B. 越权代理

    C. 有权代理   D. 表见代理

87. 2010年5月10日时,房屋买卖合同的效力为( )。

    A. 有效   B. 无效   C. 部分有效   D. 效力待定

88. 2010年5月20日时,房屋买卖合同的效力为( )。

    A. 有效   B. 无效   C. 部分有效   D. 效力待定

89. 王×办理了产权过户等手续属于( )行为。

    A. 明示   B. 默示

    C. 追认房屋买卖合同效力   D. 追认房地产经纪合同效力

(三)

    某一房地产开发公司甲拟获得某城市规划区内一地块建设大型酒店。该地块的拆迁范围中包括了丙厂的职工住宅楼以及一座社会福利院。某职工乙的房屋产权单位为丙厂,职工乙为公有住房承租户,其房屋位于该地块的拆迁范围内。在拆迁过程中,职工乙因为补偿标准问题与开发公司甲产生矛盾。若丙厂与职工乙继续保持租赁关系,请回答下列问题:

90. 开发公司甲领取以下有关法律凭证的先后顺序正确的是( )。

    ①土地使用权证   ②建设用地规划许可证

    ③施工许可证   ④建设工程规划许可证

    A. ④—②—①—③   B. ③—④—②—①

    C. ②—①—④—③   D. ①—②—④—③

91. 开发公司甲应提交( )材料才能申请领取拆迁许可证。

    A. 拆迁方案

    B. 金融机构出具的拆迁补偿安置资金证明

    C. 国有土地使用权批准文件

    D. 建设用地规划许可证

92. 开发公司甲获得该地块可以通过下列( )途径。

    A. 公开招标   B. 公开拍卖   C. 协议出让   D. 行政划拨

93. 开发公司甲与丙厂就职工乙的房屋签署的拆迁补偿安置协议应包括( )。

    A. 补偿金额   B. 安置房面积

    C. 安置地点   D. 搬迁过渡方式

94. 如果在该项目的拆迁过程中要实施强制拆迁,下列说法正确的是( )。

    A. 对在裁决规定的搬迁期限内未搬迁的,可以直接进入强制拆迁程序

    B. 强制拆迁前应经过责令限期拆迁的程序

    C. 在实施强制拆迁的时候,应由房屋所在地的市、县人民政府责成有关部门强制拆迁

    D. 在裁决规定的搬迁期限内未搬迁的拆迁人或者房屋承租人,可以实行强制拆迁

95. 无论甲公司实行货币补偿或者产权调换,都要遵循( )原则。

    A. 有利   B. 等价

    C. 平等   D. 保护使用人的利益

(四)

某房地产公司拟获得某城市规划区内 A 乡所有的集体土地从事经济适用房的开发建设。A 乡原耕地面积为 80 hm²，农业总人口为 600 人，现征用基本农田以外的耕地 30 hm²。该地前三年每公顷年产值分别为 4 万元、4.5 万元、4.7 万元。经商定，土地补偿费为该耕地前三年平均年产值的 8 倍；每一个需要安置的农业人口的安置补助费标准，为该耕地被征用前三年平均年产值的 5 倍。被征用土地上的附着物及青苗补偿费为 25 万元。问：

96. 《土地管理法》中规定的征用土地中，有批准权限的有( )。

    A. 县人民政府   B. 省人民政府

    C. 市人民政府   D. 国务院

97. 该开发公司合法取得该地块的土地使用权，应( )。

    A. 向该市的规划管理部门申请用地规划并经批准后，经该市人民政府批准办理 农用地转用手续，缴纳相关费用后，到该市土地管理部门办理土地使用权划拨手续

    B. 向该市的土地管理部门提出用地申请后，经省人民政府批准办理农用地转用手续，缴纳相关费用后，到该市土地管理部门办理土地使用权出让手续

    C. 向该市的规划管理部门批准用地申请后，经国务院批准办理农用地转用手续，缴纳相关费用后，到该市土地管理部门办理土地使用权划拨手续

    D. 向该市的规划管理部门申请用地规划并经批准后，经省人民政府批准办理农 用地转用手续，缴纳相关费用后，到该市土地管理部门办理土地使用权划拨手续土地

98. 建设该经济适用住房小区应当符合( )的要求。

    A. 土地利用总体规划   B. 年度建设用地计划

    C. 年度土地使用权出让计划   D. 城市详细规划

99. 开发公司应支付的补偿费用总额为( )万元。

    A. 1 716   B. 1 741   C. 3 985   D. 1 213

100. 关于各项补偿费用的归属，下列说法正确的是( )。

    A. 土地补偿费归农村集体组织所有

    B. 地上附着物和青苗补偿费归农村集体组织所有

    C. 安置补助费归农民个人所有

    D. 各项补偿费用归农村集体组织所有

实战模拟试卷（六）参考答案

一、单项选择题

1. C	2. A	3. B	4. A	5. C
6. B	7. B	8. C	9. C	10. B
11. D	12. B	13. C	14. B	15. A
16. B	17. B	18. B	19. A	20. B
21. C	22. D	23. A	24. C	25. B
26. D	27. D	28. D	29. C	30. A
31. B	32. C	33. C	34. A	35. A
36. D	37. D	38. C	39. A	40. B
41. A	42. B	43. D	44. C	45. A
46. D	47. B	48. B	49. A	50. C

二、多项选择题

51. BCDE	52. ABCD	53. AC	54. ACDE	55. ABCD
56. AD	57. ACDE	58. ABCE	59. ABCE	60. ABDE
61. ABC	62. ABE	63. ABE	64. BDE	65. BCE
66. ACE	67. ACDE	68. AC	69. ABCD	70. ABE
71. ACDE	72. BCDE	73. ACE	74. ACD	75. ACDE
76. BCE	77. ABCE	78. AE	79. ADE	80. CE

三、综合分析题

81. ACD	82. ABCD	83. AC	84. ABCD	85. B
86. A	87. D	88. A	89. BCD	90. C
91. ABCD	92. ABC	93. BCD	94. AC	95. B
96. BD	97. D	98. ABD	99. B	100. A